# 끌리는 퍼스널 브랜딩의 비밀

**김혜경, 최영인 지음**

BM (주)도서출판 성안당

# 비즈니스 퍼스널 브랜딩

브랜딩 디자이너_최영인

특정 분야의 비즈니스를 실행하면서 스스로 브랜드가 돼야겠다는 필요성을 느끼고 있는가? 상품이나 서비스를 위한 일반적인 브랜드가 아니라 나라는 특별한 전문가가 하나의 브랜드로써 타깃 시장에 진입해 명성을 얻고 사세를 확장하고 싶다고 생각한 적이 있는가 말이다. 어떤 특정한 분야에서 전문가를 찾을 때 가장 먼저 머리에 떠오르는 사람이 있다면 그 사람은 분명 성공한 퍼스널 브랜드이다. 이 책의 전반부는 비즈니스를 위해 퍼스널 브랜드가 필요하다고 생각하시는 분들을 위해 준비했다.

막연하고 어렵게만 생각되는 퍼스널 브랜딩에 보다 쉽게 접근할 수 있도록 내용을 총 5단계로 나누었고, 단계 별로 구체적인 내용과 예시를 통해 이해를 도왔으며, 본인의 상태를 스스로 체크할 수 있도록 하였다. 반드시 글의 순서에 맞춰 브랜드를 만들어 나가기보다는 스스로 생각하기에 부족한 부분을 찾고 보완을 통해 좀 더 풍부하고 내용 있는 콘텐츠로 만들어 가는 것이 가장 중요한 포인트이다. 한꺼번에 모든 것을 완벽하게 준비하려 하기 보다 쉽게 준비할 수 있는 부분과 비록 오랜 시간이 걸리지만 그만큼 중요한 것을 구분해서 꾸준히 구축해 나간다면 시간 낭비도 줄일 수 있을 뿐만 아니라 효율성 또한 높일 수 있을 것이라고 생각한다.

보다 넓고 깊은 안목으로 시간을 갖고 퍼스널 브랜딩을 준비해야 하는 이유는 이것이 더 이상 한 때의 트렌드로 반짝 각광 받는 자기 개발 수준의 경쟁력 보강 방법 정도가 아니기 때문이다. 인공지능, 사물 인터넷, 빅데이터, 모바일 등 첨단 정보 통신 기술이 경제사회 전반에 융합되어 혁신적인 변화가 나타나는 차세대 산업 혁명이라 불리는 4차 산업 세상에서 가장 차별화되고 강력한 무기는 아이러니하게도 사람이다. 불특정다수의 아무 사람이 아니라 한 분야에서 지식과 정보를 갖고 모든 것을 융합할 수 있는 전문적인 실력과 더불어 사람들을 이끄는 인간적인 매력으로 일을 좀 더 수월하게 풀어 나갈 수 있는 사람을 의미한다. 따라서 누군가 막연히 준비된 인재인 나를 찾아 주길 바라기 보다는 좀 더 적극적으로 나를 알리는 방식을 찾아야 하는데, 그것이 바로 퍼스널 브랜딩을 해야 하는 이유이다.

하나의 튼튼한 퍼스널 브랜드로 성장하기 위해서는 한걸음 한걸음 꾸준히 앞으로 걸어 나가는 것이 중요하다. 그 중에서도 가장 중요한 것은 첫 걸음이고 이 한 걸음의 시작이 없다면 결과도 없을 것이다. 퍼스널 브랜딩의 가치나 필요성에 대해 충분히 이해했다면 부디 시작할 시기를 미루지 말고 바로 시작하길 바란다. '나'라는 사람을 하나의 가치 있는 브랜드로 만들어 나가는 작업이야 말로 가장 보람 있고 감동적인 스토리텔링이 될 것이다.

# 미디어 아트 퍼스널 브랜딩

미디어 아티스트 _ 김혜경

인위적이거나 학습, 트레이닝을 통해 만들어내는 브랜드가 아닌 진정성과 인간미를 통해 자연스럽게 스며나오는 퍼스널 브랜드에 대해 이야기하고 싶었다. 사회적인 부와 명성을 누리는 브랜드 이미지가 아니라 어떤 분야이든 기억의 사다리 꼭대기에서 연상되는 개인 브랜드가 진정한 퍼스널 브랜드로서의 가치를 가졌다고 생각한다.

수없이 회자되는 감성 디자인, 디자인 씽킹(Design Thinking), 디자인에 적용되는 이 단어들은 결국은 인간을 이해하고 그들의 문제에 공감하며 그들의 Paint point를 발굴해 적합한 해결법을 제시하는 것이, 이를 위해서는 사람을 둘러쌓고 있는 정치·경제·문화·기술 등 다양한 분야에 대한 깊은 이해와 호기심을 기반으로 해야 한다.

인간 중심 디자인의 개척자이자 디자인 교육자인 도널드 노먼(Donald A. Norman)은 '고객은 이성으로 제품을 선택하지 않고, 마음을 움직여야 결정한다. 마음을 읽어 이들의 감성을 자극해 공감을 이끌어 내야 한다'라고 말한다. 좋은 디자인은 다양한 분야의 지식과 스킬을 가진 사람들이 모여 함께 고민하고 사람들이 경험한 세계에 대한 공감과 자유로운 발상을 통해 새로운 아이디어를 시각화해내는 것이다. 퍼스널 브랜드 또한 다르지 않은 이론적 기반 위에 함께한다고 생각한다.

봉준호 감독이 2019 아카데미 시상식에서 마틴 스콜세지 감독의 말을 인용해 'The most personal is the most creative'(가장 개인적인 것이 가장 창의적인 것이다)라는 명언을 남겼다. 모든 개인은 다르다. 생김새뿐만 아니라 사회적·지식적·사상적 배경 또한 다르다. 다름에서 시작되는 차별화, 즉 자기 자신을 객관적으로 바라보고 객관화해야 하고 그 안에서 자신만의 장점을 발견해야하고 이를 지속적으로 개발하고 사람에 대한 관심과 외부 환경에 대한 호기심을 멈추지 말아야 한다. 호기심에서 창의성이 개발되고, 창의성을 통해 스스로 브랜드가 될 수 있다. 주변에서 특별하게 인식되는 사람, 이것이 바로 퍼스널 브랜드이다.

퍼스널 브랜드는 나 자신을 알고 나다움을 발견하고, 남과 차별된 부분을 발견하고 진정성을 가지고 올곧게 앞으로 나아가는 것이라고 생각한다. 이것이 성공적인 퍼스널 브랜드를 위한 기본이고 정체성이며, 가장 중요한 가치이다.

## Part 6. 파는 것이 아닌 아트 퍼스널 브랜드?

## Part 7. 끊임없이 이어지는 소통의 미학

## Part 8. 성공적인 퍼스널 브랜드를 위한 3요소

# interview

# PERSONA

## BRANDIN

# 비즈니스 퍼스널
# 브랜딩의 시작

_최영인

1

## 퍼스널 브랜딩이란?

퍼스널 브랜딩<sup>Personal Branding</sup>을 설명하기 전에 브랜드<sup>Brand</sup>가 무엇인지 알아보자. 브랜드는 '특정 판매자나 서비스 공여자의 상품 또는 서비스를 식별하는 데 사용하는 이름, 심벌, 디자인 등의 총 결합물'을 말한다.

브랜드는 브랜드의 주체나 사용 목적에 따라 여러 카테고리(예를 들면, 상품, 서비스, 국가, 도시, 연예, 예술, 스포츠와 관련된 단체, 조직이나 개인 등)로 나뉜다. 브랜드의 목적은 판매(또는 제공)하려는 모든 유·무형의 상품에 이름, 심벌, 디자인 등을 적용함으로써 상품을 사용하는 데 따른 이익을 인식하거나 구별할 수 있도록 하는 것이다. 여기서 개인이라고 구분된 브랜드의 카테고리가 바로 특정 인물을 브랜드로 제공하려는 퍼스널 브랜드<sup>Personal Brand</sup>다.

퍼스널 브랜드는 '개인이 제공하는 특정 분야의 지식, 경험, 인간적인 매력으로 완성된 브랜드'이고, 퍼스널 브랜딩은 '다른 퍼스널 브랜드보다 먼저 머릿속에 떠올릴 수 있도록 하기 위해 개인의 탄탄한 커리어와 양질의 서비스를 바탕으로 하나의 독립된 브랜드를 만들어 나가는 과정'이라고 할 수 있다.

과거에는 셀프 포지셔닝<sup>Self-Positioning</sup> 또는 인디비주얼 브랜딩<sup>Individual Branding</sup>이라 불리

퍼스널 브랜드를 만들기 위한 가장 중요한 첫 번째 질문. 나는 누구인가?

브랜딩(Branding)은 브랜드 아이덴티티들이 브랜드 프로세스를 통해 브랜드라는 결과물이 되는 것이다.

기도 했는데, 1937년 나폴레온 힐<sup>Napoleon Hill</sup>이 쓴 ≪Think and Grow Rich<sup>놓치고 싶지 않은 나의 꿈 나의 인생</sup>≫에 언급되면서 퍼스널 브랜드에 관심을 갖기 시작했다고 한다. 셀프 헬프 매니지먼트 기술<sup>Self Help Management Techniques</sup>, 즉 자신을 잘 포장함으로써 얻을 수 있었던 셀프 패키징<sup>Self-Packaging</sup>이라는 의미가 퍼스널 브랜딩이라 불린 것은 톰 피터스<sup>Thomas J Peters</sup>가 1997년 〈당신이라는 브랜드<sup>A Brand Called You</sup>〉라는 잡지 기사에 사용하면서부터라고 알려져 있다. 이처럼 퍼스널 브랜딩은 '나'라는 무형의 상품을 잘 포장하고, 관리를 통해 하나의 브랜드로 만들어 나가는 방식이자 더 나은 가치의 브랜드로 성장시키는 일련의 과정을 의미한다.

지금부터 퍼스널 브랜드를 어떻게 만들어야 하는지 알아보자. 이 내용을 읽고 나면 퍼스널 브랜드는 어떤 방식으로 구성해야 하며, 퍼스널 브랜딩을 완성해 나가는 방법은 무엇인지 터득하게 될 것이다.

브랜드를 이루는 가장 기초적인 조건들

브랜드란, 판매자가 자신의 상품이나 서비스를 다른 판매자의 상품이나 서비스와 분명하게 구별 짓기 위한 이름이나 용어, 디자인, 상징 또는 기타 다른 요소를 말한다<sup>아메리칸 마케팅협회 American Marketing Association</sup>. 상품과 서비스에 이름이나 디자인을 더하면 기본적으로 하나의 브랜드가 탄생한다. 어떤 재화와 맞바꿀 수 있는 상품이나 서비스라면 무엇이든 브랜드로 만들 수 있다는 뜻이다.

하지만 브랜드를 만들기는 쉬워도 브랜드로 인식시키고 성장시키는 일은 생각보다 쉽지 않다. 브랜드를 만들고 브랜드의 인지도를 쌓아가는 브랜딩 과정이 뒷받침돼야 비로소 하나의 가치 있는 브랜드로 성장할 수 있다. 브랜드[Brand]를 지속적으로 현재 진행하게[ing] 하는 모든 과정이 바로 브랜딩[Branding]이다.


## 브랜드에는 어떤 종류가 있을까?

브랜드라고 하면 가장 먼저 연상되는 카테고리는 아마도 상품[商品]일 것이다. 일반적으로 상품이라고 하면 돈으로 사고팔 수 있는 대부분의 물건을 말하는데, 대체로 프로덕트[Product], 굿즈[goods], 머천다이즈[merchandise]라는 이름으로 불린다. 즉, 눈으로 볼 수 있고 손으로 만질 수 있게 실재[實在]하는 것을 말한다.

사람들은 비교적 쉽게 눈에 보이는 것의 차이를 구별하고 선택하기 때문에 상품을 선택할 때 브랜드 친밀도가 매우 중요한 비중을 차지한다. 상품을 사용했던 기억이나 익히 들어 알고 있는 친숙한 브랜드를 구매 또는 재구매하는 경향이 있는 것이다.

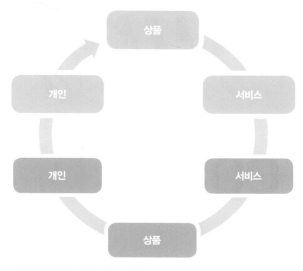

다양한 종류의 브랜드 카테고리들

대표적인 핸드폰 브랜드인 삼성 갤럭시 노트 10(왼쪽)과 애플 아이폰 11 프로(오른쪽)

새벽 배송을 대표하는 운송 서비스 브랜드, 마켓 컬리(위)와 쿠팡(아래)

따라서 후발 브랜드들은 유사 상표나 원조 브랜드가 갖고 있는 이름이 연상되는 상표명을 사용하는 경우가 많다. 아마도 상표명으로 혼란이나 착각을 야기해 판매 기회를 높이려는 미투 브랜드들<sup>me too brands</sup>이 계속 생겨나는 이유가 아닌가 싶다. 이렇듯 브랜드 인지도를 얻은 오리지널 브랜드의 인기에 무임승차해 이익을 취득하는 경우가 많아 종종 법정 싸움으로 번지는 경우가 있는데, 문제는 두 브랜드 모두 상처를 입는다는 데 있다.

미투 브랜드뿐 아니라 오리지널 브랜드마저 잦은 노출 빈도 때문에 독창적인 멋이 떨어지고 이내 흔한 상품으로 보이는 착각을 불러일으키기도 한다. 따라서 상품을 보호하기 위한 특허나 의장 등록에 신경을 쓰는 것이 중요하다. 브랜드는 결국 잘 관리되어야 보호받을 수 있다는 것을 늘 인식하고 있어야 한다.

제3차 산업이라 불리는 서비스<sup>Service</sup>는 눈에 보이지는 않지만, 서비스 행위에 따라 재화를 지불하는 형식의 모든 업무를 말한다. 예를 들어, 도매업, 소매업, 운수업, 통신업, 공무, 가사 노동, 의료, 미용, 교육, 정보, 상담, 오락 등을 제공하는 일 등 비물질적 생산을 담당하는 모든 업무를 포함한다. 제4차 산업 또는 제5차 산업이라 불리는 신생 산업들도 대부분 이 서비스업에서 파생되거나 발전, 연장된 형태라고 생각하면 이해하기 쉬울 것이다. 기존에는 없었던 신생 서비스들이 계속 생기면서 서비스 관련 브랜드들의 경쟁은 좀 더 심화될 것이고 누가 먼저 브랜드 인지도를 선점하느냐에 따라 성공 가능성이 높아질 것이다. 이것이 바로 틈새 시장이나 니치 마켓<sup>Niche Market</sup> 선점을 거듭 강조하는 이유이다. 브랜드 고유의 서비스를 경험해 보고 만족할 경우, 브랜드 충성도가 높아지고 제2, 제3의 인물들에게 소개할 확률이 높아진다. 눈에 보이지 않는 서비스 브랜드 경우, 입소문 마케팅이나 체험 마케팅이 효과적인 이유가 바로 여기에 있다.

대한민국 수도 서울의 이미지 그래픽

국가나 도시도 브랜드로서 아주 높은 가치를 지닌 카테고리이다. 특정 국가나 도시에서 연상되는 호감 이미지는 국가 경쟁력을 높이고 실제로 큰 경제 효과를 거두는 데 중요한 역할을 한다. 예를 들어, 뉴욕이라는 도시를 머리에 떠올렸을 때 막연하게나마 뉴욕은 경제, 금융, 패션이 연상되는 선진 도시라는 생각이 든다면 언젠가는 꼭 가보고 싶은 곳이 될 수도 있고, 결국 여행을 가거나 외국 상품을 구매할 때 결정적인 우선 조건이 될 것이다. 즉, 국가나 도시에 대한 우호적인 이미지는 국가 경쟁력을 높이는 데도 일조할 뿐 아니라 정치, 경제, 문화, 사회, 관광 등에 관심을 갖게 하는 원동력이 된다. 여러 국가 이미지에 관련된 많은 파생 상품을 개발해 소비할 수 있는 가능성 또한 높아지게 한다. 도시가 고유의 독창적이고 특별한 지방색地方色을 확립하려고 노력하는 것도 이와 같은 맥락이다. 국가나 도시가 브랜드로서 경쟁력을 갖는다는 것 또한 커다란 이익과 연관된 경제 활동이다.

연예, 예술, 스포츠 관련 산업이 브랜드가 된 지는 이미 오래이다. 특히 인터넷의 발달로 모든 엔터테인먼트 관련 산업이 실시간으로 전 인류에게 서비스되면서 연예, 예술, 스포츠 관련 브랜드의 성장과 발달 시점이 우리 예상보다 훨씬 더 빨리 다가올 수 있었다. 인터넷 보급이 활발해진 지 불과 20년 만에 엔터테인먼트 산업들은 상상 이상의 규모로 성장했다. 한국 드라마가 전 세계 언어로 번역돼 방송되거나 한국어로 된 노래가 빌보드에서 수상을 하고, 우리나라 젊은 예술가의 작품에 지구 반대편에 있는 사람들이 관심을 갖는 것은 이미 일상이 됐다. 미국에서 열린 스포츠 경기를 실시간으로 보기 위해 밤잠을 설치는 인구들이 늘어나고, e스포츠라 불리는 게임 관련 산업들이 발전하면서 콘텐츠를 통한 비즈니스 영역은 확장되고 있다.

이런 연예, 오락과 같은 카테고리는 브랜드 성공 가능성이 0에서 무한대인 미지의 카테고리이며, 이 카테고리 안에서 특별히 두각을 나타내는 개인들이 하나의 퍼스널 브랜드가 되기도 한다. 예를 들어, NBA 농구 스타는 일차원적으로 관전 티켓을 많이 팔리게 하는 힘이 되기도 하지만 입고, 신고, 바르는 상품의 매출을 급격하게 올리기도 한다. 또 팬 사인회나 광고 활동 같은 경제 활동을 통해 제2, 제3의 비즈니스를 창출할 수 있는 기회를 만들어 내기도 한다.

단체나 조직도 독립된 하나의 브랜드로서 중요한 부분을 차지한다. 개인이 가진 힘은 미약하지만 단체가 갖는 힘은 크고 복합적이다. 그렇기 때문에 단체나 조직이 추구하는 목표나 목적을 위해 브랜드 아이덴티티<sup>정체성</sup>를 확고히 알리는 브랜드를 만들고 활동하는 것이다.

영리를 목적으로 하는 단체도 있고 비영리를 추구하는 단체도 있지만 결국은 힘을 모아 영향력을 발휘하게 하는 데 그 목적이 있다. 작게는 같은 취미를 공유하는 사람들이 모여 친목성 단체를 만들어 조직원 간 결속력을 다지거나 유사 단체와 차별성을 갖게 하는 것 모두 브랜드에 해당한다.

크게는 국제 연합<sup>UN</sup>처럼 전 세계의 전쟁 방지와 평화 유지를 위해 설립된 국제 기구도 있다. 단체나 조직의 구성원이 늘고 규모가 커지면서 인지도가 높아지고 힘을 갖게 되는 과정 또한 카테고리만 다를 뿐, 충분히 하나의 브랜드로서 자격 요건이 되는 것이다.

국제 연합 교육 과학 문화 기구 조직 유네스코(왼쪽)와
우리나라 구호 활동 단체 대한적십자사(오른쪽)

글로벌 스타들을 많이 배출하고 있는
우리나라 대표 연예 엔터테인먼트 회사들

개인도 하나의 브랜드를 만들 수 있는 훌륭한 브랜드의 카테고리에 해당한다. 톰 피터스Tom Peters가 처음 퍼스널 브랜드Personal brand라는 개념을 소개한 이래, 새로운 개념들이 속속 등장하고, 다양한 서비스의 컨설팅이 증가하면서 퍼스널 브랜드 구축은 점점 더 세분화되고 중요해졌으며 급속한 속도로 발전하고 있다. 퍼스널 브랜드는 '나라는 브랜드는 이런 것'이라고 일방적으로 주장하는 것이 아니라 '내가 생각하는' 또는 '내가 보는 나'와 '남에게 보여지는 나'의 교집합으로 완성된다. 나와 남이 생각하는 나란 사람에 대한 공통점이 비로소 나의 퍼스널 브랜드로 완성되는 것이다.

내가 보여지고 싶어하는 부분이 모두 남에게도 잘 보이는 것이 아닐 뿐더러 내가 보지 못한 나만의 장점이나 특성이 있을 수 있는데, 이런 묘한 접점이 나라는 사람만이 가질 수 있는 개성 있는 퍼스널 브랜드가 될 수 있다.

21세기 산업의 특성상 전문적인 지식을 갖고 있는 프리랜서, 1인 기업이나 스타트업 기업이 늘어나고 있는 현실 속에서 강력한 퍼스널 브랜드의 구축이야말로 가장 강력한 브랜드의 힘이다.

아주 강력한 스타 퍼스널 브랜드들은 대중에게 영향력을 미치는 인플루언서Influencer가 돼 시장의 흐름을 선도할 뿐 아니라 세계적인 트렌드Trend를 만든다. 미래에는 사람뿐 아니라 동물이나 인공지능AI까지도 하나의 퍼스널 브랜드가 되어 영향력을 발휘하게 될 것이다.

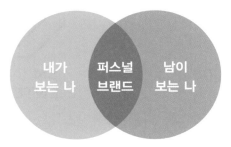

퍼스널 브랜드는 나와 남이 보는 나에 대한 공통점으로 만들어진다.

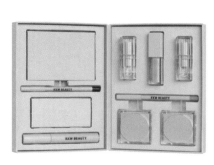

**1**
**2**

1 세계적으로 가장 강력한 퍼스널 브랜드인 킴 카다시안의 화장품 브랜드 KKW
2 킴 카다시안이 런칭한 다양한 사이즈의 속옷 브랜드, 스킴스(Skims)

## 독창적인 퍼스널 브랜드의 조건?

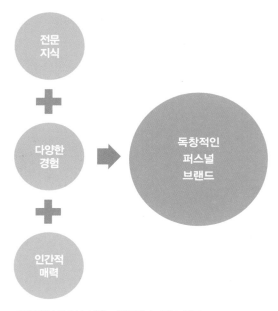

독창적인 퍼스널 브랜드 아이덴티티의 조건들

독창적인 퍼스널 브랜드 Unique Personal brand 는 전문적인 지식과 경험을 바탕으로 차별화되고 독자적인 서비스를 제공할 뿐 아니라 퍼스널 브랜드 당사자의 인간적인 매력 같은 고유의 아이덴티티들 Identities 이 모여 만들어진다. 퍼스널 브랜드는 하늘 아래 같은 사람이 없듯이 모든 개인이 갖고 있는 개인의 경험, 지식과 매력들로 완성되는 다양성과 차별화에서 비롯된다.

전문적인 지식은 퍼스널 브랜드에 있어서 가장 기본적인 조건이다. 지식이 뒷받침되지 않은 전문성은 인정받기가 쉽지 않거나 이를 증명하는 데 오랜 시간이 걸린다. 따라서 전문 교육이나 평생 교육 또는 독학으로라도 전문 지식을 습득하는 일을 게을리해서는 안 된다. 특히 기술 과학이 눈부시게 발전하고 있는 현

22

대 사회에서는 누가 먼저 지식을 습득했느냐에 따라 선두주자가 될 수도, 후발 주자가 될 수도 있다.

전문적인 지식도 실제 경험이 동반되지 않으면 실력을 충분히 인정받기 어렵다는 맹점이 있다. 다양한 경험에서 우러나오는 실질적인 경험이나 체험이야말로 전문적인 지식을 증명하기에 충분한 필요조건이기 때문이다. 또 지식과 경험의 균형이나 조화도 중요하다.

어느 한쪽으로 치우치지 않는 균형 잡힌 산지식이야말로 강력한 퍼스널 브랜드와 독창적인 퍼스널 브랜드를 완성하는 가장 중요한 요소라고 할 수 있다. 독창적이라는 말은 사용자나 의뢰자가 브랜드를 선택할 때 충분한 분별력을 갖게 하므로 경쟁 브랜드에 비해 비교 우위를 차지하기 위한 좋은 조건이다.

마지막으로 인간적인 매력은 독창적인 매력을 완성하는 마침표에 해당한다. 고만고만한 경력이나 비슷한 전문 지식을 가진 사람들 사이에서 가장 중요한 선택 조건은 궁극적으로 '내 마음에 드는 사람이 누구인가' 하는 점이다. 학력이나 경력으로 판단할 수 없는 인간적인 매력이야말로 가장 부정확하지만 가장 강력한 조건이 되기도 한다. 때로는 외모나 패션으로 인해 선입견을 갖게 되기도 하지만, 대화를 하다 보면 하나둘씩 장단점이 드러나기 시작하고 판단이나 결정의 근거를 만든다. 인간적인 매력은 수치로 나타내거나 글로 설명하기 어려운 아주 복잡 미묘한 부분이다.

끌리는 이유를 선뜻 말할 수 없듯이 싫은 이유 또한 구체적이지 않을 수 있다. 퍼스널 브랜드를 만드는 사람들에게는 불특정 다수의 사람들이 좋아하게 만들거나 아주 강력한 개성을 표출해 특정한 사람들만 선호하게 하는 능력이 있다. 이를 개성Character이나 퍼스널 아이덴티티Personal Identity라고 한다.

몰개성적인 것보다 개성적인 것이 브랜드를 차별화하는 데 유리하지만, 비즈니스 분야에 따라서는 개성 있는 모습보다 전문성이 강조된 모습이 신뢰를 얻는 데 유리하다. 예를 들어, 경제, 금융, 법률, 의학처럼 전문적인 분야에서는 데이터에 기반을 둔 냉철하고 빠른 판단력이 요구되기 때문에 실용적이지만 격식을 차린 듯한 사람에게 더 끌리기 마련이다. 이와 반대로 창의적이고 독특한 아이디어가 필요한 업무를 하는 사람인 경우, 시각적으로 확실한 차이를 나타내는 것이 기대를 갖게 하는 것처럼 말이다.

인간적인 매력이 느껴지도록 하는 데는 외모보다는 맡은 바 일을 처리하기 위해 열정적으로 최선을 다하는 모습과 역지사지 마인드로 의뢰자의 마음을 헤아리는 마음이 느껴지게 하는 것이 중요하다. 책임감과 신뢰감을 줄 수 있는 당당한 태도, 의뢰인의 말을 진심으로 경청하는 모습과 솔직하면서 가능성을 열어 놓는 말투와 같은 복합적인 것들에 의해 완성된다. 여기에 편안하고 좋은 인상과 업무에 적합한 옷차림 같은 것들이 수반된다면 더욱 큰 기대감을 갖게 할 것이다.

퍼스널 브랜드는 이처럼 전문적인 지식, 다양한 경험과 인간적인 매력의 조화와 균형으로 비로소 완성되는 독특한 구조를 갖고 있기 때문에 설령 어느 한 부분이 모자라거나 넘치더라도 기회를 창출할 수 있는 여지가 있다. 답이 정해져 있거나 일정 수준을 요하는 것이 아니기 때문에 소비자나 의뢰인이 원하는 기준에 부합되고 요구 조건을 잘 수행한다면 소비자의 만족도가 높아질 수밖에 없고 다른 사람들에게 소개할 가능성도 높아진다. 퍼스널 브랜드의 성패는 소비자의 만족에 의해 결정되기 때문에 믿음과 신뢰를 바탕으로 한 전문적인 서비스가 이뤄져야 한다.

## 퍼스널 브랜딩은 어떻게 진행되는가?

퍼스널 브랜딩을 진행하기 위한 순서를 간단히 설명하면 다음과 같다. 모든 사람에게 동일한 조건이나 순서로 진행된다고 단언하기는 어렵지만, 일반적으로 이런 식으로 진행된다는 것을 이해하고 접근한다면 퍼스널 브랜드를 만들기 위한 타임 테이블을 작성하거나 진행 상황을 한눈에 보기 쉬워 순서를 파악하는 데 큰 도움이 될 것이다.

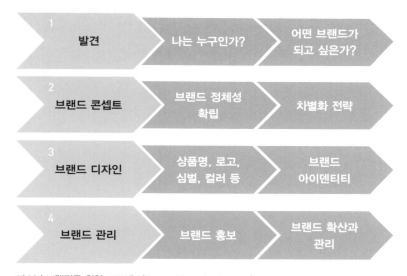

퍼스널 브랜딩을 위한 프로세스(Personal Branding Process)

퍼스널 브랜드를 구축할 때 제일 먼저 해야 할 일은 '내가 누구인지를 발견하는 것'이다. 누구는 '발견Discovery'이라 표현하기도 하고 누구는 '정의한다Define'라고 표현하는데 내가 누구인지, 어떤 브랜드가 되고 싶은지와 같은 가장 근본적인 질문에 대한 정확한 답을 찾아가는 과정이라고 이해하면 될 것 같다. 스스로에 대한 정체성을 최대한 객관적인 시각으로 깨닫는 과정도 반드시 필요하다. 퍼스널 브랜드의 주체에 대한 정확한 인식<sup>가치 판단</sup>, 장단점 파악, 퍼스널 브랜드를 만들려는 궁극적인 목표, 전달하고자 하는 메시지, 브랜드 구축 전략 기획 등을 세워봄으로써 실제 원하는 퍼스널 브랜드를 만드는 다음 단계로 한 걸음 다가설 수 있기 때문이다.

두 번째는 브랜드의 정체성을 확립하는 과정인 브랜드 콘셉트<sup>Brand Concept</sup>를 결정하는 일이다. 이는 브랜드 콘셉트 결정은 퍼스널 브랜드의 근간을 이루는 가장 중요한 순서이므로 다양한 연구와 분석을 통해 브랜드 정체성을 확립하고자 노력해야 한다. 예를 들어, 진입하고자 하는 시장 상황의 과거와 현재, 미래에 대한 분석, 타 브랜드의 상황 파악, 타깃 마켓에 대한 충분한 이해, 트렌드 조사, 법적인 제약이나 관련 법규, 니치 마켓의 가능성 유무 등 사실상 개인적으로 알아보기 까다롭지만, 결코 좌시할 수 없는 디테일한 부분들을 확인하고 준비해야 한다.

이 부분을 소홀히했다가는 나중에 다시 브랜드 기획 전략을 수정하거나 방향을 아예 전폭적으로 바꿀 수도 있기 때문에 최대한 여러 번 확인하는 습관을 가져야 한다. 이런 연구와 분석을 바탕으로 차별화 전략을 세워 기존 시장에서 보지 못한 독창적인 콘셉트를 가진 브랜드로 시장에 진입할 수 있을지를 결정하는 아주 중요한 순서인 것이다.

세 번째는 브랜드 디자인<sup>Brand Design</sup>을 구체적으로 실행하는 것이다. 브랜드 이름, 로고 심벌, 컬러 등을 디자인적으로 표현해 하나의 통일된 브랜드 디자인 아이덴티티<sup>Brand Design Identity</sup>를 결정하는 순서이다. 브랜드 디자인 아이덴티티는 눈으로 볼 수 있는 가장 중요한 브랜드 본질<sup>Brand Essence</sup>로, 브랜드를 대표하는 얼굴이다. 여기에는 브랜드가 지향하는 메시지를 함축적으로 담아야 하기 때문에 각 디자인 요소 간의 개연성이나 조화가 중요하다. 시각화된 브랜드 자산은 퍼스널 브랜드를 알리는 데 있어서 가장 효과적인 전달 방법이다. 의식적으로 브랜드 디자인 아이덴티티를 전면에 내세움으로써 결과적으로 사람들의 눈에 익숙해지도록 만들어야 한다.

브랜드를 지속적으로 관리<sup>Brand Management</sup>해 브랜드를 성장시키는 것이 마지막 순서이다. 브랜드를 성장시키는 데는 많은 자금, 시간, 수고가 필요하다. 브랜드를 알리기 위한 여러 가지 가능성에 대한 준비와 구체적인 실천 방법을 위해 전략을 세워야 한다. 새 브랜드 런칭을 알리는 홍보 방법에는 어떤 것들이 있고, 비용은 얼마나 들며, 가장 효과적인 매체나 이벤트는 무엇인지 등을 알아보자. 홍보를 얼마나 꾸준히 또는 자주 반복할 것인지도 생각해봐야 한다. 홍보할 기회를 스스로 만들 수도 있고, 타인의 도움을 받아 간접 홍보를 할 수도 있으며, 완전히 다른 시장 브랜드와의 협업을 통해 시너지<sup>Synergy</sup> 효과를 꾀할 수도 있다.

모든 기회는 저절로 주어지기보다는 여러 시도에 의해 반응을 얻는다는 생각을 갖고 접근해야 한다. 아무것도 하지 않고 브랜드를 알릴 수는 없기 때문이다. 브랜드는 홍보하고 인지도를 쌓는 과정이 반복됨에 따라 성장한다. 이 모든 과정에서 가장 중요한 것은 브랜드의 정체성이 갖고 있는 한결같은 메시지를 다양한 방법으로 전달하면서도 새로움을 유지하게 하고 브랜드의 다음 행보를 기대하게 만드는 것이다. 브랜드의 생명력이 느껴지게 말이다. 또 브랜드의 성장 속도에 맞춰 브랜드를 확장할 수도 있고 브랜드의 포지션을 조정할 수도 있다. 쉽지 않은 일이지만 반드시 지속적으로 수반되어야 할 부분이다.

## 왜 굳이 퍼스널 브랜드를 만들어야 하는가?

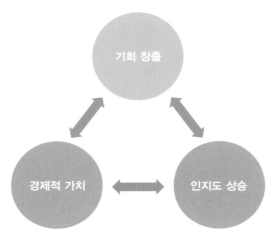

퍼스널 브랜드를 만들어야 하는 이유

　　퍼스널 브랜드를 만들지 않아도 사회적·경제적으로 성공한 사람들이 있는데, 왜 굳이 퍼스널 브랜드를 만들어야 하느냐고 묻는다면 시대가 요구하고 있기 때문이라고 답하는 것이 가장 현명할 것 같다. 현대는 정보화 시대이고 정보는 데이터$^{Data}$를 기반으로 한다. 하지만 단순한 기초 자료에 불과한 데이터보다는 좀 더 구체적인 정보$^{Information}$가 더 가치$^{Value}$있다는 것쯤은 이젠 누구나 다 아는 사실이다.

정보는 자료를 목적에 맞게 선별하거나 가공해 사용자에게 필요하고 의미 있게 만든 것으로, 소비자의 시간 낭비를 줄이고 쉽게 비교할 수 있게 하며, 성공률을 높이는 데 있어 아주 중요한 요소이다. 따라서 퍼스널 브랜드를 만든다는 의미는 '나'라는 개인을 단순한 데이터 상태가 아니라 중요한 정보로 활용할 만한, 가치 있는 상태로 만든다는 뜻이다.

개인이 특정 분야의 퍼스널 브랜드가 된다는 것은 좀 더 많은 사람에게 정확한 정보를 전달하고 나를 알릴 유일한 기회이다. 단순히 이름 석자만 갖고 내가 누군지, 무슨 일을 하는 사람인지 알리는 데에는 한계가 있고 전문성을 인정받기도 어렵다. 하다못해 과일을 하나 사더라도 어떤 품종이고, 원산지는 어디인지 그리고 그것을 수확한 농부는 누구인지 알아보고 사는 세상이다.

그런데 전문적인 분야의 일을 믿고 맡길 사람에 대한 정보는 누가 줄 것이며 어떤 평가가 이뤄지고 있는지 알아볼 길이 없다면 선택 장애를 겪을 수밖에 없을 것이다. 퍼스널 브랜드를 준비한 사람은 기회가 왔을 때 그 기회를 내 것으로 만들 수 있는 확률이 높다. 스스로 기회를 창출하기 위해 퍼스널 브랜드를 준비해둬야 한다는 말이다. 퍼스널 브랜드는 기회 창출 기회를 높이고 경쟁자들 중에서 비교 우위를 높일 수 있는 유일한 방법이기 때문에 반드시 미리 준비해야 한다.

마침 기회가 왔을 때 제실력을 보여 준다면 그 기회는 다른 기회를 만들어 낼 것이고 반복될수록 인지도가 상승하는 효과가 있다. 인지도는 시간, 기회, 마케팅 등에 의해 상승하는 것으로, 하루아침에 유명해지기는 어렵지만, 차근차근 쌓아 올릴 수 있는 방법도 있다. 방송 같은 힘 있는 매체를 통해 알려진다면 기대했던 것보다 훨씬 쉽고 빠르게 인지도를 상승시킬 수 있지만 많은 사람이 그 기회를 잡으려고 노력하고 있기 때문에 쉽게 주어지지 않고 경쟁도 치열하다. 따라서 기회를 기다리지만 말고 스스로 인지도를 높일 수 있는 모든 방법을 동원해서 꾸준히 데이터를 쌓는 노력을 하는 것이 가장 현명한 방법이다.

다른 방법으로는 더 많은 소비자에게 노출될 기회를 스스로 만드는 것이 있다. 타 브랜드들과의 연계를 통해 규모를 좀 더 키우거나 전문화하는 것도 하나의 방법이다. 전문 단체나 조직을 만들어서 소비자에게 적극적으로 다가가는 방법을 찾는 것처럼 말이다. 또는 의뢰인이나 소비자들이 많이 모이는 곳으로 옮기는 것도 좋은 방법이다. 변호사가 법원 근처 변호사 사무실 밀집 지역으로 이사를 하거나 음식점이 전문 음식점 골목이나 먹자 골목에 입성해 기회를 엿보는 것처럼 말이다. 결국 어떤 서비스를 정확하게 원하는 사람들이 직접 찾아오는 곳으로 이동해 노출될 수 있는 기회를 만들어 내는 방법이다. 비용이 많이 드는 것도 사실이지만, 찾는 사람들이 많은 곳엔 늘 더 많은 잠재적인 기회가 있는 법이다.

퍼스널 브랜드뿐 아니라 모든 브랜드의 궁극적인 목표는 경제적으로 성공하는 것이다. 이는 결국 경제적인 가치로 이어진다. 처음에는 혼자 시작했더라도 일을 하면서 브랜드 규모가 확장되고 사세가 커지고 경제적인 가치도 높아질 것이다. 기회 창출, 인지도 상승으로 경제적인 이익도 더 창출되어야 한다. 인지도 상승은 단순히 일의 횟수가 많아지는 것이 아니라 유명세에 따라 서비스 비용도 점점 올라가는 것이다. 단순한 서비스 비용 횟수 증가가 아닌 별도의 부가 가치가 생겨나는 것을 기대할 수도 있다.

퍼스널 브랜딩을 해야 하는 이유는 전문적인 지식, 브랜드의 목표와 비전을 의뢰인에게 각인시켜 만족할 만한 서비스를 제공하는 데 있다. 좀 더 많은 기회를 창출하고 인지도를 높여서 결국 경제적인 성공을 거둘 수 있도록 하는 방법이기도 하다. 누군가 찾을 때까지 기다리기보다는 준비된 브랜드로써 적극적으로 다가가기 위한 최소한의 무기이다. 여기에 효과적인 브랜딩이 수반된다면 전문 분야에서 하나의 브랜드로 자리잡기에 충분한 조건이 될 것이다.

똑같은 재질과 형태의 포장이지만 내용물의 맛, 컬러, 형태와 크기가 확실히
다르다는 것을 구체적으로 보여 준다.

## 강력한 퍼스널 브랜딩의 조건은 무엇인가?

강력한 퍼스널 브랜드를 구축하기 위해서는 전문 분야에서 독보적인 인물이 되도록 브랜딩해야 한다. 예를 들어, 특정 분야의 전문가를 머리에 떠올렸을 때, 가장 먼저 생각나는 사람이 소위 말하는 가장 강력한 퍼스널 브랜드를 가진 사람이라고 한다면 이를 만들어가는 과정이 브랜딩<sup>Branding</sup>이라고 생각하면 이해하기 쉬울 것이다. 그렇다면 가장 유명한 사람이 과연 가장 강력한 퍼스널 브랜드일까? 답은 '그렇다.'이기도 하고, '그렇지 않다.'이기도 하다. 질문을 받고 대답을 하는 지금 당장은 그렇다고 말할 수 있겠지만 모든 사람이 같은 대답을 하지 않을 수도 있기 때문이다. 분야가 다르면 대답하는 사람에 따라 퍼스널 브랜드의 순위가 많이 다를 수도 있다.

브랜드 순위가 분명하게 정해져 있는 분야도 마찬가지이다. 예를 들어, 이 세상에서 가장 강한 야구팀은 어디냐고 물었을 때, 누구에게는 국내 프로 야구 우승팀일 수도 있고, 우승과는 거리가 멀지만 마음 속으로 우승을 바라는 야구팀일 수도 있다는 것이다. 빌보드에서 몇 주 연속으로 일등을 하는 가수보다 내가 좋아하는 우리나라 아이돌이 내겐 더 훌륭한 가수일 수 있다. 객관적인 순위나 인지도도 중요하지만 왠지 더 관심을 갖게 되거나 호감<sup>好感</sup>이 생기고 신뢰할 수 있는 브랜드가 될 수 있도록 하는 것이야말로 퍼스널 브랜딩이 가져야 할 가장 강력한 조건이다.

'관심이나 호감을 갖게 되는 믿을 만한 브랜드는 어떻게 만들 수 있는가?'를 생각해 보면 답을 찾기 쉬울지도 모르겠다. 누군가 특정 브랜드에 대해서 호감을 갖는다는 것은 그 브랜드를 인식하고 기억하며 다른 브랜드와 무엇이 다른지를 알 수 있도록 하는 것에서 비롯된다. 이를 브랜드 차별화<sup>差別化</sup>라고 한다. 타 브랜드와의 차별화를 명확히 하는 것이 강력한 퍼스널 브랜딩의 첫 번째 조건이다.

퍼스널 브랜드의 대부분이 전문적인 지식과 경험을 바탕으로 차별화되고 독자적인 훌륭한 서비스를 제공한다고 홍보한다. 하지만 브랜드의 일방적인 홍보 문구만 보고 선택하기에는 많은 제약이 있기 때문에 전문 지식의 범위를 좀 더 세분화해 홍보하거나 하나의 원조 브랜드<sup>최초 브랜드</sup>를 만들어 차별화된 브랜드를 구축하는 것이 가장 쉬운 접근 방법이라고 생각한다. 전문 분야에서의 전문 지식은 당연한 조건이지만 일반인들에게는 판단할 수 있는 지식이 부족하며, 경계가 명확하지 않고 확인 가능성이 희박하다는 단점이 있다. 이런 경우 전문 지식을 좀 더 세분화해서 명시할 필요가 있다. 예를 들어, 의사나 병원은 내과, 외과, 정형외과, 치과처럼 진료 과목이 세분화돼 있고, 그 안에서도 어떤 특정 전문 분야를 잘 치료하는지를 알리는 것이 추세이다. 성형외과 중에서도 코 전문, 얼굴 윤곽 전문, 지방 흡입 등으로 나뉘는 것처럼 말이다.

환자들은 증상에 따라 병·의원을 선택할 수 있고 증세에 따라 전문 병원이나 대학 병원 같은 상급 의료 기관을 찾아 갈 수도 있다. 그에 비해 법률적인 분야에서는 아직 세분화가 잘 이뤄져 있지 않은 것처럼 보인다. 검사, 판사, 변호사가 서로 다른 일을 하는 사람들이라는 것 정도만 아는 것이 평범한 서민들의 법률적인 지식 수준이라고 봐도 무방할 것이다. 따라서 만약 당신이 변호사라면 어떤 의뢰인을 도와줄 수 있는지 좀 더 명확하게 설명할 필요가 있다는 말이다. 일반 사람들은 법에 대한 지식이 없고, 주변에 변호사가 흔하지도 않을 뿐 아니라 어디에서 어떻게 어떤 변호사를 찾아야 하는지조차 막막하기 때문이다.

약 20여 년 전에 미국 뉴욕에 갔을 때 가장 놀랐던 일 중 하나는 커다란 간판이나 일간 신문에서 이혼 전문 변호사 광고를 자주 볼 수 있었다는 것이다. 그리고 광고 문구는 '단 1달러라도 더 받아드립니다.'라는 아주 노골적인 메시지였기 때문에 큰 문화 충격으로 다가왔다. 주변에 이혼한 사람도 없었을 뿐더러 이혼 절차에 관해서는 TV 드라마를 통해 겨우 귀동냥을 한 수준이라 이혼을 하기 위해서는 이혼동의서에 도장을 찍어서 가정법원에 제출하면 조정을 거쳐 합의만 하면 되는 줄 알았다. 하지만 실제로는 재산 분할, 위자료, 친권자 및 양육권자 지정 등 아주 복잡한 과정을 거치게 되고 전문적인 변호사 도움이 필요할 뿐 아니라 변호사 역량에 따라 재판 결과가 크게 달라진다는 것이다. 상대적으로 이혼률이 높고 재산 분할에 있어서 좀 더 적극적인 미국의 경우, 어떤 이혼 전문 변호사를 선택하느냐에 따라 이혼 후 삶의 질이 달라질 수도 있기 때문에 그만큼 전문적인 변호사 선임이 중요하다고 광고하며 스스로의 전문성을 알렸던 것이다.

최근 우리나라에서도 이혼률이 많이 높아진 만큼 이혼 전문 변호사라는 것을 확실히 명시한 법률 사무소나 변호사가 많아졌지만 여전히 금전적인 면의 도움을 어필하기보다는 공감과 소통을 할 줄 아는 변호사라는 식으로 광고하고 있다. 아직까지는 우리나라 사회 통념상 이혼이라는 절차가 금전적인 것과 얽혀 보이는 것이 불편하다고 느껴지기 때문이 아닐까 짐작하지만, 시간이 지나면 미국과 같은 광고를 볼 수 있게 될지도 모르겠다.

전문적인 분야일수록 접근하기 쉬운 용어를 써서 대중들에게 다가가는 것이 거리를 좁히고 문턱을 낮추는 방법이다. 교통사고 전문 변호사, 개인 회생 전문 변호사, 채권 추심 전문 변호사처럼 어떤 사건을 전문적으로 취급하고 있는지를 알림으로써 의뢰인들이 좀 더 쉽게 도움을 청할 수 있게 말이다.

좀 더 쉽게 설명하면, 어떤 음식점은 짬뽕 전문점, 설렁탕 전문점이라고 써서 마치 단일 메뉴만 판매하고 있는 것처럼 보이지만 실제로는 탕수육도 팔고 수육도 파는 것처럼 전문성을 높이고 부가 서비스로 매출을 올리는 것을 말한다. 비슷한 가격대라면 좀 더 전문적이거나 구체적인 조건에 따라 선택하기 마련이다. 나만이 가진 특별한 전문성은 무엇인지 찾아보고 구체화하는 것이 중요하다.

오리지널 브랜드(Original Brand)가 되어라.

쉽지 않은 일이긴 하지만, 하나의 전문 브랜드 카테고리 안에서 제일 먼저 시작한 브랜드가 되는 것도 차별화하기 위한 좋은 조건이라 할 수 있다. 이를 원조 브랜드<sup>original Brand</sup> 또는 선구자 브랜드<sup>Pioneer Brand</sup>라고도 부르는데, 이를 따라하는 미투 브랜드가 많이 생길수록 원조 브랜드의 가치가 높아질 가능성이 크다. 다만 원조 논란을 불식시키기 위해서는 제일 먼저 시도했다는 증거나 자료가 필요하다. 뚜렷한 물증 없이 내가 먼저 시작했다고 우겨봐야 대중들은 믿지 않을 뿐아니라 증거만 있다면 굳이 길게 설명할 필요조차 없기 때문이다.

특허 등록이 가능하다면 제일 좋겠지만 특허를 등록할 만한 일이 될지 모르고 그냥 브랜드를 진행하는 경우가 대부분이기 때문에 잦은 논란이 되기도 한다. 수많은 간판을 달고 있지만 아무도 정확한 원조를 알지 못하고 구전으로 내려오는 원조 맛집 같은 것들이 흔한 예이다.

두 번째 조건은 퍼스널 브랜드의 인지도<sup>Awareness of brand</sup> 상승을 위해 계속 노력해야한다는 것이다. 귀에 익고, 눈에 익숙하고, 자주 불리는 브랜드가 되기 위해서는 유명한 톱 브랜드들조차도 꾸준히 브랜딩해야 한다. 최초 상기 브랜드라고 불리거나 비보조 상기 브랜드라고 불리는 지배적인 위치의 브랜드들조차 말이다. 브랜딩 Brand+ing 은 쉬지 않고 진행되는, 의미 있는 활동이다. '인지도=좋은 브랜드'는 아니지만 사람들은 잘 알려진 브랜드에 대한 기대치가 높기 때문에 인지도에 따라 쉽게 판단하기 마련이다. 인지도는 하루아침에 만들어지지도 않을 뿐 아니라 운좋게 단숨에 인지도를 쌓을 기회가 온다고 해도 준비가 돼 있지 않으면 선뜻 얻을 수 있는 것이 아니다.

실체가 없는 인지도는 금방 드러나기 때문에 오히려 쉽게 얻은 기회로 인해 브랜드에 대한 신뢰를 잃을 수도 있다. 브랜드에 대한 신뢰나 평판을 잃는다는 것은 모든 것을 잃는다는 것을 의미한다. 믿을 수 없는 브랜드에 가치를 부여하는 소비자들은 없기 때문이다. 신뢰를 바탕으로 성장하는 브랜드들이 오랫동안 사랑받게 되는 것은 약속을 잘 지킨 것에 대한 소비자들의 보답인 셈이다.

오늘날 가장 강력한 인지도 상승 방법은 '방송 출연'이라 할 수 있다. TV를 시청하고 있는 불특정 다수에게 인식되는 것이야말로 인지도 상승에 아주 좋은 방법이다. 예전과 다르게 이제는 여러 채널을 통해 재방송이 되기도 하고, VOD 서비스를 통해 지속적으로 노출될 가능성이 크기 때문에 인지도를 높이는 가장 바람직한 방법이지만 모든 사람에게 공평한 기회를 제공하지는 않는다. 오히려 이미 인지도를 어느 정도 갖고 있는 사람들이 반복적으로 출연하는 경우가 허다하다. 타 방송국에서 얻은 인지도를 등에 업고 출연시키는 것이 시청자들의 눈길을 사로잡는 데 편하기 때문이다. 그러나 방송 출연 기회가 주어지지 않는다고 해서 인지도 쌓기가 불가능한 세상이 아니라는 점 또한 최근의 현상이다.

스스로 내 목소리를 낼 수 있는 나만의 방송을 만들 수도 있고 영상 매체가 아니더라도 출판이나 블로그 집필 활동을 통해 좀 느리지만 꾸준히 인지도를 쌓을 수

브랜드에 대한 이미지를 떠올렸을 때 브랜드를 인지하는 정도에
따른 구분을 보여 주는 브랜드 피라미드(Brand Pyramid)

있으므로 본인의 능력이나 성향에 어울리는 매체를 정해 아카이브<sup>Archive, 기록 보관소</sup>를
만드는 것이 중요하다. 방송이나 기타 매체의 작가들이 출연진이나 전문가를 블
로그나 인스타그램을 통해 찾는 일도 흔해졌기 때문에 본인에게 맞는 매체를 선
택해서 꾸준히 전문 지식과 경험이나 실적을 기록해 보자. 브랜드의 역사를 기
록하는 일을 게을리하지 않는다면 새로운 기회가 찾아올 것이다.

브랜드 인지도는 강력한 퍼스널 브랜드로 성장하거나 유지하는 데 아주 중요한
요소이지만 이것이 전부가 될 수는 없다. 그 인지도가 얼마나 오래 지속될지 모
르기 때문이다. 아주 오래 지속되는 경우도 있지만 잠깐 유명했다가 잊혀지거나
인지도가 높았다가 떨어지는 경우도 흔하다.

경쟁이 치열한 분야일수록 인지도나 인기를 유지하기는 어렵다. 오히려 라이벌
브랜드의 존재가 브랜드력을 상승하게 하는 데 큰 도움이 되기도 한다. 원앤온

리<sup>one and only</sup> 퍼스널 브랜드보다 막강한 비교 상대를 갖는 경우, 건강한 선의의 경쟁을 통해 끊임없는 대중의 관심과 성원을 얻어 브랜드 생명력을 강하게 만들거나 연장시킨다. 브랜드들의 좋은 경쟁은 분명 소비자에게도 이익이 돌아가는 일이기 때문에 관심은 끊이지 않을 것이다.

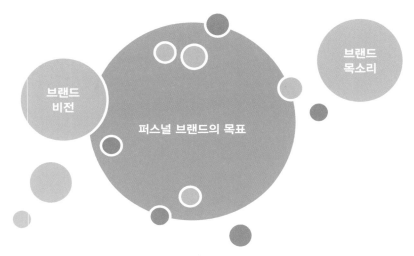

브랜드의 궁극적인 목표를 위한 방향성 제시와 브랜드 톤의 상관 관계

세 번째 조건은 의뢰인이나 소비자가 브랜드에 기대를 갖게 만들어야 한다는 것이다. 브랜드의 방향성<sup>Vision</sup>이나 목표<sup>Goal</sup>가 뚜렷하게 인식되도록 노력하는 것이 중요하다. 주어진 일에 급급하게 보이기보다는 뚜렷한 목표를 갖고 그 목표를 어떤 식으로 이루려 하는지를 의뢰인들이 알 수 있게 방향성을 제시하는 것이 좋은 퍼스널 브랜드가 갖춰야 할 조건이다. 지금 당장은 작고 보잘것 없는 브랜드지만 앞으로 성장할 가능성이 있는 브랜드라는 무의식적인 기대를 할 수 있게 해야 한다. 이들의 기대와 응원이 브랜드를 성장시키는 촉진제가 될 것이며, 뿌리를 깊게 내려 풍성한 열매를 맺게 할 것이다.

지금 당장의 규모보다는 앞으로의 발전 가능성 여부가 사람을 끌어들이게 하는 힘이 더 있다. 이를 위해서는 일관적인 목소리<sup>Tone</sup>를 내는 것이 상당히 중요하다. 상황에 따라 이랬다 저랬다 하지 않고 꾸준히 브랜드가 가진 컬러와 톤으로 이야기해야 하는 것이다. 예를 들어, 세계적으로 점점 늘어나는 추세인 비건 브랜드들 중에서 재료를 투명하게 공개하지 않거나 부분적으로 비건 재료가 아닌 것을 사용하고 있으면서 비건 브랜드라고 홍보하는 것은 굉장히 큰 반향을 불러일으킬 수 있는 중요한 문제이다.

지금 당장 비건 브랜드라고 홍보하기보다는 진정한 비건 브랜드가 되기 위해 많은 노력을 하고 있다는 것을 강조하는 것이 더 솔직해 보이고 앞으로 그렇게 될 가능성이 있어 보인다. 당장 큰 메시지나 임팩트를 전하기 위해 무리하기보다는 실천하는 브랜드가 되기 위해 노력한다는 것을 지속적으로 어필하는 것이 보는 이로 하여금 브랜드의 진정성을 느끼게 한다. 비건에 대한 정의를 알리고 실천 방법에 대한 연구를 한다거나 실제 어떤 노력을 기울이고 있는지와 같은 디테일들이 브랜드의 목소리를 일관성 있게 보이게 하는 방법이다. 이런 노력이 쌓여 역사가 되고 실제 결과물을 완성하게 된다면 이보다 좋은 브랜드 스토리<sup>Brand story</sup>는 없을 것이다.

마지막으로 퍼스널 브랜드와 소비자 사이에 감정적 교류가 잘 이뤄져야 한다. 퍼스널 브랜드는 1:100이 아니라 1:1의 느낌이 중요하다. 갑과 을의 관계가 아닌 쌍방이 동등하게 느껴지거나 조력자를 얻는 느낌을 원하는 브랜드이다. 쉽게 말해, '내 편을 만들고 싶어서 선택하는 것'이라는 뜻이다. 의뢰인을 내 편으로 만드는 가장 좋은 방법은 '나'라는 사람을 믿게 만드는 것으로, 서로가 신뢰를 바탕으로 일을 시작해야 한다. 처음부터 의심이 가거나 불안감을 갖게 해서는 안 된다. 솔직하고 정직하게 이야기하고 일의 진행을 누구보다 쉽게 설명해야 한다.

나와 상대방이 정서적 유대로 이어지는 이상적인 라포(Rapport) 관계

의뢰인의 성별, 나이, 학별, 지역 등에 상관없이 누구나 쉽게 이해할 수 있는 수준으로 설명을 하는 것이 중요하다. 전문가들은 일상에서 쉽게 사용하는 단어지만 일반인들에게는 매우 생소할 수 있기 때문에 의뢰인을 파악하기 전까지는 인내심을 갖고 천천히 설명하는 것이 중요하다. 특히 기술, 의학, 법률, 세무, 건축 같은 분야의 설명은 다시 검토할 수 있는 인쇄 자료 같은 것을 제공하는 것도 좋은 방법이다.

때에 따라서는 충분히 설명을 했는데도 처음 듣는 이야기라고 발뺌할 때 좋은 증거 자료가 되기도 한다. 이렇듯 상대방의 신뢰를 얻기 위해서는 상대방의 눈높이에서 생각해 보고 전문가의 입장을 전달하도록 노력해야 한다. 이런 노력들이 상대방도 충분히 깨달을 수 있는 정도로 이뤄져야 하고 이런 관계가 일의 진행을 순조롭게 흘러가도록 만드는 중요한 요인이 된다. 이런 상호 신뢰 관계를 갖게 하는 것을 '라포Rapport'라고 한다. 흔히 라포는 의사와 환자 사이의 바람직한 상호 신뢰와 친근감을 갖게 되는 이상적인 관계를 말한다. 이는 의사와 환자의 관계뿐 아니라 부모 자식 간이나 비즈니스 관계에서도 아주 중요한 부분이다. 또 혼자만 그렇다고 느끼는 것이 아니라 양쪽이 모두 같은 감정을 느낌으로써 서로를 믿는 것을 의미한다.

라포를 잘 구축하기 위해서는 상대방의 이야기에 귀를 잘 기울여 공통점을 찾아내는 것이 중요하다. 다른 견해가 있을 경우에는 반목하기보다는 상대방의 이야기를 듣고 반대 의견을 제시하는 등 이성적으로 이야기하는 방식을 택하는 것이 좋다. 공감하거나 이해하는 것이 우선이고 문제를 해결하려는 방법을 제시하는 것이 다음이라고 생각하며 접근하는 것이 쓸데 없는 신경전이나 시간 낭비를 줄이고 상대방의 공감과 신뢰를 얻기에 수월하다.

이때에는 자신감이 느껴지는 목소리로 간결하게 제시하는 것이 혼란과 불신을 줄이는 방법이 될 것이다. 라포가 형성된 관계에서는 일을 추진하거나 다음 단계로 이동하는 것이 훨씬 수월해진다. 진행 과정을 투명하게 전달하고 마무리까지 깔끔하게 마친다면 의뢰인은 만족과 신뢰를 갖게 되고 다른 사람에게 믿고 소개하는 제2, 제3의 기회를 제공할 것이다.

이런 조건이 퍼스널 브랜드를 강력하게 만드는 방법이다. 강한 브랜드가 살아남는 것인지 살아남는 브랜드가 강한 것인지는 콕 집어서 말할 수 없지만, 최소한 전쟁 같은 경쟁 속에서 살아남는 브랜드들이라면 최소한 이런 조건을 충족하는 브랜드가 아닐까 하는 생각이 든다. 퍼스널 브랜드를 만든다는 것은 하나의 또 다른 자아를 만들어 내는 것과 비슷한 과정을 거친다고 생각한다.

브랜드를 만들고 성장시키고 발전시켜서 잘 살아 내게 하는 일련의 과정이 아이가 어른이 되는 과정과 비슷하다고 생각하기 때문이다. 주변의 도움과 롤 모델 브랜드의 본보기, 후발 브랜드들의 성장 등이 퍼스널 브랜드를 좀 더 강하고 견고하게 만드는 환경이 된다. 퍼스널 브랜드는 끝내 살아 내는 것이다.

# 내 이름으로
# 무엇을 잘 팔 수 있을까?

_최영인

G

2

## 내가 가진 경험과 지식은?

이 세상에 똑같은 경험과 지식을 가진 사람은 없다. 쌍둥이라도 살아가면서 겪는 경험과 습득하는 지식이 다르다. 나만이 가진 경험과 지식을 떠올려보자.

글을 쓰기 전에 '내 경험과 지식이 과연 하나의 퍼스널 브랜드를 만드는 데 충분한가?'라는 의구심이 들 수 있다. 현재 아무런 준비가 되어 있지 않다고 생각하거나 브랜드로 만들 만한 가치가 없다고 생각하는 사람도 있을 것이다. 사람들은 대부분 자신이 다른 사람에 비해 경험과 지식이 부족하다고 생각한다.

그러므로 일단 나의 경험과 지식을 정리하는 것이 중요하다. 거창한 경험이나 지식은 필요하지 않다. 인턴이나 아르바이트 경험 또는 사회생활 경력이 내가 만들려는 퍼스널 브랜드에 부합하지 않을 수 있지만, 이건 나중에 생각하기로 하고 무조건 시간 순으로 정리하는 것이 좋다. 이 간단하고 단순한 작업부터 시작하지 않으면 퍼스널 브랜드 만들기를 시작할 수조차 없기 때문이다.

앞으로 본인이 만들어 나가려는 퍼스널 브랜드와 부합하는 학문의 전공자가 아니라면 더더욱 내로라할 만한 경험이나 지식이 없다고 생각하겠지만, '나'라는 사람을 효과적으로 설명할 수 있는 경험과 지식을 끌어모아 정리하는 것이 중요하다. 학력, 경력, 학점, 특기 사항, 자격증, 보유 기술, 어릴 적 꿈, 희망 등 나를 둘러싼 모든 경험과 지식을 정리해 보자. 지금 나의 상태를 확인하고 앞으로 부족한 부분을 보완하기 위해서라도 말이다.

머리로 생각만 하는 것과 글로 적힌 내용을 확인하는 것에는 큰 차이가 있다. 글로 쓴 자신의 경험과 지식의 역사를 되돌아보고 확인하는 것이야말로 퍼스널 브랜드를 만들기 위한 첫걸음이다.

### 무엇을 진정으로 좋아하고 잘하는가?

자신이 좋아하는 것을 정리해 보자. 학업, 일, 취미, 취향 등 다방면에 걸쳐 내가 무엇을 좋아하고, 무엇을 잘하며, 어떤 것을 했을 때 가장 행복하고 만족감을 얻는지 생각해 보자는 것이다. 사소한 것도 상관없다. 하다못해 좋아하는 컬러는 무엇이고, 좋아하는 가수는 누구인지 구체적으로 적어 보자. 예를 들어, 어떤 장르의 음악을 좋아하고, 좋아하는 가수는 누구이며, 가장 좋아하는 노래는 무엇인지까지도 정리해 보는 것을 추천한다. 이런 방식으로 정리하다 보면 '나'라는 사람의 성향, 취향, 개성이 서서히 드러나기 마련이다.

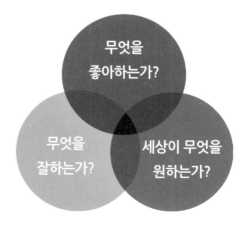

무엇을 좋아하는지, 무엇을 잘하는지 그리고 세상이 무엇을 원하는지를 알게 되면 이것들이 갖고 있는 교집합을 확인할 수 있다. 이것이 바로 '나라는 브랜드가 지향하는 것이 무엇인가?'라는 질문의 답이다.

또 무엇을 잘하는지도 정리해 놓아야 한다. 퍼스널 브랜드를 준비하면서 굳이 잘하지 못하는 부분이나 부족한 부분을 떠올릴 필요는 없다. 퍼스널 브랜드를 만들지 말아야 할 이유만 확실해지기 때문이다.

사실 잘한다는 것의 정의도 부정확하고 주관적이다. 꼭 상을 받아야 잘하는 거라고 생각할 수도 있지만, 상을 주는 대회에 출전하지 못했거나 이와 비슷한 기회가 주어지지 않은 경우에는 잘하지 못한다고 평가할 수 없으므로 남에게 들었던 칭찬 등과 같이 사소한 것을 상기해 보자. 잘한 일이 거의 없다고 생각하는 사람도 있겠지만, 곰곰이 생각해 보면 심부름을 잘해서 칭찬을 받았거나 수업 시간에 그린 그림이 교실 환경 미화에 사용된 것도 잘한 일에 포함된다. 기억이 흐릿한 것일 뿐, 사람들은 대부분 누군가로부터 칭찬받거나 인정받은 적이 있다. 이러한 일들의 많고 적음이 아니라 칭찬받고 인정받았다는 사실이 중요하다.

좋아하는 것과 잘하는 것이 겹치는 사람도 있지만, 그렇지 못한 사례가 많다는 것도 알아 둬야 한다. 요리하는 것을 좋아하지만 음식이 맛이 없는 사람도 있을 수 있다. 좋아한다고 해서 모두 잘하는 것은 아니라는 증거라고 할 수 있다. 하지만 무엇보다 중요한 것은 내가 좋아하는 것, 내가 잘하는 것을 잘 파악해야만 브랜딩의 방향을 잡을 수 있다는 것이다.

잘하는 것을 모두 정리했다면 우선순위를 매겨보자. 이때에는 내가 만들려는 퍼스널 브랜드에 필요한 것들을 가장 높은 순위에 두는 것이 좋다. 퍼스널 브랜드에 필요한 기술, 오래된 경력 등을 고려해 우선순위를 정하면 퍼스널 브랜드를 구축하는 데 도움이 된다. 딱히 필요는 없지만 세상을 살아가는 데 필요한 기술이나 장점들이 히든 카드처럼 요긴하게 쓰일 때도 있다.

자기가 좋아하는 일을 잘하는 것은 축복받은 경우라고 할 수 있다. 좋아하긴 하지만 잘하지 못하는 사람도 있고, 잘하기는 하지만 좋아하지 않는 사람도 있을 수 있다.

좋아하는 것들이나 잘하는 것들을 정리해 두면 개인의 경향이나 취향이 드러나기 시작한다. 사람은 누구나 좋아하는 것이 있기 마련이므로 감성적인 사람인지, 이성적인 사람인지, 내성적인 사람인지, 외향적인 사람인지가 드러나면서 나라는 사람의 캐릭터가 뚜렷해진다.

우리들은 개인의 취향을 존중하거나 나만의 개성이 다른 사람에게 인정받는 세상에 살고 있다. 따라서 다른 사람과 유대감을 형성하려면 나의 취향과 우수성을 바탕으로 퍼스널 브랜드를 전개해야 한다.

세상이 무엇을 원하는지에 대한 명확한 답을 얻지 못했더라도 나에 대한 확신이나 정의를 찾았다면 다음 단계로 이동하기 위한 최소한의 준비를 마쳤다고 볼 수 있다. 사람들은 의외로 내가 누구인지에 대한 정확한 답을 찾지 못해 방황하거나 의구심을 갖기 마련이므로 이 정도만 정리되면 세상이 필요로 하는 브랜드가 무엇인지 알 수 있는 실마리를 찾을 수 있다.

## 목표는 무엇인가?

앞으로 나의 퍼스널 브랜드를 갖고 어떤 일을 하고 싶은지 구체적으로 생각해 보자. 좋아하는 일을 본업으로 삼고 싶은 사람도 있고, 좋아하는 것과는 별개로 새로운 일에 도전하고 싶은 사람도 있을 것이다. 만약 자신이 학생이라면 하고 싶은 일의 종류와 직업의 세계를 미리 알아 둬야 한다. 자신이 동경하는 일을 다양한 경로를 통해 구체적으로 알아봐야 한다. 경력자라면 지금 하는 일의 목표를 생각해 보자. 왜 이 일을 하고 있으며, 최종적으로 어떤 결과를 바라는지 구체적으로 생각해야 한다.

목표는 꿈과 다르다. 목표는 '뭔가를 달성하려는 미래의 상태'를 말한다. 따라서 규모나 형태 등이 분명해야 한다. 하지만 꿈은 '희망 사항'에 가깝다. 희망 사항은 '막연할 수도 있고, 실현할 수 없을지도 모르지만 살아가면서 뭔가를 바라는 상태'를 말한다. 목표와 꿈이 같은 사람도 있을 수 있고, 다른 사람도 있을 수 있다. 반드시 똑같을 필요는 없다.

내가 달성하고 싶은 시간, 규모, 형태를 구체적으로 생각해 볼 것을 권한다. 어떤 목표를 달성하고 싶은지, 그 목표를 어떻게 달성할 것인지를 구체적으로 생각해야 한다. 목표가 구체적일수록 계획도 구체적으로 세워진다는 것을 기억해 두자. 너무 막연하거나 허황된 목표는 사람을 지치게 한다.

목표로 하는 일을 실천할 때 예상되는 타임 테이블을 만들어 보자. 단기 계획과 장기 계획으로 나눠 생각하는 것도 한 가지 방법이다. 예를 들어, 1년, 3년, 5년, 10년으로 구분하고 1년 이내의 계획, 5년 이내의 계획, 10년 이내의 계획 그리고 내가 꿈꾸는 최종 목표는 무엇인지 단계별로 나눠 생각하면 실천하는 데 많은 도움이 된다. 1년 이내의 단기 계획은 주간 단위, 월간 단위로 생각할 수 있지만, 당장 필요한 일은 아니다. 우선 나만의 퍼스널 브랜드를 어떤 식으로 성장시키고 싶은지가 구체적으로 드러나도록 청사진을 그려 보자.

최종 목표를 수립한 후 언제 무엇을 해야 하는지 적어 두는 것도 좋은 방법이다. 꿈을 이루는 데 필요한 시간과 단계별 수행 방법을 미리 알아보는 것이다. 잘 모르겠다면 다른 사람의 사례를 보고 시간을 분배해 보는 것도 좋다. 미리 알아본다면 시간을 절약할 수 있는 방법을 찾을 수 있고, 계획이 제대로 이행되고 있는지 확인해 볼 수도 있기 때문이다.

우리가 하고 싶은 일을 선택할 때 간과하지 말아야 할 문제는 좋아하는 일을 생업으로 삼았을 때 금전적인 보상도 수반되는지를 고려해야 한다는 것이다. 다시 말해 돈을 잘 벌 수 있는지, 얼마나 벌 수 있는지를 생각해야 한다. 희망하는 일로써 얻을 수 있는 금전적 보상으로는 자신이 원하는 라이프 스타일을 유지하기 어렵거나 원하는 수준의 삶의 질을 충족시키지 못할 수도 있다.

워라밸<sup>워크+라이프 스타일의 밸런스</sup>을 따져 보자. 현대 사회에서 돈은 삶의 질을 유지하는 데 필요한 도구이기 때문에 자신의 일에 상응하는 대가나 보상이 따르는지 반드시 확인해야 할 필요가 있다. 노력한 만큼의 금전적 보상이 어렵다는 것을 알고 시작하는 경우, 본인이 결정했다는 사실을 늘 명심해야 한다. 사람에 따라서는 경제적 대가보다 보람과 만족이 중요할 수도 있다. 가장 이상적인 경우는 좋아하는 것을 잘하면서 보상도 뒤따라오는 것이지만, 불행하게도 그런 행운이 모든 사람에게 주어지는 것은 아니기 때문에 하고자 하는 일에 금전적·심리적 보상이 따르는 데 얼마나 긴 시간이 필요한지 현실적으로 따져 볼 필요가 있다.

## 나의 롤 모델은 누구이고, 어떤 점을 존경하는가?

퍼스널 브랜드에 도움이 될 만한 롤 모델<sup>Role Model</sup>은 누구인지 생각해 보자. 여기서 롤 모델이란, '해야 할 일이나 임무의 본보기가 되는 대상이나 모범이 되는 사람'을 말한다. 롤 모델로 삼을 사람은 같은 업계에서 가장 성공한 사람이 될 수도 있고, 가장 유명한 사람일 수도 있으며, 같은 업계가 아니더라도 본받을 만한 사람일 수도 있다. 또 반드시 롤 모델이 한 사람이어야 할 이유도 없다.

둘 또는 세 사람의 롤 모델이 가진 특징과 장점을 더해 롤 모델로 삼아도 된다. 본인이 생각하는 완벽한 롤 모델이 없을 수도 있기 때문이다.

우선 그들의 어떤 점이 나의 퍼스널 브랜드가 나아가고자 하는 방향성이나 브랜드 철학에 도움이 되는지 파악해 보자. 때로는 그것이 특별하지 않을 수도 있다. 예를 들어, 한 가지 직종에서 오랫동안 일해 온 성실함이 롤 모델의 대상이 되는 경우도 있기 때문이다. 때로는 별 의미가 없어 보이거나 매우 쉬워 보이는 소소한 일이 모여 역사를 이루기도 한다. 이러한 방식의 롤 모델 설정은 매우 고전적이긴 하지만, 브랜드를 만들고 실행하고 실천하는 데 많은 도움이 된다.

롤 모델이 있다면 훌륭하고 멋진 모습이나 행동을 만들기가 좀 더 수월할 것이다. 따라서 롤 모델은 망망대해를 비추는 등대와 같다고 할 수 있다. 혼자 일일이 경험하면서 배우는 것보다는 누군가의 삶을 통해 배우는 것이 훨씬 수월하다. 모든 분야의 선구자가 힘든 이유는 바로 이 때문이다. 때로는 피치 못하게 자기 분야에서 선구자가 되어야 하는 경우도 생기는데, 그럴 때는 다른 방면의 롤 모델로부터 힘을 얻고 간접 경험을 통해 얻은 아이디어와 신념으로 길을 개척해 나가는 수밖에 없다.

지금의 내가 누군가의 롤 모델이 될 수 있다는 사실을 명심하고, 사회적으로 수용되는 행동을 하는 것이 중요하다. 롤 모델의 의미는 법과 관습 안에서 본받을 만한 인물이나 대상에 국한된다는 것 또한 기억해야 한다. 아무리 많은 업적을 남겼더라도 비인륜적이고, 불법적인 일을 저지른 사람을 롤 모델로 삼아서는 안 된다. 설령 한때 모든 사람이 부러워할 만큼 성공한 롤 모델이었더라도 고의적이거나 비정상적인 행태가 드러나는 경우에는 비난을 면키 어렵다.

롤 모델은 단순히 엄청난 부를 축적했거나 사업이 성공한 사람이 아니라 반드시 과정이 투명하고 올바른 사람이어야 한다. 자신을 바른 길로 인도하고 안내해 줄 만한 도덕적인 롤 모델을 찾게 되면 쉬운 길이나 나쁜 길로 빠지고 싶은 유혹을 떨쳐버릴 수 있는 힘이 되기도 한다.

## 누구를 위한 브랜드를 만들고 싶은가?

브랜드를 만들 때는 브랜드를 만든 사람이 아니라 브랜드를 인지하고 자기 것으로 받아들이는 사람들의 역할이 중요하다. 브랜드를 만든 사람이 아무리 '내 브랜드는 이렇다!'라고 주장해도 브랜드 이미지를 결정하는 것은 결국 브랜드를 수용하는 사람들이기 때문이다. 가장 먼저 나의 브랜드를 이해하고 긍정적으로 받아들일 사람들이 누구인지 파악한 후에 타깃 마켓<sup>Target Market</sup>을 설정해야 한다.

타깃 마켓을 정확하고 구체적으로 설정해야만 브랜드를 일정 궤도상에 올려놓을 수 있다. 요즘같이 타깃을 세분화<sup>Target Segmentation</sup>하고 구체적으로 지정하는 추세에는 특히 타깃의 철저한 조사와 세심한 이해가 필요하다.

타깃의 성별, 연령, 주거 지역, 교육 수준 등을 구분하는 것은 인구학적 차원에서의 일차원적인 접근이다. 과거에는 이러한 지리적, 인구 통계학적, 심리적, 행동적 변수에 따라 타깃을 구분하고 분류하는 방식을 취했지만 요즘은 감성적, 라이프 스타일적 변수가 더해져 훨씬 복잡하고 구체적인 분류를 해야 타깃 마켓에 대한 집중력을 높일 수 있다. 예를 들어, 과거든 현재든 삼시세끼를 먹고 살고 있다고 전제할 때 끼니를 거르지 않는 것만으로도 만족하고 살았던 시대, 이왕이면 맛있는 끼니를 먹고 싶은 욕구를 넘어 '매 끼니 뭘 먹으면 더 맛있는 것을 먹을 수 있을까?', '굳이 내가 먹지 않더라도 누군가 나 대신 맛있는 것을 먹

주코 포토(JUCO Photo)의 포토그래퍼 줄리아 갈도(Julia Galdo)가 브랜드 타깃을
클라이언트인 타깃(Target) 사의 심벌인 원, 브랜드 컬러인 레드와 화이트를 이
용해 표현한 포토그래피 시리즈. 강렬한 컬러와 단순한 형태에 다양한 타깃 그
룹이 존재하는 것을 직관적으로 표현한 것이다. 다양한 타깃을 겨냥한 타깃 사
의 소비자들을 감각적으로 표현하고 있다.

었으면 좋겠다.'라는 생각을 하기 때문에 음식 먹는 모습을 보고 대리 만족을 느끼는 사회로 변화한 것이다.

우리의 타깃은 비교적 짧은 기간 동안 물질적·문화적·기술적으로 엄청난 변화를 겪으면서 자발적·배타적으로 자기만의 세계관을 갖게 됐다. 이처럼 사람을 나이, 성별, 거주지에 따라 구분하는 것은 불합리하다. 이제 사람들은 대중에 속해 있긴 하지만 유일하고 특별한 나에 대한 관심과 집중을 바라고 있다.

'고객 만족'이라는 표현이 '고객 감동'으로 변하고 있긴 하지만, 시작한 것도 이미 오래전 이야기이다. 고객 만족이 '내가 지불한 돈에 얼마만큼의 만족할 만한 성능이나 결과를 얻을 수 있는가?'처럼 수치로 표시할 수 있는 감정에 가깝다면, 고객 감동은 머리에서 가슴까지 전달되는, 심리적으로 충만한 상태라고 할 수 있다. 따라서 아무리 수치로 설명해도 이해되지 않는 미묘하고 지극히 주관적인 감정을 이해하고 뜻을 같이하는 브랜드가 필요하다. 가격 대비 성능이 좋은 '가성비'가 가격 대비 심리적 만족도가 좋은 '가심비'로 이동하는 중이다.

가성비는 여전히 중요한 항목에 속하지만, 매 순간 가격을 비교해야 하는 것에 피로를 느끼는 사람들이 점차 늘고 있다. 가격이 비싸더라도 감성적인 디자인이나 포장 또는 인류애적 마케팅에 기꺼이 대가를 치르고 싶어 하는 인류가 나타났다. 이들은 특정 브랜드를 선호하고 해당 브랜드의 성장과 발전에 환호하면서 같은 제품을 사용하는 사람들과 동질감을 느끼고 싶어 한다. 마치 아이돌을 좋아하는 팬Fan처럼 말이다.

이러한 팬이 내 브랜드에서는 어떤 사람들인지 생각해 봐야 한다. 사람들의 의식주, 관심사, 패션, 취미가 무엇인지 구체적으로 생각하면서 그들의 일상을 관찰하고 습관을 파악하며 특징과 장단점을 기록해 보자. 내가 가진 가치를 인정하고 기꺼이 팬이 되어 줄 미래의 열혈 팬이 어떤 사람인지를 머릿속에 자세히 그려 보는 것이 중요하다. 그들이 원하는 브랜드는 과연 무엇인지 생각해 보고 그들을 맞이할 준비를 해야 한다. 대중적인 타깃에 접근하는 방법은 브랜드의 정체성을 알릴 새도 없이 사라질 수도 있다. 과거에는 적을 알고 나를 알면 백 번 싸워 백 번을 이긴다고 했지만, 이제 그들은 적이 아니라 나에게 호감을 가진 수많은 팬이 되어야 한다. 브랜드는 팬이 있어야만 존재하기 때문이다.

미래의 나의 팬은 어떤 사람들인지 관심을 갖고 그들의 특징과 관심사를 연구해야 한다. 당신의 팬이 이 사회에서 어떤 사람들인지 그들의 관심과 취향을 적어 보자. 마치 그들의 24시간을 관찰하는 것처럼 조사해야 한다. 그리고 그들이 소개하거나 안내할 다른 부류의 사람들까지 포섭해 시장을 넓혀 나가야만 브랜드가 성장한다. 작은 팬들의 집합이 모이고 합쳐져서 공집합이 되면 서서히 팬층이 넓어지고 브랜드가 대중적인 인지도를 얻을 것이다.

## 나의 경쟁 브랜드는 누구인가?

'지피지기면 백전백승'은 경쟁 브랜드에 해당하는 말이다. 시장에 이미 자리 잡고 있는 브랜드나 새로 진입하려는 브랜드 모두 나의 경쟁 브랜드들이다. 그중 일부는 이미 성공적인 시장 진입을 이뤘을 수 있고, 나와 똑같은 후발 주자로 힘겹게 시장의 문을 두드리고 있을 수도 있다. 성공가도를 달리고 있는 브랜드는 내가 가고자 하는 길의 안내자가 될 것이고, 나와 비슷한 시기에 출발하는 브랜드는 힘겨운 레이스를 함께할 동반자가 될 것이다. 때로는 페이스 메이커가 있는 게 도움이 될 때도 있다. 모든 것을 시장에서 혼자 시도할 경우, 제풀에 지쳐 레이스를 포기하거나 알맞은 러닝 페이스를 잃어버려 무리를 하게 될 수 있기 때문이다.

그럼 경쟁 브랜드를 분석해 보자. 일명 SWOT 분석<sup>SWOT Analysis</sup>은 브랜드의 강점

Strength과 약점<sup>Weakness</sup>, 기회<sup>Opportunity</sup>와 위협<sup>Threat</sup> 요인을 규정하고 이를 바탕으로 마케팅 전략을 수립하는 기법으로, 나와 경쟁 브랜드를 분석할 때 많은 도움이 된다. SWOT 분석에서의 진단은 내부 요인과 외부 요인으로 이뤄지며, 시장에서의 위치나 사업성을 파악해 효과적인 브랜드 분석 결과를 얻을 수 있다.

이때에는 경쟁 브랜드 분석뿐 아니라 나의 브랜드에 대한 분석도 함께 이뤄져야 한다. 만약 경쟁 브랜드의 약점이 내가 가진 강점이라면 기회 상황에서 내가 그 부분에 힘을 쏟아 우위에 설 수 있을 것이고, 위협 요소를 미리 알고 나의 약점을 최소화해 리스크를 크게 줄이도록 준비할 수 있다. 이는 브랜드를 운영하기 위한 마케팅 방법의 선택과 집중을 위해 필요한 작업이다.

나의 브랜드에 대한 객관적이고 냉정한 분석은 실패 확률은 낮추면서 시장 점유율은 안정적으로 높이는 방법이다. 시장 변화에 따라 경쟁 상대의 변화를 빠르게 인식하는 일 또한 게을리해서는 안 된다. 당신의 경쟁 상대는 의외로 빠르고 전투적일 수 있다는 사실을 잊지 말아야 한다. 후발 주자에게조차 자리를 빼앗길 수 있다는 것 또한 기억해야 할 중요 포인트이다. 누군가와 경쟁 관계에 있

다는 것은 긴장을 유발하기도 하지만, 때로는 동기 부여로 작용해 브랜드 확장에 도움이 되기도 한다. 또 경쟁 브랜드 동향을 잘 살펴보는 것만으로도 타깃이나 시장의 정보를 얻을 수 있다.

## 의뢰인을 어떤 형태나 방식으로 돕고 싶은가?

내가 만든 브랜드의 상품이나 서비스를 이용하려는 상대방을 고객, 사용자 또는 의뢰인이라고 한다. 이들의 까다로운 요구를 만족시키기 위한 서비스 방법을 연구해 보자. 어떤 방식으로 의뢰인을 만족시킬 수 있을지, 나의 일 처리 스타일은 무엇인지 예상해 보자는 것이다. 무조건 '손님은 왕'이라는 식의 주먹구구식 대응은 브랜드가 발전하는 데 도움이 되지 않는다. 성실과 전문성은 기본이고 의뢰인에 대한 친절과 존중은 예의이지만, 이것이 결코 고객에게 말로만 또는 겉으로만 비치는 성의 없고 구태의연한 방식이어서는 안 된다.

브랜드를 준비하는 시점에서 누군가에게 의뢰를 받는다면 뭐든 잘할 것 같고, 만족할 만한 서비스를 제공할 것 같지만 현실은 절대 녹록지 않고, 의뢰인들은 마냥 순진하지 않다. 의뢰인이 서비스와 재화를 교환할 만한 가치를 느낄 수 있게 하려면 전략과 전술이 필요하다. 의뢰인을 준비 없이 대하면 오히려 손해를 볼 수도 있다.

퍼스널 브랜드에는 대기업 브랜드가 아니라 소규모 브랜드를 찾아야 하는 이유가 반드시 있어야 한다. 예를 들어, 특별한 개성이 있다거나 일대일의 맞춤형 서비스가 가능하다는 등의 장점을 만들어야 한다. 그리고 그것이 겨우 겉치레나 선전용 홍보 문구에만 그치지 않도록 노력해야 한다. 브랜드의 규모나 인력이

감당할 수 있는 수준이 되지 않는데 무조건 할 수 있다고 덤비는 것처럼 보여서는 안 되며, 전문성을 갖고 일을 해결할 수 있다는 확신과 믿음을 줄 수 있는 정도의 솔루션을 준비해야 한다는 것이다.

상대방의 문제를 충분히 들은 후 최선의 해결책을 도출해 리스크를 줄이고, 이윤을 극대화하며 최대 만족을 줄 수 있는 방법을 찾기 위해 노력해야 한다.

혹시라도 부족한 부분은 다른 사람과의 협업을 통해 보완하거나 전문성을 가진 브랜드를 포함해 일을 완성하는 모습을 보이는 것이 가장 이상적이다. 일을 완성하는 방법에 대한 구체적인 전략과 전술이 있어야만 의뢰인을 만족시킬 수 있다. 대책 없어 보이는 것처럼 브랜드가 허술해 보이는 것도 없다. 나의 브랜드 대책을 확실히 마련한 후에 시작하자. 어떤 일이든 잘할 수 있다는 식의 접근 방식은 더 이상 통하지 않는다. 나의 브랜드만이 갖는 개성과 전문성이 느껴지는 서비스 방식을 보여 줘야 한다.

# 고객에게 다가가는
# 퍼스널 브랜드를
# 만드는 방법

_최영인

### 나는 과연 어떤 브랜드인지 정의해 보자

'나'를 막연하게 머리로 생각하는 것과 간단명료하게 글로 정의하는 것은 큰 차이가 있다. 한마디로 정의하는 것이 생각보다 쉽지 않은 이유는 항상 스스로 부족해 보이기 때문이다. 즉, 하나의 브랜드로 인정받을 것 같아 보이지 않기 때문이다. 하지만 글을 길게 쓴다고 해서 달라질까? 시간이 좀 더 흐르면 달라질까? 이것은 오히려 논점이 흐려지거나 자신감이 없어 보이기 쉽다.

현대인이 가장 대답하기 어려운 질문 중 하나는 '과연 나는 누구인가?'일 것이다. 나도 나를 모르겠다고 생각하는 사람이 많은 세상이다. 객관적이든, 주관적이든 나는 어떤 사람인지 간단명료하게 정의할 수 있도록 노력해 보자. 이 단계가 퍼스널 브랜드를 만들 때 가장 먼저 실행에 옮겨야 할 부분이다.

스스로 '나'라는 브랜드를 정의하기 어렵다면 주변 사람에게 물어 보는 것도 한 가지 방법이다. 다른 사람이 생각하는 '나'라는 사람의 퍼스널 브랜드는 어떤 의미가 있는지 알아볼 수 있기 때문이다. 마티 뉴마이어[Marty Neumeier]가 "브랜드는 브랜드를 만든 당신이 말하는 그 무엇이 아니다. 브랜드는 브랜드를 선택한 사람들이 말하는 그 무엇이다."라고 말한 이유는 나의 퍼스널 브랜드가 다른 사람의 시선에 따라 정의되고 선택되기 때문이다.

이마저도 어렵다면 내가 다른 사람에게 어떤 사람으로 보이길 바라는지 정의하는 것도 좋은 방법이다. 하지만 실현 불가능한 설정은 무의미하다. 비록 지금은 조금 부족하지만 노력하면 실현할 수 있을 정도로 설정하는 것이 가장 이상적이다. 과도한 설정은 말만 번지르르하고 가치 없는 브랜드로 평가받을 수 있기 때문이다.

나에 대한 정의를 내린 후, '나'라는 브랜드의 정의가 브랜드로서 가치가 있는지 살펴봐야 한다. 대중은 당신이라는 브랜드가 가진 비전과 가치가 그들에게 의미가 있을 때만 집중을 하기 때문이다. '나'라는 퍼스널 브랜드가 가진 비전과 이로써 얻을 수 있는 가치가 잘 드러나도록 해야 한다.

# Vision & Value

또 '나'라는 퍼스널 브랜드의 서비스를 통해 가시적으로 얻을 수 있는 혜택이 구매자들의 호기심을 충족시킬 수 있을 정도로 매력적이어야 한다. 특히 유사 브랜드가 많은 경우, 그 혜택의 차이가 명확해야만 선택받기가 쉽다. 퍼스널 브랜드의 정의는 간단명료하되, 의뢰인이 얻을 수 있는 혜택도 함께 명시하는 것이 이상적이다. 예를 들면, '노후 걱정을 덜어 주는 믿을 만한 자산 관리사', '몰랐던 보장 내용까지 찾아 주는 꼼꼼한 보험 설계사'와 같은 식으로 말이다. 100세 시대의 가장 큰 고민 중 하나인 노후 걱정을 덜어 준다거나 보험 계약에서 빠뜨리기 쉬운 보장 내용을 찾아 주는 것은 미래에 대한 비전이자 투자에 대한 가치 창출로 느껴지기 때문에 이런 방식으로 나만의 퍼스널 브랜드를 구성하는 것이 바람직하다. 여기서 포인트는 금전과 관련된 일을 하는 사람에게 가장 중요한, '믿을 만하다', '꼼꼼하다'와 같은 자기 어필에 효과적인 단어 선택이다.

단어를 선택할 때는 사전적 의미를 반드시 확인해야 한다. 아주 쉬운 단어라도 다시 한번 사전을 확인해 볼 것을 권한다. 단어의 뜻을 정확히 아는 것은 퍼스널 브랜드를 만드는 첫걸음이다.

**유의어/반의어**

출처 : 네이버 사전

유의어와 반의어도 함께 확인해 보는 것이 좋다. 특히 유의어는 좀 더 좋은 어감이나 표현을 찾는 데 도움이 되기 때문에 적극 추천한다. 예를 들어, '똑똑하다'의 유의어로는 '똘똘하다', '영리하다', '지혜롭다', '슬기롭다', '현명하다' 등이 있다 '똑똑하다'는 주로 윗사람이 아랫사람을 평가할 때 하는 말이다. 어감상 '똑똑하다'라는 표현이 어울리는 사람도 있고, '슬기롭다' 또는 '현명하다'라는 표현이 어울리는 사람도 있다.

경우에 따라서는 톡톡 튀거나 시의적절한 단어로 만들어진 정의가 사람들의 마음을 사로잡을 수도 있으므로 다양한 관점에서 생각해 보는 것이 좋다.

## 나만의 특별함이 있어야 한다

경쟁 브랜드와 비교했을 때 특별함이 있다는 것은 매우 큰 장점이다. '1등', '첫 번째', '유일한' 등과 같이 수치화된 수식어는 브랜드에 집중하게 하는 힘이 있다. 하지만 모든 브랜드가 1등이거나, 세계 최고이거나, 세상에 하나밖에 없을 수는 없다. 오히려 비슷하거나 경쟁 브랜드보다 훨씬 부족할 수 있다는 것이 정직한 평가일 것이다. 그렇다고 시작도 안 해 보고 브랜드를 포기할 것인가? 그러기에는 세상은 넓고 사람들은 많다. 기회는 만드는 사람에게 주어진다.

이제 나의 브랜드만이 갖는 특별함을 만들어 보자. 나의 브랜드가 고객이 선택하려는 매력적인 특별함을 갖도록 해야 한다. 업계 1등도 아니고 세계 최초도 아니지만 의뢰인의 시선을 사로잡고 결국 선택받을 수 있는 포인트가 될 만한 것이 무엇인지 연구해야 한다.

이럴 때 가장 많이 사용하는 특별한 포인트 하나가 '인간적인 매력'이다. 진부하다고 생각할 수 있지만, 꽤 오랫동안 효과적으로 사용해 온 방법이다. 이 세상에는 똑같은 사람이 존재하지 않는 것처럼 브랜드에 인간적인 매력이 담겨 있다는 것은 다른 사람과 차별화할 수 있는 요소라고 할 수 있다. 퍼스널 브랜드에 인간적인 매력이 담겨 있으면 친근감을 불러일으키기 쉽다. 외모는 다른 사람에게 어필할 수 있는 가장 좋은 방법이다. 하지만 자신의 외모에 자신이 있는 사람은 많지 않고, 얼굴 드러내는 것을 좋아하는 사람도 많지 않기 때문에 약간의 각오가 필요하다.

이 정도 각오도 없이 어떻게 자신의 브랜드를 알릴 수 있겠는가? 우리나라 사람처럼 체면을 중요하게 생각하는 환경에서 자기 얼굴을 걸고 뭔가를 한다는 것은 그만한 각오와 실력이 있다는 증거라고 할 수 있다. 외모 외에 사물을 바라보는 시각이나 사람에 대한 배려 같은 것들도 인간적인 매력을 느끼게 할 수 있는 좋은 요소이다. 외모에 대한 평가는 지극히 주관적이기 때문에 이에 대한 염려는 일단 접어 두고 사람들이 인간적인 매력을 느끼게 하는 데 집중하는 것이 좋다.

이와 반대로 얼굴 없는 가수로 마케팅에 성공한 사례도 있다. 하지만 얼굴이 알려지고 보니 그 얼굴 없는 가수가 매우 잘 생겼거나 예뻤다면 '굳이 왜 그런 마케팅 방법을 사용했을까?'라는 생각이 들 것이다. 여기서 주목해야 할 점은 대중은 일단 노래가 좋아서 얼굴 없는 가수가 보고 싶었던 것이지, 얼굴이 보고 싶어서 노래를 좋아했던 것은 아니라는 것이다.

가장 큰 특별함은 결국 '실력'이라는 이야기이다. 다만 처음부터 특별할 수는 없으므로 굳이 얼굴을 드러내는 방법을 사용하지 않고 싶다면 수치나 시각 자료로 눈길을 끄는 방법을 추천한다. 사람들은 일단 눈에 보이는 것을 믿으며, 과정보다 결과를 중요하게 생각하기도 한다. 특히 성질이 급한 사람들은 백 마디 설

# MILLIE DAWSON

SOCIAL MEDIA MANAGER

## EXPERIENCE

**2015 - Present**
**Motion Productions**

**Social Media Manager**
Brief description of the position and the responsibilities you had in this post. Mentotaq uaspeliquata il ma sedit lab ipiendi sapienis dolupta temporibea dolore antisinciis modi dolorum nulpa voles sitinim aximet la diorporae.

**2007 - 2015**
**Light Cup Media**

**SEO Content Specialist**
Brief description of the position and the responsibilities you had in this post. Nullam pulvinar pulvinar mattis. Fic tet faccus rem. Nemolor aut. Quam nus dem recus. Caborit ibusant, magnieni.

**2003 - 2007**
**Limbo Media**

**SEO & Social Media Intern**
Brief description of the position and the responsibilities you had in this post. Sum fugitaquate ea sit re pa volest quatibus nimi, officim oluptatem fuga. Dandios experum arupit, occatemquos exceat quis es susam reiuntia.

## EDUCATION

**2000 - 2003**
**Silver Oak University**

**MA Social Media Marketing**
Brief description of what you learned/studied while on your course. Expliciis intincil moluptatur aut pa dolorem facea ni tes quam, consedi as cus aut.

**1998 - 2000**
**Pacific Grove University**

**BSc (Hons) Marketing & Advertising**
Brief description of what you learned/studied while on your course. Udae. Itat porroratiis siminim porepernata nime nulpa alitatis.

## CONTACT

2559 Davisson Street
Richmond,
IN 47374

T: 731-469-8340
E: milliedawson@email.com
www.millie-media.com

## REFERENCES

**Douglas Solomon**
Marketing Manager
T: 601-465-4299
E: douglas@email.com

**Lonnie Goldstein**
Senior Brand Manager
T: 661-772-6568
E: lonnie@email.com

## SKILLS

Google Analytics

Copywriting

Social Media

Project Management

직업을 구하는 구직자 형식의 이력서까지는 아니더라도 정보가 정확하고 보기 좋게 나열된 형식의 이력서를 작성해 두면 지속적으로 사용할 수 있다.

명보다 한 장의 사진처럼 한눈에 파악할 수 있는 결과물에 훨씬 빨리 반응한다. 사진, 그래프, 도식이 들어간 자료를 통해 간단하지만 한눈에 들어 오는 자료를 만들자. 이 자료는 항상 최신 버전으로 업데이트해야 한다. 오래된 자료를 이용해 설명하면 게을러 보이고, 브랜드의 정체성을 의심받게 된다.

자료를 뒷받침할 만한 증빙 자료, 참고 자료 또는 참고인, 인증 기관 같은 것들이 있으면 특별함에 힘을 실을 수 있다. 만약 환경 관련 브랜드라면 믿을 수 있는 에코 인증이나 유기농 마크 등을 첨부하는 것이 좋다. 또 기술을 취득했다면 취득 번호나 증명서 같은 것들로 사실 여부를 증명해야 한다. 국가 기관이나 관련 기관의 인증은 가장 확실하고 믿을 만한 증거이다.

## 이력을 최대한 자세하게 써라

퍼스널 브랜드를 만들 자신의 이력을 글로 써 보자. 어차피 퍼스널 브랜드의 가장 큰 자산은 브랜드를 만드는 사람의 경험과 경력이므로 자신의 학업, 경험, 직업, 자격 등을 최대한 자세하게 써야 한다. 이때 가장 중요한 점은 이력이 거짓이거나 모호해서는 안 된다는 것이다. 이력을 뒷받침할 만한 근거가 없다면 과감히 생략하고 사실에 근거해 작성하는 것이 중요하다.

요즘처럼 쉽고 간단하게 다른 사람의 과거와 현재를 알아볼 수 있는 세상에서 한순간의 모면이나 포장을 위한 거짓말은 의외의 상황에서 매우 큰 약점이 되거나 순식간에 모든 신뢰를 잃어버리는 큰 변수로 작용한다. 신뢰는 얻기는 힘들어도 잃기는 쉬운, 아주 허망한 것이다.

학교의 졸업, 수료, 중퇴와 같은 학벌에 관한 부분이나 관공서에서 확인할 수 있는 자격증 소지 여부와 같은 부분은 더욱 신중하고 정직하게 기재해야 한다. 당신의 브랜드 가치가 빛을 발하기 전에는 크게 중요하지 않다고 생각했던 아주 사소한 부분이 어느날 날개를 달고 비상하려는 순간, 갑자기 발목을 잡거나 날개를 부러뜨리는 결과를 초래할지 모른다. 그동안 우리는 꽤 많은 유명 인사들의 학력 위조, 경력 위조, 나이 논란 등으로 큰 대가를 치르거나 논란이 되었다는 사실 하나만으로도 실력을 의심받고 신뢰를 잃어버리는 사례를 봐 왔다. 브랜드의 도덕성이나 진정성은 평상시에는 잘 드러나지 않지만 위험한 순간에 힘을 주는 보험 같은 존재이다.

또 이력서는 시간의 흐름에 맞춰 작성하는 것이 좋다. 때로는 불필요해 보이는 이력이나 경험도 있겠지만 우선 이력의 흐름에 끊김이 없어 보이도록 기재하는 것이 작성하는 사람은 물론, 이를 보는 사람도 쉽게 이해할 수 있기 때문이다. 시간을 역순으로 적을 수 있고, 현재를 기준으로 작성할 수도 있는데, 이는 상황에 따라 취사선택할 수 있으므로 그리 중요하지는 않다. 다만 물 흐르듯 일목요연하게 작성하는 것이 중요하다. 학력, 경력, 경험, 실적이나 자격 등을 따로 구분해 정리하는 것도 이력서를 보기 좋게 작성하는 방법이다.

이력서에 차별적이거나 반사회적인 정서의 내용을 포함시키는 것은 좋지 않다. 정치, 종교, 성별, 인권, 지역 문제처럼 민감한 사안에 대한 개인의 생각이 드러나는 내용은 적지 말아야 한다. 이는 다른 사람에 대한 예의가 아닐 뿐 아니라 브랜드의 진정성을 의심하게 하는 단서가 될 수 있다. 프로 불편러<sup>어떤 사실이나 상황에 매우 불편하게 반응하는 사람들</sup>가 판을 치는 요즘 같은 세상에 굳이 스스로 꼬투리를 제공할 필요는 없으니 말이다. 브랜드의 서비스는 어떤 종교를 가진 사람들에 대한 서비스 또는 성별이나 연령 제한이 있는 경우를 제외하고는 누구에게나 공평하고 합법적으로 제공되어야 한다.

아주 작은 실수라고 치부될 수 있는 맞춤법 오류나 사회적으로는 통용되지만 직업적으로 적절하지 못한 단어 선택은 이력서의 신뢰를 떨어지게 하는 치명적 오류이다. 이력서의 진위를 의심하지 않게 하기 위해서는 맞춤법을 확인하고 단어 하나하나의 뜻을 되짚어 볼 필요가 있다. 일상적인 표현을 빌려 온 경우, 그 표현이 어디에서 유래했는지, 어떤 사람들이 많이 사용하는지, 어떤 상황에서 많이 통용되는 단어인지 따져 본 후에 사용하는 것이 좋다. 때로는 원래의 뜻이 아닌 은어로 통용되는 단어일 수도 있기 때문이다.

이메일 주소 아이디를 만드는 일도 신중하게 결정하는 것이 좋다. 프로페셔널한 일에 사용할 이메일 주소가 위트가 있거나 귀여워야 할 필요는 없다. 일의 성격에 맞고 기억하기 쉬운 이메일 주소를 만들어 사용할 것을 권한다. 어떻게 보면 하찮아 보일 수 있지만, 이는 절대 사소한 것이 아니다.

마지막으로 이력서의 모든 내용을 그대로 사용할 것인지, 정리한 후에 사용할 것인지를 결정해야 한다. 불필요하다고 생각하는 이력이나 전문성을 의심받을 수 있는 이력은 가능한 한 넣지 않는 것이 좋다. 이력서의 길이보다는 내용의 조화가 더 중요하기 때문이다. 굳이 넣지 않아도 될 내용은 과감히 생략하고 좀 더 상세하게 적는 것이 효과적이다. 사실에 근거해 설명을 추가하는 방법으로 이력서의 여백이 주는 허전함과 불안함을 덜어 보는 것도 한 가지 방법이 될 수 있다. 이때 너무 과장되거나 불확실한 표현은 지양해야 한다.

## 대화의 기술을 익혀야 한다

브랜드를 다루는 사람에게 꼭 훌륭한 대화의 기술이 필요한지 의구심을 가질 수 있다. 대화는 내 생각만 말하는 것이 아닐 뿐 아니라 의뢰인의 말만 듣는 일도 아니다. 즉, 서로의 생각과 의견을 주고받는 것이다. 브랜드는 소통을 의미하며, 가장 일반적인 소통 방법은 바로 대화이다. 따라서 브랜드를 운영하는 데 필요한 서로의 생각이나 마음을 효과적으로 전달하는 대화 방법을 연구할 필요가 있다.

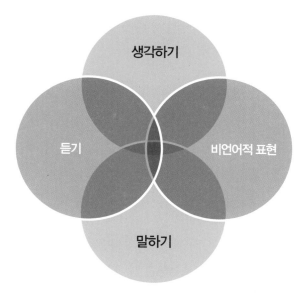

대화의 기술에 필요한 네 가지 요소. 생각하기, 듣기, 말하기, 비언어적 표현들이 어우러져야 대화를 잘 이끌어 나갈 수 있다. 비언어적인 표현에는 손짓, 발짓과 같은 보디랭귀지가 포함된다. 이런 비언어적인 행동이 대화를 좀 더 자연스럽게 만든다.

대화의 기술을 익히는 첫 번째 방법은 상대방의 이야기를 잘 들어 주는 것이다. 나에게 모든 걸 솔직하게 털어놓을 수 있게 하기 위해서는 편견 없이 잘 들어 줘야 한다. 다른 사람의 이야기를 들어 주다 보면 상대방이 어떤 의도로 이야기 하는지 파악할 수 있고, 자신이 어떤 해결책을 제안할지 생각할 시간을 확보할 수 있기 때문이다. 때로는 다른 사람의 이야기를 제대로 들어 주는 것만으로 문제가 해결되는 경우도 있다. 해결 방법이 없다는 것을 알면서도 누군가 내 이야기를 들어 주길 바라는 사람도 있기 때문이다.

남의 이야기를 듣는 중간에 동의를 하거나 놀라는 등의 리액션을 취하는 것도 훌륭한 대화 기술이다. 이런 행동이나 추임새를 일컬어 '비언어적인 대화 요소' 라고 하는데, 이러한 리액션들은 상대방의 이야기를 잘 듣고 있다는 증거가 될 수 있다. 남의 이야기를 많이 듣다 보면 내가 언제 이야기를 해야 하는지도 저절로 알게 된다.

다음은 나의 이야기를 상대방에게 일방적으로 전달하지 않는 것이다. 대화는 한 쪽의 이야기만으로는 이어지지 않기 때문에 말하려는 내용을 효과적으로 전달하기 위해서는 때로는 에둘러 표현하거나 의견을 강하게 제시하기도 해야 한다. 아무리 좋은 이야기도 강압적으로 들린다면 상대방의 반감을 사기 마련이다.

사람은 아무리 좋은 이야기도 강요하면 자꾸 엇나가려 하거나 반항하고 싶어지는 경향이 있다. 전달하려는 내용에 따라 상대방을 이해시켜야 할 수도 있고, 말을 반복하거나 강조해야 할 수도 있다. 상대방이 대화에 집중하도록 하기 위해서는 표현을 달리 하거나 목소리의 높낮이를 조절해야 할 수도 있다.

어렵고 고상한 표현만이 훌륭한 대화에 필요한 기술은 아니다. 대화를 유연하게 만드는 요소로는 상대방의 눈높이에 맞는 표현, 상황에 어울리는 단어 등을 들 수 있다. 초등학생 또는 대학생을 상대로 똑같은 내용을 전달하더라도 그들의 수준에 맞는 표현을 찾아야 상대방이 흥미를 잃지 않고 집중해서 들을 수 있다.

상대방의 수준에 맞춰 적절한 단어나 표현을 찾을 줄 아는 센스는 화자를 좀 더 매력적으로 보이게 만든다. 사람은 서로 말이 통해야 유대감이 생긴다. 때로는 가볍고, 때로는 전문적인 단어를 적절히 활용해 상대방이 이해하기 쉬우면서도 전문가로서의 의견을 잘 전달하는 것도 중요하다.

대화의 기술이 훌륭한 대표적인 인물로는 기업인이자 요리 연구가이며 방송인인 백종원 대표를 들 수 있다. 백종원 대표는 말을 업으로 삼은 사람이 아니다. 그는 지극히 대중적인 프랜차이즈 브랜드를 여럿 가진 기업인으로서 직접 요리를 개발해 사업화하고 때로는 이를 시청자들에게 가르쳐 주거나 동종 업계의 사람들에게 조언하는 역할을 한다.

전문 방송인이 아니면서도 오랜 시간 별 탈 없이 높은 인기를 끌며 여러 프로그램에 출연하는 이유는 그가 가진 특별한 대화의 기술 때문이라고 생각한다. 백종원 대표가 방송에서 가르치는 요리는 전문가를 대상으로 하는 것이 아니라 불특정 다수의 시청자가 쉽게 따라 할 수 있고, '저 정도는 나도 할 수 있겠다.'라는 생각이 들 정도의 요리이다. 누구나 한 번 들으면 이해할 수 있을 정도로 쉽게 설명하고 실제로 별다른 기술이 크게 필요하지 않을 정도의 요리를 선보인다. 요리를 잘 알지 못하는 사람들도 금방 따라 할 수 있도록 설명함으로써 수많은 '요리치'들을 주방으로 끌어냈다.

골목 상권을 살리자는 취지를 가진 '백종원의 골목식당'이라는 프로그램에서는 같은 대중음식점 사업을 하는 사람으로서 상대방의 힘든 사정을 이해하고 문제를 해결하려는 의지를 북돋아 주는 데 초점을 맞추고 있다. 푸근한 인상과 조금은 어수룩하게 느껴지는 사투리로 인해 인간적인 친밀도가 높은 인물이지만, 필요에 따라 직설적이고 현실적으로 따끔하게 꼬집는 조언을 해 의뢰인이 당면하고 있는 문제의 심각성을 일깨운다. 쉬워 보이는 설명에도 그의 말이 결코 가볍게 들리지 않는 이유는 말에 담긴 전문적인 지식이나 정보력 때문이다. 본인의 실패와 성공 속에서 경험한, 현실적이고 전문적인 문제 해결책은 누구든 그를 믿고 따르게 만든다.

백종원 대표의 인간적인 매력과 전문가다운 카리스마가 가장 잘 표현된 프로그램으로는 '스트리트 푸드파이터<sup>tvN</sup>'를 들 수 있다. 이는 외국의 길거리 음식을 대리 체험하는 프로그램으로, 시청자에게 음식의 맛을 말로 표현해 준다. 놀라울 정도로 해박한 요리 지식은 그가 요리 연구가로서, 대중음식점을 운영하는 기업가로서 자기 역할에 얼마나 충실한지를 보여 준다. 또 음식에 대한 끊임없는 관심과 열정 그리고 그것을 즐기는 모습에서 경지에 다다른 전문가의 모습을 엿볼 수 있다.

게다가 프로그램 도중에 내뱉는 "2개 시킬 걸.", "곱빼기 시킬 걸.", "저것도 먹어 볼 걸."과 같은 혼잣말은 시청자들로 하여금 진정성을 느끼게 한다. 그를 일명 '우리나라 먹방계의 대표 후회남'이라 불리게 만든 이런 인간적인 표현들은 보는 사람들이 그를 좀 더 친근하게 느끼게 한다. 대중음식점 사업을 하는 사람에게 인간적인 친밀도와 인기보다 더 좋은 홍보 효과는 없을 것이다. 그의 대화 기술은 상대방에게 자신의 의견을 가장 효과적으로 전달할 수 있는 최고의 방법이라 할 수 있다.

브랜드를 만드는 사람은 브랜드가 필요한 사람의 눈높이에 맞는 대화 기술이 있어야 한다. 모든 브랜드가 백종원 대표처럼 대화할 필요는 없다. 그와 비슷한 스타일로 말을 한다고 해서 호감을 사는 것이 아니기 때문이다. 나에게 맞는 대화 스타일을 찾는 과정에서 하나의 좋은 사례로 참고하면 좋다. 대화의 상대방이 누구인지, 그들은 어떤 방식으로 대화하는지, 어떤 대답을 듣고 싶어하는지를 알아 내야 한다. 말주변은 부족하지만 나의 브랜드가 말보다 결과로 보여 주겠다는 것을 믿게 하는 일도 상대방이 일단 그 말 자체에 설득되어야 가능한 일이다.

이렇듯 대화의 기술은 브랜드의 성공을 위한 중요한 조건이다. 모든 사람이 말을 잘하게 타고 나지는 않기 때문에 자신이 부족하다고 느낀다면 연습을 해서라도 보완해야 한다. 말을 잘하는 사람들 중에서 제일 따라 하기 쉬운 사람부터 흉내내 보고 조금씩 고쳐 나가다 보면, 어느 순간 의뢰인이 신뢰할 만한 대화 기술을 터득하게 될 것이다.

## 자기 생각을 글로 표현할 줄 알아야 한다

컴퓨터가 인간의 지능 활동을 모방하는 인공지능<sup>AI, Artificial Intelligence</sup> 시대가 도래했다 하더라도 개인의 글쓰기 능력은 여전히 중요하며, 특별한 가치가 있다. 소셜 네트워킹 서비스<sup>SNS, Social Networking Service</sup>만 보더라도 '글을 좀 더 효과적으로 쓸 수 없을까?'라는 생각이 들 때가 많다. 하지만 학교 졸업 이후에 글을 쓰거나 배울 기회는 거의 없다고 해도 과언이 아니다. 직장에서는 간결한 보고서를 원하고, 취미 삼아 활동하는 커뮤니티에서는 각종 은어와 줄임말이 난무하고 있다. 그나마도 조금 길게 쓰면 요약해달라는 요청을 받기도 한다. 온라인상에서 좋은 글을 골라 읽거나 진지하게 쓴 글을 올릴 만한 기회도 없거니와 나이와 경험에 비례하는 글쓰기 교육을 받을 기회는 더더욱 없다.

하지만 적어도 퍼스널 브랜드를 만들려는 사람이라면 전문 작가의 글처럼 유려하지는 않더라도 최소한 내가 어떤 생각을 갖고 있고, 어떤 이야기를 하려는지는 알 수 있을 정도의 글은 쓸 수 있어야 한다. 최근에는 손쉽게 사진이나 영상으로 메시지를 전달하기도 하지만, 여전히 글은 가장 강력하고 효과적인 메시지 전달 방법이다. 하물며 사진이나 영상에도 자막이 들어가는 추세이기 때문에 글을 잘 쓰는 것은 매우 중요하다.

글을 잘 쓰는 게 쉬운 일은 아니지만, 적어도 퍼스널 브랜드를 만들려는 사람이라면 글쓰기를 두려워하거나 회피해서는 안 된다. 퍼스널 브랜드는 어떤 방법으로든 자기 생각을 잘 드러내야 하고, 이를 바탕으로 독자에게 공감을 얻을 수 있어야 한다. 글쓰기야말로 가장 효과적인 표현 방법이기 때문이다.

말은 잘하지만 글로 옮기는 재주가 부족한 사람도 있다. 다행히 글쓰기는 연습 여하에 따라 점차 나아질 수 있기 때문에 자신의 생각을 문장으로 정리하는 것부터 시작해 차츰 글을 쓰는 양이나 표현 방법을 늘려 나가는 연습이 필요하다.

우습게 들릴지 모르지만, 글쓰기에서 가장 먼저 해야 할 일은 일단 글을 쓰는 것이다. 좋은 아이디어가 많더라도 문자로 표현되지 않으면 의미가 없다. 따라서 좋은 생각이 떠오르면 바로 글로 옮겨 적는 습관부터 들여야 한다. 아주 짧은 문장이라 하더라도 일단 종이에 쓰거나 워드 문서 또는 휴대폰 메모장에 메모 형식으로 적는 연습을 해야 한다. 처음부터 대문호의 문장처럼 잘 쓰겠다는 욕심은 버리고 단문부터 쓰기 시작해 조금씩 살을 입혀 보자.

글을 쓰기 시작하는 것과 더불어 다른 사람이 쓴 글을 많이 읽어 볼 것을 추천한다. 다른 사람의 글을 많이 읽어 봐야 어떤 형식의 글이 읽기 좋은지, 설득력 있는지를 깨달을 수 있기 때문이다. 글을

읽다 보면 스스로 닮고 싶거나 따라 쓰고 싶은 좋은 글을 찾을 수 있을 것이다. 처음에는 이런 글들을 흉내내는 방법을 사용해 글쓰기를 익히는 것도 좋은 방법이다. 자신이 좋아하는 작가의 작품을 처음부터 끝까지 필사해 보는 방법도 있다.

미사여구가 많은 것이 좋은 글은 아니다. 수많은 글쓰기 강좌나 책에서 '글을 짧게 쓰라.'고 강조하는데, 이 말에는 단순히 글을 줄여서 쓰라는 것이 아니라 '글의 길이보다 내용이 중요하다.'거나 '아무리 단순해도 진심이 느껴져야 한다.'는 의미가 담겨 있다.

짧은 글임에도 독자들이 읽는 순간 바로 눈물을 흘린, 가장 유명한 글은 바로 헤밍웨이가 쓴 아래의 글이다.

**"팝니다. 아기 신발. 한 번도 신은 적 없습니다**
**(For sale : Baby shoes. Never worn)."**

– 어니스트 헤밍웨이[E. Hemingway]

작가는 독자에게 아주 쉽고 단순한 겨우 6개의 단어를 적었을 뿐임에도 글을 읽는 사람은 어쩌면 있었을지 모를 비극적인 사건을 상상하면서 슬퍼할 수밖에 없다. 비록 사실 여부를 확인할 수는 없지만, 독자의 상상력을 자극하는 훌륭한

문장이다. 모든 사람이 헤밍웨이처럼 글을 잘 쓸 수는 없겠지만, 단순한 문장이라도 감동을 줄 수 있다는 사실을 깨달았으면 한다. 글을 쓰는 사람은 비록 자신의 생각이 초라해 보이더라도 진정성이 느껴지는 글을 쓰려는 노력을 기울여 다른 사람의 공감을 이끌어 내야 한다.

글쓰기는 전략적으로 접근할 필요가 있다. 무조건 쓸 것이 아니라 효과적인 글쓰기 방법을 흉내내 보자. 예를 들어, 송숙희 글쓰기 센터의 대표이자 코치인 송숙희 씨는 《150년 하버드 글쓰기》에서 하버드 대학교의 글쓰기 비법을 'OREO MAP오레오 맵'이라고 정의했다.

오레오 맵은 논리적인 글의 구성 요소인 '의견, 이유, 증명, 의견 강조 및 제안'의 영어 이니셜을 따서 만든 것이다. 말하려는 메시지의 핵심을 빠르게 전달하기 위한 글쓰기 방법인 오레오 맵은 다음과 같은 순서로 진행된다.

첫째는 Opinion의견이다. 다시 말해, 핵심 의견을 서술하는 것이다. 무엇을 말하려는지 가장 먼저 이야기해야만 글을 읽는 사람들의 관심을 끌 수 있다. 성격이 급한 우리나라 사람들에게 특히 잘 맞는 의견 개진 방법이다.

둘째는 Reason이유이다. 주장하는 이유를 서술함으로써 자신의 주장이 합당하다는 것을 증명하는 것이다. 이유가 타당하면 상대방을 쉽게 설득할 수 있다.

셋째는 Example증명이다. 이유를 뒷받침할 만한 여러 가지 사례와 예시를 이용해 의견의 신빙성을 높이는 것이다. 주장을 충분히 뒷받침할 만한 확실한 실제 사례와 예시야말로 반박하지 못할 매우 중요한 증거이다.

마지막은 다시 한번 Opinion의견을 언급해 주장을 확인하거나 의견과 부합하는 합리적인 Offer제안를 함으로써 핵심 의견을 재차 강조하고 해결책을 제안하면서 글을 마무리한다.

O.R.E.O.

# OREO Opinion Writing

Name: _____

Topic: _____

**Opinion:**

**Reason:**

**Example:**

**Opinion**

오레오 맵 형식의 글은 독자나 청중을 효과적으로 설득하는 데 매우 유리하다. 한 마디로 귀를 매우 솔깃하게 만드는 방법이기 때문에 본인의 생각을 널리 전파하려는 다양한 분야의 사람에게 추천할 만하다.

오레오 맵은 의견을 개진하고 검증해 다른 사람을 설득하기 위한 글쓰기 방법이지만, 이외에도 다양한 글쓰기 전략이나 방법 또는 스타일이 있으므로 글쓰기의 목적이나 방향에 어울리는 방법을 찾아볼 것을 추천한다. 무조건 글을 쓰는 게 시작 단계의 글쓰기 방법이었다면 전략과 전술은 심화 단계의 글쓰기 방법이다. 좋은 전략을 찾으면 글의 내용이 풍부해지고 독자의 공감을 얻을 수 있다.

제목을 그럴듯하게 정하는 것도 내 글에 관심을 갖게 하는 방법 중 하나이다. 아무리 좋은 내용의 글이라도 읽는 사람이 선택해야 한다. 글의 내용을 한눈에 파악할 수 있는 제목은 꽤 중요한 매력 포인트이다. 수많은 출판사가 책의 제목을 정하는 데 공을 들이는 것은 바로 이 때문이다. 독자들이나 불특정 다수의 사람이 과연 어떤 내용인지 궁금해할 만한 제목을 사용해 눈길을 끌어 보자. 글이나 책의 제목에도 일종의 트렌드가 존재하므로 신간 서적이나 베스트셀러의 제목을 훑어 보는 것도 하나의 방법이다. 정보가 넘치는 세상에서 누군가의 눈길을 끄는 일은 독자들의 트렌드를 잘 이해하는 데서 시작된다. 제목만 호기심을 유발하고 제대로 된 내용이 없는 글이라면 독자의 실망은 배가 되고 더 이상 당신의 글을 읽지 않을 수 있다는 것 또한 명심해야 한다. 어떤 내용인지 궁금하게 만든 제목이라면 반드시 궁금증을 풀어 줘야 하고, 이론을 설파하는 제목이라면 철저한 논리와 증명할 만한 사실이 담겨 있어야 한다.

글을 쓴 다음에는 반드시 소리 내 읽어 볼 것을 추천한다. 글자를 눈으로만 읽었을 때와 글을 보면서 입으로 소리 내 읽고 그 소리를 귀로 듣고 이해하는 것에는 큰 차이가 있다. 글을 쓴 사람은 내용을 알고 있기 때문에 문장이 어색하거나 주술 관계가 어색하다 하더라도 쉽게 잘못을 인지하지 못하는 경우가 많다. 내가 쓴 글의 오타는 눈에 안 보이고, 남이 쓴 글의 오타는 보이는 이유와 비슷하다. 글을 소리 내 읽다 보면 어디에서 끊어 읽어야 뜻이 명확해지는지, 어떻게 쓰는 것이 더 문장의 구조상 어색하지 않은지 등을 쉽게 알 수 있다. 만약 글을 읽다가 숨이 찰 경우, 글의 길이를 조절하는 것도 간단하면서 효과적인 글쓰기 방법 중 하나이다. 또 글의 길이에 대한 감을 쉽게 익힐 수 있다. 연설용 원고일 때는 특히 더 충분한 시간을 갖고 많이 소리 내 읽어 보면서 강조할 부분이나 쉬어 갈 부분을 확인하고 연설의 길이를 가늠해 보는 것이 좋다. 원고를 많이 읽다 보면 글을 어느 정도는 외울 수 있기 때문에 연설문을 보고 읽지 않더라도 말을 편안하게 이어 나갈 수 있어서 자연스럽고 감동적인 연설이 가능하다.

글을 소리 내 읽으면서 오탈자나 맞춤법을 확인하는 것도 당연히 거쳐야 할 체크포인트이다. 아무리 잘 쓴 글이라도 맞춤법이 틀리면 글의 수준이 떨어져 보인다. 아무리 책을 읽는 사람이 적어졌다고 해도 여전히 책이 팔리는 데에는 품질 좋은 글을 소장하고픈 독자들의 욕구가 있기 때문이다.

비록 책으로 엮어져 나오는 글이 아니더라도 맞춤법이나 문장 부호 때문에 글의 내용이나 수준에 해가 되는 일은 없어야 한다. 예를 들어, 쉼표, 마침표, 느낌표, 물음표 같은 것들은 글의 내용을 제대로 전달하는 역할을 하는 부호들이다. 물음표는 글의 내용을 묻거나 확인하는 기능, 느낌표는 강조하는 기능이 있으므로 같은 문장이라도 이 두 가지 부호를 어떻게 사용하느냐에 따라 묻는 글이 되거나 강조하는 글이 될 수도 있다. 또 작은따옴표와 큰따옴표도 글의 내용이 남의 말을 인용하는 것인지, 대화하는 것인지가 확실히 구별되도록 사용해야 한다. 이처럼 사소한 부분들이 글의 수준을 끌어올릴 수 있는 힘은 없어도 최소한 기본 틀은 마련한다는 점을 간과해서는 안 된다.

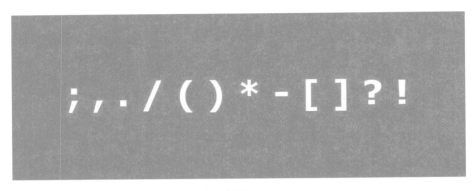

다양한 문장 부호를 활용하자. 글이 좀 더 풍요로워질 것이다.

글을 쓴 후에는 반드시 다른 사람의 피드백을 받는 것이 좋다. 나만 보기 위해 쓰는 일기가 아닌 이상, 공개를 원칙으로 해 자신의 의견이 실제로 잘 전달되는지 확인하는 것이 좋다. 혹시라도 미숙하거나 모호한 표현으로 불필요한 오해를 불러일으키지는 않는지, 내 생각과 대치되는 사람들의 의견은 어떠한지와 같은 피드백을 받을 수 있다면 글을 좀 더 완성도 있게 다듬는 데 많은 도움이 될 것이다. 글쓰기를 처음 시작했다면 글을 공개하는 것이 부담이 될 수 있지만, 이러한 일련의 과정을 통해 좀 더 나은 글쓰기를 할 수 있다면 얼마든지 해 볼 만한 가치가 있다. 글을 공개하는 매체를 설정할 때 상대적으로 정신적인 부담을 덜 느낄 수 있는 개인 블로그를 이용하는 것도 좋은 방법이다.

처음에는 블로그를 방문하는 사람들이 많지 않으므로 글을 공개하더라도 부담이 덜 느껴질 것이고, 글의 양이 늘어나면서 점점 더 많은 사람과 교류할 수 있는 장으로 활용할 수도 있다. 적어도 퍼스널 브랜드를 만들려는 사람이라면 이 정도의 노력은 기울여야 할 것이다.

글쓰기는 퍼스널 브랜드가 성장할수록 많이 요구되는 작업이다. 브랜드의 홍보, 인터뷰, 보도 자료 등 생각보다 글을 쓸 일이 많아진다. 이 업무를 담당할 전문가가 있다고 하더라도 수정이나 편집을 요구할 정도의 안목은 있어야 한다. 내 생각을 정확히 아는 것은 '나'밖에 없기 때문이다.

## 전문가다운 외모를 갖춰라

요즈음 외모가 경쟁력이라거나 외모지상주의라는 말이 심심치 않게 들린다. 취업을 준비하는 졸업 예정자들이나 취업 준비생뿐 아니라 사회의 일원으로서 제몫을 다하고 있는 사람들에게도 외모는 자기를 어필하는 데 중요한 요소이다. 하물며 퍼스널 브랜드를 만들려는 사람에게 전문가다운 외모를 갖추는 일이 얼마나 중요한 요소이겠는가? 최소한 자신의 분야에서 요구하는 수준의 전문가다운 외모를 갖출 수 있도록 노력해야 한다.

외적으로 보이는 것이 전부가 아니라는 것을 알고 있지만 모가 첫인상을 판단하는데 무시 할 수 없는 조건이라는 것 또한 누구나 알고 있다. 외모 경쟁력을 갖추기 위해 성형이나 다이어트를 하는 사람들도 늘어나고 있다.

전문가다운 외모를 갖추기 위한 준비 과정으로 자기 분야에서 잘 나가는 사람들의 외모적인 특성을 조사해 보자. 내 분야에서는 어떤 외모를 가진 사람들이 유명하고 어떤 특징을 갖고 있는지 파악해 볼 필요가 있다. 내 분야에서는 성실해 보이거나 믿음이 가는 것이 유리한지, 독창적이거나 트렌디해 보이는 것이 유리한지, 아니면 전문가다운 카리스마가 느껴지는 것이 유리한지와 같은, 사소하지만 중요한 정보를 모아 분석해 보고 나에게 가장 잘 맞는 외모를 갖출 방법을 찾아보자.

외모는 말 그대로 겉으로 드러나는 모습, 즉 '겉모습'을 말한다. 매력적인 외모를 갖추기 위해서는 가장 먼저 장단점을 파악해야 한다. 잘 생기거나 예뻐야 할 필요는 없다. 물론 유리하다는 점을 부인할 수는 없지만, 모든 사람의 눈이 같지는 않기 때문에 나에게도 상대방에게 호감 가는 외모로 어필할 기회가 있다는 것을 잊지 말아야 한다. 뛰어난 외모가 아니더라도 다른 사람으로부터 호감, 즉 긍정적인 감정을 갖게 만드는 것이 중요하다. 그러려면 내 외모의 장단점을 잘 파악해 장점은 더 살리고 단점은 줄일 수 있는 스타일을 찾아야 한다.

외모를 갖추기 위한 첫 번째 준비는 바로 '청결'이다. 청결은 외모를 가꾸는 데 가장 중요한 기본 준비 자세이다. 특히 사람을 많이 상대하는 직업을 가진 사람이라면 청결을 유지하는 것이 중요하다. 짙은 컬러의 양복 어깨에 떨어진 비듬이나 지나치게 길거나 물어뜯어서 엉망인 손톱 또는 손톱 밑의 때는 불결해 보이거나 게을러 보이게 한다.

체취에도 많은 신경을 써야 한다. 좋은 향기나 상쾌한 체취는 호감으로 작용하기 때문이다. 부담스럽지 않을 정도의 향수나 데오도란트를 사용해 상대방뿐 아니라 자신도 기분 좋은 상태를 유지하는 것이 중요하다. 또 잘 드러나지 않더라도 치아 관리를 등한시하지 말아야 한다. 깨끗하고 하얀 치아는 당신의 미소를 한층 더욱 빛나게 할 것이다.

얼굴의 피부도 잘 관리하는 것이 좋다. '좋은 피부는 타고 난다.'는 말이 있긴 하지만 적극적으로 관리하면 피부를 개선할 수 있고 좋은 상태를 오랫동안 유지할 수도 있다. 피부를 관리할 때는 물을 많이 마셔 수분과 유분의 조화를 유지하는 것이 중요하고, 정기적인 각질 제거로 메이크업이 잘 유지되도록 해야 한다.

적극적인 피부 관리는 여성에게만 해당하는 것이 아니다. 피부와 미용에 아낌없이 투자하는 남성을 일컬어 '그루밍족Grooming族'이라고 하는데, 이들은 외모와 패션에 관심이 많으며 스스로 가꾸고 꾸미는 데 돈을 아끼지 않는다. 최근 남성 화장품의 매출이 늘어나고 있는 것만 보더라도 외모를 중시하는 사람들이 증가하고 있다는 사실을 알 수 있다. 럭셔리 브랜드의 대명사인 샤넬의 경우, 남성용 색조 메이크업 라인인 '보이 드 샤넬'<sup>BOY DE CHANEL</sup>'을 전 세계 중 우리나라에 가장 먼저 소개했다. 이는 한국 남성들이 새로운 제품을 수용하는 데 가장 적극적이고, 개방적이라는 뜻으로 해석되기도 한다.

과거에는 스킨, 로션 정도만 발랐지만, 이제는 피부를 보호하기 위해 에센스와 선크림을 바르고 피부 결점을 커버하거나 아름다운 피부 톤을 유지하기 위해 파운데이션 또는 비비 크림을 바르는 남성들이 점점 늘어나는 추세이다. 이에 더해 눈썹 모양을 정리하기 위해 아이브로 펜슬을 이용해 눈썹을 그리거나 반영구 화장을 통해 더욱 정돈된 형태의 눈썹 모양을 유지하는 경우도 늘어나고 있다. 불과 몇 년 전만 해도 '남자가 무슨 화장이냐?'라고 생각하는 사람이 많았지만, 이제는 보기 좋은 외모를 갖추기 위해 남자도 화장을 할 수 있다고 생각하는 사람이 많아지고 있다

한국 여성들의 화장술은 K-뷰티<sup>K-Beauty</sup>라고 불릴 정도로 전 세계 시장 트렌드를 이끌어 가는 수준에 이르렀다고 해도 과언이 아니다. 신제품이 출시되면 가장 먼저 선보이는 중요한 거점 포인트일 뿐 아니라 글로벌 브랜드에서 한국 여성들만을 위한 헌정 제품을 만들어 낼 정도이다. 한국 여성들의 반응이 곧 세계적인 여성 메이크업 트렌드의 성패를 가늠하는 척도가 되고 있다.

과거의 트렌드가 내가 아닌 다른 사람이 되는 메이크 오버<sup>Make Over</sup>를 시도하는 것이었다면, 최근의 트렌드는 나에게 어울리는 컬러를 찾아가는 방법을 추구하는 것이다. 트렌드 컬러에 내 피부 톤과 메이크업 컬러를 맞추는 것이 아니라 내

피부 톤에 맞는 화장법과 컬러를 찾는 것이다. 웜 톤$^{Warm\ Tone}$이나 쿨 톤$^{Cool\ Tone}$이라는 단어는 화장품 회사에서 마케팅의 일환으로 만들어 낸 말이 아니라 나에게 어울리는 색을 찾아 주는 퍼스널 컬러 진단 프로그램에서 사용하는 말이다. 단순하게 웜 톤, 쿨 톤이라는 말로 표현되는 이분법적인 구분이 아니라 여러 가지 이름으로 세분화해 개인의 컬러 톤을 확인해 주고, 이에 어울리는 컬러와 피해야 할 컬러를 조언하는 것을 말한다.

퍼스널 컬러 진단으로 자신에게 어울리는 피부 컬러, 메이크업 컬러와 의상 컬러 등을 알게 되는데, 이 진단 내용을 바탕으로 자신에게 어울리는 컬러를 찾는다면 최소한 제품 선택에 있어서만큼은 고민을 덜 하게 될 것이다. 물론 사람이 하는 일이라 100% 확실하다고는 할 수 없지만 참고할 정도로는 충분하다.

헤어 스타일 또한 전문가다운 외모를 갖추는 데 매우 중요한 부분이다. 머리 길이나 두상에 어울리는 형태, 모발의 특성에 따른 헤어 스타일은 사람을 달라 보이게 하는 효과가 있다. 또 헤어 컬러를 바꾸면 인상이 좀 더 부드럽거나 강렬해 보일 수도 있다. 잘 정리 정돈된 헤어 스타일은 보는 이로 하여금 때로는 긴장감을 갖게 하기도 하고 친근함을 느끼게 하기도 한다. 나에게 어울리는 헤어 스타일을 찾기 위해 커트나 손질을 잘하는 미용실이나 헤어 디자이너 찾는 일을 주저하지 말기 바란다.

영화 〈악마는 프라다를 입는다〉에서 메릴 스트립이 열연한 유명 패션 잡지 편집장인 미란다의 실제 인물이 미국 잡지 〈보그$^{Vogue}$〉의 편집장 안나 윈투어$^{Anna\ Wintour}$라는 사실은 널리 알려진 이야기이다. 패션계뿐 아니라 세계에서 가장 영향력 있는 인물 중의 한 사람인 안나 윈투어는 항상 턱선을 넘지 않는 길이의 단발머리를 유지하는 것으로 유명하다. 나이를 가늠하기 어려울 정도로 한 가닥의

흰 머리도 보이지 않고 고유의 머리색과 완벽한 염색 상태를 유지하고 있다. 언제나 전문가의 손길이 느껴지는 단발머리 스타일을 고수하면서 자기만의 헤어 스타일을 만들어 냈다. 멀리서 그녀의 헤어 스타일만 보고도 바로 그녀가 누구인지 알아볼 수 있을 정도로 말이다.

그녀는 헤어 스타일은 항상 똑같지만 옷은 늘 최신 제품을 입는다. 획일적인 헤어 스타일 때문에 오히려 그녀가 어떤 옷을 입고 나타났는지 훨씬 더 잘 보이는 효과가 생기기도 한다. 그녀가 패션쇼를 보고 박수를 몇 번 쳤는지와 같은 사소한 행동만으로도 패션쇼의 성패를 가늠할 정도로 패션계에서 그녀의 일거수일투족은 늘 주목받고 있다. 그래서인지 종종 실내에서도 선글라스를 착용한 사진들을 볼 수 있는데, 어쩌면 자신의 표정을 다른 사람에게 들키지 않기 위한 노력이 아닐까 하는 생각이 든다.

이렇게 헤어 스타일 하나만으로도 자기만의 독창적인 스타일 아이덴티티를 찾을 수 있다는 점을 명심하라. 어쩌면 그녀도 그녀에게 어울리는 스타일을 찾기 위해 여러 차례 실패를 겪었을지도 모른다. 스타일은 생각보다 쉽게 찾아지는 것이 아니라는 점을 기억하라.

나에게 맞는 의상 스타일을 찾는 일뿐 아니라 그 스타일에도 빨리 익숙해져야 한다. 분야에 따라 정장 위주의 차림이 필요할 수 있고, 세미 정장 위주의 차림이나 캐주얼한 차림이 필요할 수도 있다. 음악이나 예술 분야에 종사하는 전문가들 같은 경우에는 좀 더 독창적이고, 아방가르드한 옷차림이 필요하다.

어울리는 옷차림을 찾는 데 있어 가장 좋은 방법은 '많은 옷을 입어 보는 것'이다. 옷은 보는 것과 실제로 입어 보는 것이 매우 다른 특성이 있다. 어울리는 옷을 찾기 위해서는 직접 옷을 많이 입어 보고 선택해야 실패할 확률이 낮아진다.

옷을 입어 보는 것을 귀찮아하거나 두려워하지 말고 나의 몸에 가장 잘 맞는 패턴을 가진 브랜드를 찾는 것이 중요하다. 처음에는 좀 귀찮고 쑥스러울지 몰라도 내 몸에 잘 맞는 브랜드를 발견하면 다음부터는 시간 낭비를 줄일 수 있으므로 시간을 투자할 만한 가치가 있다.

하나의 예로 애플의 창립자 중 한 사람이었던 스티브 잡스Steve Jobs의 옷차림을 들 수 있다. 그는 생전에 강박이 느껴질 정도로 같은 스타일의 옷, 검은색 긴 팔 티셔츠, 리바이스 청바지 그리고 회색의 뉴발란스 운동화만 고집한 것으로 유명하다. 패션업계 종사자들에게서는 결코 좋은 평을 들을 수 없는 옷차림이었지만, 분초를 다투면서 새로운 기술을 선보여야 하는 IT 업계 사람으로서는 꽤 편리한 옷차림이었다고 생각한다.

1998    1999    2001    2004    2005    2007

그리고 이는 스티브 잡스를 대표하는 이미지가 됐다. 비록 옷차림의 변화는 없었지만, 그가 발표하는 새로운 기기들은 늘 디자인 혁신을 기대할 수 있게 했고, 실제로 그것을 이뤄 냄으로써 '역시 잡스!'라는 말을 들을 수 있었다.

고집스러운 스타일링을 유지한 인물 중 빼놓을 수 없는 사람이 바로 샤넬의 수장이었던 칼 라거펠트<sup>Karl Lagerfeld</sup>다. 뒤로 묶은 하얀 머리, 언제나 목 끝까지 단추를 잠근 무채색의 몸에 딱 맞는 양복, 손끝이 오픈된 가죽 장갑과 커다란 검은 선글라스가 그를 대표하는 스타일링이다. 샤넬은 "샤넬이 만들고 칼 라거펠트가 키웠다."는 말이 있을 정도로 그는 무려 36년간 샤넬을 책임졌다.

2008  2009  2010

그의 옷차림은 늘 기본 스타일 안에서 아주 조금씩만 디테일을 달리했다. 눈여겨보지 않는다면 쉽게 차이점을 찾지 못할 정도로 늘 비슷한 스타일을 유지했지만, 좀 더 새로운 것을 만들어 낼 것이라는 기대를 한몸에 받았다.

샤넬, 펜디 그리고 본인 브랜드의 디자인을 책임지면서도 포토그래퍼, 광고 디자인과 패션쇼 무대 디자인에 이르기까지 다양한 분야에서 일했던 그는 자신의 이미지를 철저히 브랜드화했다. 그의 모든 활동은 칼 라거펠트의 작품이라는 인식을 강력하게 심어 줬고, 이는 가장 강력한 퍼스널 브랜드로서의 영향력을 만들어 내곤 했다. 그는 세상에서 가장 창의적인 활동을 하는 사람이자 자신만의 스타일을 기억하게 만든 가장 성공한 퍼스널 브랜드였다.

도저히 독창적인 스타일링을 찾지 못하고 실제 입어 보지도 못하겠다면 나만의 컬러 이미지 전략을 세우는 것도 하나의 방법이다. 나라는 사람을 생각할 때 머릿속에 먼저 떠올릴 수 있는 나만의 컬러를 찾아보라는 뜻이다. 특정 컬러를 반복적으로 사용함으로써 나와 나의 컬러를 동시에 기억하게 만드는 것이다. 특히 스타일링에 파격적인 변화를 주기 쉽지 않은 남성들의 경우에는 늘 같은 양복을 입는다거나, 매번 같은 색의 넥타이를 맨다거나, 양복의 가슴 쪽에 있는 주머니에 매번 같은 컬러의 포켓치프를 꽂는 등 특정 컬러를 반복적으로 사용해 학습효과를 높이는 것이 좋다. 이 방법을 사용하면 나와 나의 퍼스널 브랜드를 기억할 만한 독특한 컬러 아이덴티티를 만들 수 있다.

스타일과 더불어 중요한 것 중 하나는 몸에 맞는 사이즈의 옷을 착용하는 것이다. 너무 작지도 않고, 너무 크지도 않은 옷을 입는 것이 좋다. 개성 있는 패션을 추구하는 요즘 같은 세상에 너무 보수적인 지적이라고 생각할 수 있지만, 이는 특히 정장류의 옷을 입었을 때 참고해야 할 사항이다.

소매 길이, 바지 길이, 스커트 길이는 신체의 장단점에 따라 적절히 조절해야 할 부분이고, 가슴이나 허리둘레의 적당한 피팅은 보는 사람에게 편안함과 안정감을 느끼게 하는 부분이다. 너무 작은 옷은 몸의 움직임을 속박하기 때문에 불편하고 불안해 보일 수 있으며, 너무 큰 옷은 남의 옷을 빌려 입은 듯한 느낌이 들기도 한다. 퍼스널 브랜드를 운영하는 경우에는 특히 이런 점을 염두에 두고 스타일링하는 것이 좋다.

전문가다운 외모를 갖추는 마지막 조건이자 가장 중요한 포인트는 바로 이 외모에 어울리는 태도Attitude이다. 나의 퍼스널 브랜드에 정장 차림이 어울린다면 그 정장이 마치 내 몸과 하나가 된 것 같은 편안함을 느껴야 할 것이고, 남들이 보기에도 어색함이 없어야 한다. 옷에 몸을 맞추는 게 아니라 옷이 몸에 맞도록 만들어야 한다. 전문가의 옷차림에서 이제 막 사회생활에 첫발을 내디딘 신입사원 느낌이 들어선 안 될 것이다.

대중들이 좋아하는 몸가짐은 자신 있어 보이되 거만하지 않고, 당당해 보이되 겸손함을 잃지 않는 것이다. 어깨를 펴고 당당하게 걸어야 하며, 서 있는 자세도 경직되어 보이지 않아야 한다. 너무 사무적이고, 딱딱한 몸짓은 긴장한 것처럼 보이기 때문에 때에 따라 자연스럽게 몸의 방향을 바꾸는 등의 노력을 기울여야 한다. 사람들은 정중하게 보이면서도 여유를 잃지 않는 모습 속에서 전문적이고 세련된 카리스마를 느끼기 때문이다.

전문가다운 외모를 갖추기 위해 노력하는 것은 자신의 부족한 자질이나 능력을 그럴듯하게 포장하기 위해서가 아니다. 외모는 자신의 몸을 보호하는 갑옷과 같다. 자신의 브랜드가 경쟁자보다 나아 보여야만 참전할 기회가 한 번이라도 더 생길 것이고, 이는 결국 승리로 연결될 것이기 때문이다.

## 개인 미디어 매체를 만들어라

대중 매체는 불특정 다수의 대중들이 정보를 전달받는 신문, 잡지, 라디오, 텔레비전, 인터넷과 같은 매체를 통칭하는 말이다. 유명하지도 않은데 대중 매체를 통해 알려지는 일은 흔치 않다. 대중 매체는 주로 이미 유명하거나 어느 정도 인지도가 있는 사람을 섭외해 대중들에게 전달하기 때문이다. 어쩌다 운이 좋아 대중 매체를 통해 유명해지는 사례가 있는데, 이는 실력이 월등하거나 미담의 주인공인 경우가 많다. 하지만 인터넷의 발달로 대중 매체가 아닌 개인 매체가 급격히 발전하는 추세이다. 이제 나만의 개인 매체를 만들어 활용해 보자.

대표적인 개인 매체의 예로는 블로그, 인터넷 방송을 들 수 있다. 개인 매체는 '1인 미디어'라고도 불린다. 요즘은 '1인 미디어 전성 시대'라고 해도 과언이 아니다. 과거에는 블로그가 대세였지만, 지금은 동영상 기능이 더해진 브이로그VLOG 형태가 인기를 끌고 있다.

블로그는 '웹Web'과 항해일지를 뜻하는 '로그Log'의 줄임말로, 1997년 미국에서 처음 등장했다. 새로 올리는 글이 맨 위로 올라가는 일지日誌 형식으로 되어 있어 이런 이름이 붙었다. 일반인들이 자신의 관심사에 따라 일기, 칼럼, 기사 등을 자유롭게 올릴 수 있는 특징이 있다. 개인 출판, 개인 방송, 커뮤니티까지 아우르는 일종의 1인 미디어인 셈이다. 지금은 블로그도 진화해 브이로그의 기능까지 갖춘 스타일이 많아졌다.

브이로그는 '비디오Vedio'와 '블로그Blog'의 합성어로, 자신의 일상을 동영상으로 촬영한 영상 콘텐츠를 말한다. 2005년 유튜브youtube와 같은 동영상 공유 사이트가 등장하면서 인기를 끌기 시작했다. 유튜브 이외에도 아프리카 TV나 트위치 같은 매체도 큰 사랑을 받고 있는데, 개인 성향에 맞춰 매체를 결정하는 것이 좋다.

특히 브이로그 형태의 개인 매체들은 동영상 조회 수에 따라 일정한 소득을 올릴 수도 있다. 광고는 여러 형태가 있으며, 시청자가 배너를 클릭하거나 영상 광고를 일정 시간 이상 시청하는 등의 행위에 따라 광고주가 비용을 지불한다. 광고로 인해 얻은 수익은 매체 측과 일정 비율로 나누는데, 상위에 랭크된 유저의 경우에는 어마어마한 수익을 올리고 있다. 과거 초등학생들의 장래 희망 직업 1순위였던 연예인이 요즘은 1인 매체를 대표하는 단어인 유튜버Youtuber로 바뀌기도 했다. 유튜브의 장점은 구글Google 계정을 가진 만 14세 이상의 사용자라면 누구든지 채널을 개설할 수 있다는 것이다.

전 세계인들이 매일 1억 개 이상의 동영상 콘텐츠를 공유하는 웹 사이트인
유튜브는 불과 10여 년 만에 최대의 미디어 매체로 성장했다.

블로그와 브이로그의 정체성은 명확하다. 국내에서 가장 유명한 네이버 블로그의 경우에는 사진과 글 위주로 영상을 업로드할 수 있지만, 시청 범위가 주로 우리나라 사람이라는 면에서 제한적이고, 광고 영상을 강제로 길게 시청해야 하는 불편이 있어 주로 영상을 기반으로 하는 브이로그와는 크게 다르다.

블로그는 콘텐츠를 카테고리별로 정리해 직접 관리할 수 있고, 홈페이지를 대신할 수 있을 정도로 문서나 그래픽의 관리가 편리해 꾸준히 쌓아 온 아카이브를 저장하기 쉬우며, 콘텐츠를 내용별로 구분할 수 있고, 스토어팜이나 블로그 내 판매로 이어져 실질적인 소득을 얻을 수 있다는 장점이 있다. 실제로 인스타그램으로 홍보하고 블로그로 판매하는 형태의 새로운 마켓이 활성화되어 있다.

이에 비해 브이로그는 전 세계인을 대상으로 하고, 개설과 업로드가 쉽다는 장점이 있다. 하지만 포화된 콘텐츠 안에서 두각을 드러내기 어렵고, 일정 수준 이상으로 구독자를 늘리지 않는 한 수익 창출을 기대하기 어렵다는 단점도 있다. 불과 몇 년 전까지만 하더라도 브이로그의 대표적인 매체였던 아프리카 TV가 강세였다면, 지금은 글로벌 1인 매체인 유튜브가 강세를 보이고 있다. 아프리카 TV의 콘텐츠로 인기를 얻었던 '먹는 방송'은 유튜브로 자연스럽게 옮겨가면서 '먹방Mukbang'이라 불리게 됐다. 먹방의 원조가 한국이라는 것에 누구도 이의를 표시하지 못하도록 이름 자체가 한글로 지어진 셈이다.

1인 미디어 콘텐츠는 상상을 초월할 정도로 다양하다. 음악, 게임, 드라마, 영화, 애니메이션, 뷰티, 요리, 정보, 리뷰 및 교육에 이르기까지 지금 이 순간에도 다양한 분야의 콘텐츠가 만들어지고 있다. 하다못해 비가 오는 모습만 계속 업로드하거나 아무 말 없이 공부만 하는 유튜버의 모습을 계속 지켜보기만 하는 콘텐츠도 있다.

동영상의 장점인 현장감, 클로즈업Close Up, 슬로우 모션Slow Motion 같은 영상 효과를 이용해 실제로 내 앞에서 어떤 중요한 교육을 받는 것 같은 효과가 있어 때로는 오프라인 업계의 질타의 대상이 되기도 한다. 오프라인에서는 분명 비용을 지불해야 하는 콘텐츠인데, 1인 미디어는 무료로 제공하고 있기 때문이다.

1인 미디어의 성패는 대중들이 흥미를 느끼게 만들 수 있는 창의적인 콘텐츠를 지속적으로 제공하는 일과 꾸준히 구독하는 팬들을 확보하는 일에 달려 있다고 해도 과언이 아니다. 따라서 뭔가를 단숨에 이루기는 어렵다. 구독자 수가 늘어나도록 흥미로운 콘텐츠로 꾸준히 업로드해야 하고, 콘텐츠를 알리기 위한 홍보도 진행해야 원하는 만큼의 관심을 끌 수 있다.

처음에는 누구나 의욕을 갖고 시작하지만 콘텐츠의 부재, 촬영과 편집에 따른 작업 시간 등으로 중도에 포기하는 사람이 늘어나고 있다. 스마트폰으로 동영상을 촬영해 업로드할 수도 있지만 결국 전문적인 편집과 그래픽, 영상 효과들이 동원된 동영상에 밀려 흔적 없이 사라지는 경우도 생기고 있다.

또 1인 미디어의 성패는 채널을 책임지는 퍼스널 미디어의 개인적인 매력에 달려 있다. 마치 한 사람의 엔터테이너가 된 것처럼 사람들에게 자신의 매력을 발휘해 팬으로 만들어야 성장을 기대할 수 있고, 구독자의 이탈도 막을 수 있다. 개인적인 매력은 매우 주관적이고 호불호가 갈리는 영역이다.

호불호 중에서 호가 아닌 불호에 가깝더라도 아무런 매력이 느껴지지 않는 것보다는 유리할 수 있다. 그래서 일부러 다른 사람의 원성을 살 만한 자극적인 콘텐츠를 만드는 사람들도 있다. 이들을 '관종관심에 목을 매는 사람인 '관심 종자'의 준말'이라 부르는데, 일시적인 관심을 받을 수는 있어도 장기적인 안목으로 봐서는 크게 손해를 보는 매력 어필 방법이다. 때로는 사회적인 이슈까지 불러일으킬 정도로 불편한 콘텐츠를 만드는 사람들이 있는데, 퍼스널 브랜드를 만들 목적으로 유튜브를 이용하는 사람은 절대 하지 말아야 할 행동이다.

70세가 넘는 나이에 1인 미디어를 개설하고 세계적인 명성을 얻은 사람이 있다. 늦은 나이에 성공적인 인생 2장을 쓰고 있는 유튜버 '박막례 씨'이다. 손녀딸의 권유로 채널을 개설하고 콘텐츠를 업로드하기 시작했다고 하는데, 어설픈 실력의 메이크업 솜씨와 솔직한 표현력으로 입소문이 나서 채널을 개설한 지 얼마 되지 않아 유명해졌다. 그녀의 어색하고 솜씨 없는 메이크업 실력과 손녀딸과 나누는 격의 없는 말투는 시골 할머니에 대한 향수를 불러일으켰다. 그녀의 성공 요인으로는 70세 이상의 노인이 젊은 사람들의 전유물이라고 생각되는 1인 미디어에 도전했다는 점, 듣기 싫지 않은 정도의 정감 있는 욕설이나 말투 그리고 흔히 볼 수 있는 가족 간의 이해와 불화<sup>손녀딸과 티격태격하는 모습이 무척 유머러스하고 때로는 콧등이 시큰하게 한다.</sup>를 통해 인간적인 친밀감과 매력을 느끼게 했다는 점을 들 수 있다.

이 모든 콘텐츠의 힘은 할머니 유튜버 박막례 씨의 인간적인 매력과 더불어 모든 콘텐츠를 기획하고 편집하는 젊은 손녀딸의 운영 능력에 기인한다. 지금은 소속사가 있는 유명 유튜버지만, 처음에는 개인 채널을 개설했던 한 명이었을 뿐이다. 할머니의 특성을 잘 알고 있었던 손녀딸은 재미있는 할머니를 젊은 사람들에게 소개하는 데 주저함이 없었고, 젊은 층이 좋아할 만한 콘텐츠를 기획해 대중에게 접근했다. 투박한 말솜씨에도 국내에서의 인기를 넘어 유튜브와 구글의 CEO들이 만나 보고 싶은 인물이 된 것은 구글과 유튜브가 지향하는 인종과 문화 그리고 세대를 넘어 이어지는 내용이 담겨 있기 때문이다.

방탄소년단<sup>BTS</sup>의 세계적인 성공에 한몫한 것이 유튜브라는 사실을 부인할 수는 없을 것이다. 국내의 인기를 바탕으로 세계적인 명성을 얻었다기보다는 외국에서의 인기가 막 국내에서 성장 가도를 달리고 있었던 그들에게 유입된 글로벌 아이돌 그룹의 성장 전형을 보여 준다. 이는 비틀스가 세계적인 인기를 얻었던 1960년대 인기와 비교되는 진풍경을 낳고 있다.

한국 가수들이 그래미상이나 빌보드상을 받는 쾌거를 이뤘을 뿐 아니라 외국인들이 한국어로 된 노래를 따라 부르는 등 문화를 초월한 파급력도 발생하고 있다. 불과 몇 년 전만 해도, 우리나라 빌보드 시상식에서 수상하는 아이돌 그룹이 나올 거라고 누가 상상이나 했단 말인가? 하지만 이들이 만들어 내는 음악, 춤, 패션과 라이프 스타일은 현대를 살아가는 많은 사람에게 영향을 미치고 있다.

1인 미디어는 어찌 보면 시대적인 요구이자 소통 방법이다. 퍼스널 브랜드를 만드는 사람들에게 그나마 가장 쉽고 비용이 덜 드는 홍보 수단일 것이다. 따라서 전문가다운 실력과 개인적인 매력으로 팬층을 확보하는 데 투자를 아끼지 않아야 한다. 본인의 특성에 맞는 매체를 선정하고 콘텐츠를 꾸준히 확보하며 독자 또는 시청자와 소통하는 노력이 수반되어야 할 것이다.

## 소셜 미디어 활동에 적극 참여하라

소셜 미디어는 트위터Twitter, 페이스북Facebook, 인스타그램Instagram과 같은 SNS에 가입한 사용자들이 서로의 정보와 의견을 공유하면서 대인 관계망을 넓힐 수 있는 플랫폼을 가리킨다. 사람들은 SNS를 통해 의사소통을 하고 서로의 의견을 전달하며 정보를 공유하고 인맥을 확대함으로써 사회적 관계를 빠르게 형성하고 있다. 소셜 미디어는 콘텐츠를 생산하는 플랫폼이자 배포하는 플랫폼으로, 특정 분야에서는 일반 뉴스보다 더 빠른 전문 정보를 얻을 수 있고, 이를 쉽게 남들에게 퍼트릴 수 있다는 특징이 있다. 발 빠른 정보와 홍보 효과를 동시에 얻을 수 있는, 살아 숨 쉬는 소셜 네트워킹을 이용해 나의 브랜드를 알리고 브랜드 콘텐츠를 공유해 보자.

세계적으로 유명한 소셜 미디어 매체들

커뮤니케이션을 중시하는 개방형 소셜 미디어의 대표적인 플랫폼으로는 페이스북과 인스타그램, 특정 분야에 소속된 회원들끼리 뉴스를 공유할 수 있는 폐쇄형 1인 미디어로는 트위터Twitter를 들 수 있다. 모든 소셜 미디어를 전부 사용하는 것도 좋지만, 의외로 많은 시간이 필요하기 때문에 투자 대비 효율이 떨어질 수 있다. 따라서 각 플랫폼의 특성을 이해하고 시너지가 발생할 수 있는 한두 가지 미디어를 선택하는 것이 좋다.

소셜 미디어의 관건은 얼마나 다양한 미디어를 운영하는지가 아니라 일관성 있는 양질의 콘텐츠를 얼마나 지속적으로 생산하고 배포하느냐에 달려 있다고 해도 과언이 아니다. 운영 초기에만 내용을 열성적으로 업로드할 게 아니라 꾸준히 브랜드의 소식News을 전달해 대중과 소통하는 것을 목표로 삼아야 한다.

페이스북이 세계적으로 가장 규모가 큰 소셜 미디어라는 데는 이견이 없을 것이다. 페이스북의 특징은 네트워킹이 쉬워 새로운 인맥을 쌓기에 유리하다는 것이다. 페이스북에 가입된 회원이라면 내가 아는 지인이나 친구의 친구까지 금세 연결할 수 있기 때문에 한 번에 많은 사람과의 네트워크를 형성할 수 있다.

오래전에 올린 피드Feed도 새로운 좋아요Like나 다른 사람의 검색에 따라 다시 회자되므로 나와 관련된 정보나 뉴스만 잘 쌓아 둬도 좋은 아카이브로 활용할 수 있다. 또 메신저를 이용하면 실시간 채팅이 가능하기 때문에 기존의 메신저를 대신할 수 있고, 그룹을 만들어 특정 커뮤니티를 만들 수도 있다. 하지만 개인적인 인맥이 쉽게 드러나기 때문에 프라이버시를 중요하게 생각하는 사람은 사생활 침해를 당할 것 같은 느낌이 들 수도 있다는 단점이 있다. 그래도 페이스북이 미국을 넘어 전 세계적으로 가장 많은 사용자를 확보하는 플랫폼으로써 가장 대중적이고, 강력한 힘을 가진 소셜 미디어임에 틀림없다.

인스타그램은 페이스북, 트위터, 플리커 등과 같은 다양한 플랫폼에 동시에 업로드할 수 있는 이미지 공유 위주의 플랫폼이다. 한 장의 사진으로 즉시 다른 사람에게 메시지를 전달할 수 있다. 하지만 모바일 웹상으로만 업로드할 수 있는 형태이기 때문에 PC로도 업로드할 수 있는 다른 플랫폼보다 제약이 따른다는 것이 단점이다.

인스타그램은 해시태그Hashtag, #를 이용해 정보를 분류하고 검색할 수 있는 기능이 있다. 특정 단어나 문구 앞에 # 기호를 붙이면 해당 해시태그를 검색한 사람들이 새롭게 유입될 수 있기 때문에 효과적인 검색 키워드를 해시태그로 묶는 센스가 필요하다. 같은 내용의 콘텐츠라도 사람들이 쉽게 접근할 수 있는 해시태그를 사용하면 훨씬 더 많은 방문자를 유입할 수 있기 때문에 인기 키워드나 실시간 검색어 순위 등을 참고하는 것이 좋다.

인스타그램은 인스타 라이브를 통해 사용자들과 실시간으로 만날 수 있는 방송 기능도 있다. 팔로워와 직접 만나 이야기하는 것보다 더 효과적인 소통 방법은 없을 것이다. 인스타 라이브는 자기 생각을 육성으로 전달할 수 있고, 실제로 움직이는 모습을 보여 줌으로써 현실적인 이해를 돕는다는 데 의의가 있다. 또한 인스타 스토리에서는 짧은 1분짜리 동영상이나 사진을 하루 동안 업로드할 수 있기 때문에 한 번 놓치면 다시 못 본다는 아쉬움이 있긴 하지만, 늘 관심을 갖고 봐야 한다는 장점도 있다. 실제로 많은 브랜드가 광고나 홍보의 일환으로 많이 사용하고 있다.

하지만 인스타그램은 전체적으로 텍스트보다는 이미지 전달에 주력하고 정보 전달 속도나 검색 속도가 매우 빠르지만, 그만큼 빨리 잊히거나 다른 콘텐츠보다 뒤로 밀리기 쉬운 단점도 있다. 누군가 특정 해시태그를 달고 무분별하게 업로드하면 그 해시태그를 사용하는 사람들의 가치 있는 정보가 묻히기도 한다. 네트워킹 위주의 페이스북과 인스타그램을 연동해 동시에 사용하는 경우에는 각 플랫폼의 장점을 모두 누릴 수 있다.

트위터는 페이스북이나 인스타그램과는 좀 다른 성격의 소셜 미디어이다. 불특정 다수의 사람과의 네트워킹이 비교적 자유로운 페이스북이나 인스타그램보다 팔로워Follower와 팔로잉Following 관계에서만 타임라인을 확인하고 리트윗Retweet할 수 있다. 과거에는 140자 한정의 아주 짧은 글쓰기만 가능했지만, 현재는 사진들을 올릴 수 있는 기능이 있어서 정보를 예전보다 훨씬 더 빠르고 효과적으로 전달할 수 있다. 아이돌 팬덤이나 애니메이션 마니아처럼 특정 목적이나 관심사를 가진 집단이 많이 사용해 '덕후들의 SNS'라는 별칭으로도 불린다. 또 사용자에 따라 자신의 친구 중 누구에게 트윗을 보낼 것인지 제어할 수도 있다. 영어를 포함한 여러 가지 언어를 지원하며, 지역에 제한 없이 전 세계 이용자와 짧은 글로 대화를 주고받거나 친구를 맺을 수도 있다.

전 세계적으로 사용자 수가 많으며, 실시간 대화와 비슷한 방식으로 이야기가 오가는 특징이 있기 때문에 누군가 시작한 이야기가 급속히 유포되어 세계적인 이슈가 되는 일도 쉽게 일어난다. 버락 오바마Barack Obama가 대통령으로 당선되는 데 트위터가 아주 효과적인 역할을 한 것으로도 유명하다. 하지만 잘못된 정보나 루머를 양산하는 일도 비일비재하고, 한 번 생성되면 이를 제어할 수 없다는 단점도 있다.

소셜 미디어의 경우에는 한 가지만 운영하는 것보다 퍼스널 미디어와 연계해 전달하고자 하는 콘텐츠를 집중적으로 피력하는 것이 좋다. 예를 들어, 블로그는 브랜드 관련 콘텐츠를 쌓아 놓는 아카이브 목적으로 사용하고, 이를 페이스북을 통해 여러 사람에게 알리는 수단으로 운영한다거나 페이스북으로는 메시지를 전달하고 인스타그램으로는 시각 자료를 검색용으로 업로드해 다양한 접근을 꾀할 수도 있다.

이제는 밀레니엄 세대뿐 아니라 기성세대까지도 소셜 미디어에서 얻는 정보나 지식 전달 그리고 더 나아가 네트워킹에 이르는 영향력으로부터 자유로울 수 없다. 특히 퍼스널 브랜드의 마케팅 측면에서 비교적 홍보 비용이 적고, 개인의 노력 여하에 따라 영향력을 쉽게 넓혀 나갈 수 있는 방법이기 때문에 반드시 적극적으로 운영해야 한다. 실제로 광고비나 홍보비의 예산이 충분하지 못했던 작은 브랜드들도 적극적인 소셜 미디어 활동을 통해 리트윗이나 리포스트 또는 좋아요 같은 관심을 얻었고, 이는 뜻하지 않은 입소문 효과를 얻어 매출이 증대되는 효과를 거두기도 했다. 유명 브랜드들이 소셜 미디어 활동에 박차를 가하는 것을 보더라도 시대가 요구하는 브랜드의 가장 강력한 소통 방식이라고 할 수 있다.

## 폭넓은 네트워크를 만들어라

관련 단체나 커뮤니티에 가입하면 내 브랜드를 둘러싼 네트워크를 만들 수 있다. 이는 혼자만 애쓸 게 아니라 같은 분야나 비슷한 분야의 사람과 교류를 통해 유대 관계를 넓혀 나가라는 말과 같다고 할 수 있다. 예를 들어, 가수는 가수 협회에 등록하고, 헤어 디자이너는 미용 협회나 단체에 가입하라는 말이다. 하지만 이것만으로는 충분한 네트워크가 만들어지지 않는다. 가수의 장르도 다양하기 때문에 발라드를 하는 사람은 발라드 가수가 많이 모이는 곳에서 네트워크를 만들어야 한다. 또 힙합을 하는 사람은 힙합 가수가 많이 모이는 곳<sup>일명 '힙합 씬'</sup>에서 네트워크를 만들어야 한다는 뜻이다. 여기서 '씬<sup>Scene</sup>'이라는 말은 '판', '구역'이라는 말로 바꿔 쓸 수 있다. 즉, 힙합 장르를 아우르는 구역에서 네트워크를 넓혀 나가야 한다. 이곳에서는 정보가 넘쳐나고 기회가 생기며, 서로 끌어주고 협업할 가능성이 높다.

낯가림이 심하거나 내성적인 사람이 도전하기에는 어렵지만 절실함이 있다면 어떻게 해서라도 그 안에 들어가려고 노력해야 할 것이다. 그렇게 하지 않으면 결국 정보와 인맥 부족으로 기회를 얻을 수조차 없게 된다. 특히 창조적인 일을 많이 하는 퍼스널 브랜드들은 유명해지기 전까지는 일을 얻을 기회가 적고, 처우도 불합리하기 때문에 활발한 네트워크를 통해 기회를 스스로 만들어 나가야 한다.

네트워크 분야에서 성공한 대표적인 인물로는 팝 아트의 거장 '앤디 워홀'을 들 수 있다. 체코슬로바키아 이민자 출신의 부모에게서 '앤드루 워홀라<sup>Andrew Warhola</sup>'라는 이름으로 태어난 앤디 워홀은 카네기 인스티튜트 오브 테크놀로지<sup>Carnegie Institute of Technology</sup>에서 시각 디자인<sup>Pictorial Design</sup>을 전공했다. 졸업 후 글래머 매거진<sup>Glamour Magazine</sup>의 아트 디렉터를 만나 1949년 9월에 출간된 'Success is a job in New York'의 기사를 위한 그림을 그리면서 현업에 뛰어들었다. 이때 그는 워홀라라는 성의 마지막 철자인 'a'를 떼어 내고 자신을 앤디 워홀이라고 부르기 시작했다. 브랜딩을 위한 작업은 아니었지만 결국 그는 브랜드를 구성하는 가장 중요한 요소인 브랜드 네임을 스스로 정비하는 작업을 한 셈이다.

그는 보그, 하퍼스 바자, 뉴요커 등 유명 잡지의 삽화가로 자리매김했지만 꾸준히

작업 영역을 넓혀 다양한 분야에 도전한 것으로도 유명하다. 초창기에는 사람들이 보고 싶은 그림을 그리기 위해 노력했다. 예를 들면, 어린이를 위한 그림책의 삽화를 그리기도 했고, 상업적이고 예쁜 일러스트를 그리기도 했다. 하지만 늘 다른 영역으로의 확장과 인지도 고취를 위해 노력했던 그는 회화뿐 아니라 설치 미술, 영화, 잡지 편집장, 방송 출연 등으로 더 넓고 다양한 활동을 하기에 이르렀다. 장르 안에 갇히지 않고 스스로 장르를 뛰어넘는 방식을 취함으로써 더 많은 활동 기회를 만들어 내는 데 주력했던 것이다.

그는 오직 작품으로만 평가되길 바라던 이전의 아티스트들과 달리, 인기와 명성을 이용해 자신의 작품이나 자기가 속한 그룹의 작품을 널리 알리는 데 주력했다. 작품을 만들어 내는 방식도 개인 작업뿐 아니라 실크 프린팅 기법을 통해 조수들이 대리 제작할 수 있게 함으로써 예술 작품의 대량 생산 시스템을 만들었다. 작품의 대상 또한 누구나 알 만한 마릴린 먼로Marilyn Monroe, 존 레넌John Lennon, 엘리자베스 테일러Elizabeth Taylor, 엘비스 프레슬리Elvis Presley 같은 유명인이나 브릴로Brillo, 코카콜라Coca-Cola, 캠벨 수프Campbell Soup Co. 같은, 우리 주변에서 손쉽게 볼 수 있고 대중적인 브랜드를 오브제로 이용해 작품과 대중의 거리를 좁혀 나갔다. 결국 이와 같은 예술 형태는 현대 미술을 대표하는 가장 중요하고 핵심적인 철학이 됐다.

앤디 워홀은 그의 작업실인 팩토리Factory에서 작품을 대량으로 만들어 내기도 하고, 팩토리를 중심으로 다양한 사람이 모일 수 있는 만남의 장을 만들기도 했다. 마약 중독자, 성 소수자, 모델, 가수, 배우, 예술가 등 다양한 사람이 모여 웃고 떠드는 가운데 아이디어를 공유하고 따로 또 같이 작업함으로써 시너지를 낼 수 있도록 하는 데 주저함이 없었다. 그는 영화 〈팩토리 걸〉을 제작해 에디 세즈윅Edie Sedgwick을 세기의 패션 아이콘으로 만들었고, 장 미셸 바스키아Jean Michel

<sup>Basquiat</sup>나 키스 해링<sup>Keith Haring</sup>과 같은 젊은 예술가들과의 협업도 주저하지 않았다. 또 벨벳 언더그라운드<sup>The Velvet Underground</sup>의 음악 앨범 재킷을 만들어 내거나 〈인터뷰〉와 같은 잡지를 창간하기도 했다.

앤디 워홀을 구심점으로 한 아티스트 공동체 형태는 수많은 후배 아티스트의 롤모델로 주목받고 있다. 예를 들어 우리나라에서 몇 년 전에 시작된, 배우 유아인과 그와 친한 아티스트들이 만든 '스튜디오 콘크리트'의 탄생 배경은 앤디 워홀의 팩토리와 크게 다르지 않다. 예술과 대중을 접목시키고자 결성한 디자이너 그룹인 스튜디오 콘크리트는 소속 아티스트들뿐 아니라 다른 아티스트들과의

협업으로 영역을 좀 더 크게 확장하고 빠르게 인지도를 높이는 구심점이 되었다는 점에서 앤디 워홀의 팩토리가 갖는 개념과 유사하다. 아티스트 개인의 힘보다는 여럿이 모여 공동체가 되었을 때 갖는 힘이 큰 것은 자명한 일이다. 특히 그룹 내에 인지도가 높은 멤버가 있는 경우 대중적으로 알려지기에 유리한 것도 사실이기 때문이다.

## 옳은 일을 하고 자신의 가치를 높이기 위해 노력하라

퍼스널 브랜드에는 개인이 어떻게 살아왔고, 어떤 일을 하며, 무슨 말을 하고 어떻게 행동하는지가 오롯이 담겨 있다. 즉, 개인의 정체성이 곧 브랜드의 정체성이 되기도 한다. 브랜드와 나의 관계에 모순이 있어서는 안 된다는 뜻이다. 퍼스널 브랜드는 개인의 프라이버시까지 브랜드에 포함될 정도로 유기적인 관계를 갖고 있기 때문에 둘을 분리해 생각하기 어렵다. 따라서 옳은 일을 행하는 데 주저함이 없어야 하고, 자신의 가치를 높이기 위해 노력해야 한다.

브랜드가 성장하기까지는 오랜 시간이 걸리지만, 무너지는 것은 한순간이다. 이는 결코 브랜드의 초창기나 성장기에 오지 않는다. 브랜드에 대한 대중의 관심도 적고 경쟁 브랜드 중에서 두각을 나타내기 어려워 크게 문제가 되지 않거나 설령 문제가 되어도 널리 알려지지 않는다. 하지만 브랜드가 명성을 얻기 시작하거나 절정에 이르렀을 때는 브랜드의 존폐를 위협할 정도로 큰 문제가 되곤 한다. 브랜드가 성공 가도를 달릴 때 과거의 잘못이나 현재의 사건 사고가 발목을 잡기도 한다. 지금은 소셜 미디어의 발달로 과거보다 상대적으로 쉽게 유명세를 얻거나 부와 명예를 얻을 수 있지만, 과거의 행적이 나쁜 방향으로 알려질 수도 있고, 미처 손을 쓸 새도 없이 진실인 것처럼 퍼져 나가기도 한다.

성공한 사람들에 대한 사회적 규범과 도덕적 잣대가 예전보다 훨씬 더 엄격해졌다. 어쩌면 예전에는 크게 문제되지 않고 쉽게 알려지지도 않았을, 지극히 개인적인 치부가 이제는 낱낱이 공개될 수 있다. 온라인상에 습관적으로 남긴 '좋아요'나 남의 의견에 쉽게 동조한 것조차 개인의 윤리와 도덕적 정체성을 의심받는 소재가 되기도 한다. 특히 정치나 종교와 같은 문제에 관한 언급은 무척 신중해야만 한다. 상대 진영으로부터 이용당할지 모르는, 매우 큰 미끼이기 때문이다.

좋은 일은 크게 회자되지 않아도 나쁜 일은 눈사태처럼 쉽게 불어나기 마련이다. 분명 옳은 일을 했음에도 왜곡될 수 있다. 깊은 속뜻은 외면받고 근시안적이고 편파적인 해석만으로 원래의 의미가 폄하되거나 저평가되기도 한다. 하지만 잘못된 것을 바로잡는 것은 처음부터 다시 하기보다 어렵다. 퍼스널 브랜드의 도덕성이 의심받기 시작하면 회복하기 힘들 수도 있다. 이것을 극복하느냐 못하느냐에 따라 브랜드가 다시 살아날지, 영원히 사라질지가 결정되기도 한다.

이러한 문제를 극복하거나 해결하는 최선의 방법은 어떤 상황에서도 항상 옳은 일을 행하는 것이다. 무엇이 옳은지 그른지를 확인한 후, 옳다고 믿는 대로 행해야 한다. 판단의 근거가 법적으로 옳은 것뿐 아니라 윤리나 관습적으로도 받아들여질 수 있는 것을 선택해야 한다는 뜻이다. 어떤 것이 쉬운지가 아니라 무엇이 옳은지를 생각하고 행동하면 잘못된 선택을 하는 일이 적어질 것이다. 대중은 실수나 실패에는 너그럽고 동정적이지만 쉽게 얻었거나 술수를 이용한 성공에는 매우 냉혹하다. 특히 그동안 브랜드를 믿고 따랐던 팬들이 등을 돌리는 경우에는 그 어떤 안티 세력보다 더 큰 위협을 느낄 수 있다. 그 브랜드를 알고 좋아했다는 것은 브랜드의 장점뿐 아니라 부족한 면이나 단점도 같이 수용했다는 말이다.

브랜드에 등을 돌린 팬들은 누구보다 브랜드의 약점을 잘 알고 있기 때문에 훨씬 더 높은 수위의 공격을 펼칠 것이고, 안티 세력에도 적극적으로 가담하게 된다. 갑질 논란으로 사회적인 이슈가 된 ○○ 기업 같은 경우에는 제품에 기업 이름을 노출시키지 않는 방법으로 자구책을 마련했지만 네티즌들은 불매 리스트를 마련해 정보를 공유하는 것으로 적극적인 방어를 취했고, 지속적인 매출 저하로 막대한 손해를 입었다. 그 반사 이익은 꾸준히 사회 활동을 이어온 동종 업계의 다른 브랜드에 고스란히 돌아가고 있다. 소비자들이 먼저 나서서 좋은 제품의 홍보를 대신하는 데 주저하지 않을 뿐 아니라 적극적인 소비를 장려하는 지경에 이르기도 한다.

단기간에 이뤄진 일시적인 선행이나 착한 브랜드에 대한 신뢰는 그다지 높지 않다. 꾸준히 묵묵하게 옳은 일을 한 브랜드에만 먼 훗날 그 공이 돌아간다. 그동안 우리는 착한 브랜드를 사용하면서 뭔가 옳은 일에 동참하는 것을 기쁨으로 여기며 살았다. 한동안 착한 브랜드라는 명목으로 브랜드를 홍보하는 것이 유행하던 시절이 있었다. 수많은 브랜드가 너나 할 것 없이 착한 행동을 하기도 했고, 실제로 실천한 브랜드들도 있었다. 하지만 착한 브랜드가 내걸었던 메시지가 제대로 실천되지 않는다는 것을 알게 된 소비자들은 분노했고, 원래의 의도를 의심했으며, 불매를 통해 실력 행사를 하기 시작했다.

최초의 세계적인 착한 브랜드로 회자되는 탐스 슈즈 Tom's Shoes 의 경우, 한 켤레의 신발을 구매하면 제3세계에 사는 어린이에게 한 켤레의 신발을 선물한다는 'One for One 정책'을 써서 단시간에 전 세계적으로  대단한 인기를 얻었다. 탐스 슈즈는 사회의 공익적 이슈를 기업 마케팅과 연관시키는 '착한 소비'인 코즈 마케팅<sup>대의 마케팅, Cause Marketing</sup>의 성공 사례로 만들었으며,

이를 따르는 수많은 브랜드를 양성하기도 했다. 하지만 실제 신발이 어린이들에게 제대로 전달되고 있는지에 대한 정확한 사실의 피드백을 요구받기도 했고, 과연 제품의 1:1 기부가 제3세계 어린이에게 직접적인 혜택을 주는지에 관한 회의론을 불러일으키기도 했다. 예를 들어, 탐스의 공급으로 제3세계 국가의 제품 생산 내수 기반에 해를 끼친다는 혹독한 평가를 받기도 했다. 처음으로 실행했던 착한 브랜드로서의 행보에 수많은 사람의 관심이 쏠렸고, 그들은 결과를 증명하기 위해 많은 노력을 해야만 했다.

시간이 흘러 지금은 신발뿐 아니라 가방, 안경 같은 제품을 제3세계에서 직접 생산할 수 있도록 교육과 시설을 제공하는 것 외에도 위생적이고, 안전한 출산을 돕는 일 등 좀 더 발전된 형태로 실천하고자 노력하고 있다. 처음부터 완벽한 결과물을 도출할 수는 없었지만, 오랜 시간 배우고 익힌 노하우로 좀 더 성장하고 있는 것이다. 하지만 착한 브랜드의 겉모습만 따라 하기에 급급했던 수많은 브랜드는 어느새 조용히 자취를 감추거나 방향을 바꾸기도 했다.

위기의 퍼스널 브랜드를 다시 일으켜 세우는 방법은 진정성 있는 사과와 불미스러운 일에 상응할 만한 대가를 치르는 것밖에는 없다. 문제가 발생했을 때의 가장 좋은 해결책은 문제의 핵심을 빨리 찾고 사실 관계를 파악하는 일이다. 브

랜드의 리스크를 줄이기 위해 변명을 늘어놓기보다는 사실 관계를 최대한 빨리 적시한 후, 잘못을 인정하고 상대방이 수긍할 만한 사과나 보상안을 마련해야 한다. 그리고 시간이 걸리더라도 최선을 다해 진정성 있는 모습으로 다가가야 한다. 그 시간은 브랜드가 유명해지기까지 걸렸던 시간의 몇 배가 걸릴 수도 있고, 과거의 실수나 잘못이 계속 언급될 수도 있다. 하지만 위기에 빠진 브랜드를 유지하거나 되살리는 데는 이 방법밖에 없다.

과거에는 많은 사람이 자신의 이익이나 성공을 위해 나이를 속이거나 학력을 위조한 적이 있었다. 하지만 영원한 비밀은 없다는 것을 증명이라도 하듯, 동창이 나타나 원래 나이가 밝혀지거나 어떤 사건을 계기로 학력이 밝혀져 망신을 당하기도 한다.

유명해진 이후 사생활이 알려지면 프라이버시와 일의 경계가 모호해지기도 한다. 실제의 '나'와 보이는 '나' 또는 소셜 미디어 속의 '나'가 동일한 경우에는 직접적인 피해가 덜하지만, 이를 철저히 분리해 생활하는 경우에는 굉장한 스트레스가 되기도 한다. 어떤 경우에는 자신의 잘못이 아닌 가족이나 지인의 잘못으로 연대 책임을 지기도 하는데, 이런 일을 일컬어 흔히 '유명세'라고 부른다. 유명인이라면 세상에 이름이 널리 알려진 만큼 불편이나 곤욕에도 책임 있는 모습을 보이길 바란다는 뜻일 것이다. 인기와 성공에 따르는 책임과 의무를 다하는 모습뿐 아니라 더 나아가서는 사회에 모범이 되는 행동인지 확인하고 싶은 마음도 있다. 따라서 브랜드는 늘 올바른 일을 함으로써 자신의 가치를 높이도록 노력해야 한다. 브랜드의 가치는 브랜드를 만든 사람인 내가 정하는 것이 아니라 브랜드를 좋아해 주는 사용자들의 판단과 평가에 달려 있다는 것을 잊지 말아야 한다.

G

# 내 브랜드에
# 디자인을 입히다

_최영인

브랜드 아이덴티티 디자인Brand Identity Design은 '브랜드 이미지 통합 작업'으로 바꿔 말할 수 있다. 즉, 여러 디자인 이미지 요소들이 브랜드가 지향하는 콘셉트를 일관성이 느껴지는 결과물로 만들어 내는 작업으로, 브랜드를 디자인의 통합이라는 방법을 통해 직관적이고 구체적으로 표현하는 것을 일컫는다.

브랜드 이미지의 요소로는 브랜드 네임Brand Name, 로고Logo, 심벌Symbol, 마크Mark, 아이콘Icon, 일러스트Illustration, 캐릭터Character, 사진Photo, 색Color, 슬로건Slogan 등이 있다. 브랜드 아이덴티티 디자인은 단순한 심경 변화나 시장 트렌드에 맞춰 쉽게 또는 자주 바꿀 수 없는 매우 중요한 요소들이므로 더욱 신중하고 의미 있게 만들어야 한다. 브랜드 아이덴티티 디자인들을 하나의 브랜드로 기억하고 바르게 인식시키는 데는 많은 시간과 노력이 필요하므로 즉흥적으로 결정하기보다 신중하게 접근하는 것이 좋다.

전 세계 4억 명이 이용하는 숙박 공유 사이트인 에어비앤비의 브랜드 아이덴티티 디자인.
전 세계 사람이 사랑으로 머물 수 있는 곳을 만들고자 하는 의지를 담아 디자인했다.

브랜드 아이덴티티 디자인을 실행하면 가장 먼저 '과연 누가 주체가 되어 디자인을 구현할 것인가?' 하는 문제에 봉착하게 된다. 우선 퍼스널 브랜드를 만들려는 사람이 이 모든 것을 스스로 책임지고 주관할 것인지, 누군가의 힘을 빌려 완성할 것인지부터 생각해야 한다. 스스로 디자인을 실행할 경우에는 어디부터 어디까지 해야 할 것인지, 과연 그것이 만족할 만한 결과물을 만들어 낼 수 있는지도 생각해야 할 것이고, 전문가의 힘을 빌려 만드는 경우에는 누구에게 어떤 식으로 맡겨야 할지를 결정해야 한다.

퍼스널 브랜드의 아이덴티티를 디자인할 때 가장 중요한 것은 반드시 결과물이 프로페셔널하게 보여야 한다는 것이다. 퍼스널 브랜드가 제공하는 서비스의 대가로 금전적인 이득을 취하는 것은 프로페셔널한 작업이라는 것을 의미하므로 브랜드에 대한 신뢰와 가치를 확실하게 다지기 위해서는 브랜드 아이덴티티 디자인 작업 또한 이와 동등한 수준의 결과물이어야 한다.

의뢰인이 서비스를 의뢰할 때는 신뢰감이 느껴지는 브랜드 아이덴티티 디자인을 제시해야 한다. 다시 말해, 다른 사람에게 제공되는 전문 서비스 품질에 걸맞은 브랜드 디자인을 만들어야 하는 것이다.

브랜드 아이덴티티 디자인을 직접 수행하기 어려운 경우에는 다른 사람이나 전문 회사에 의뢰해야 하는데, 작업 의뢰에 앞서 스스로 생각하는 브랜드 아이덴티티 디자인 요소를 구체적으로 정리하는 것이 좋다. 무조건 전문가에게 맡기기보다는 방향성을 갖고 작업을 의뢰하는 것이 원하는 결과물을 얻는 데 훨씬 유리하기 때문이다. "전문가니까 알아서 잘해 주세요."와 같은 뜬구름 잡는 식의 무책임한 의뢰로는 마음에 드는 결과물을 만들어 내기 어렵다.

브랜드를 만들려는 의지를 가진 사람이 브랜드를 가장 잘 아는 사람이므로 결코 다른 사람에게 모든 것을 맡긴다는 생각은 버려야 한다. 브랜드 디자인을 믿고 맡기기에 필요한 확실하고 충분한 자료와 의지는 오직 본인에게서만 나오기 때문이다.

자세한 내용을 글로 제시할 수 없거나 부족하다고 느끼는 경우에는 다양한 검색을 통해 참고 자료가 될 만한 시각 자료를 수집하는 것이 좋다. 예를 들어, 구글 이미지 검색Google Image Search을 이용하거나 핀터레스트www.pinterest.com와 같은 이미지 사이트에서 본인이 생각하는 것과 가장 유사한 느낌의 결과물을 찾아보는 것이다. 기초 이미지 자료를 조사하면 본인이 생각하는 브랜드 아이덴티티에 근접한 디자인을 개발할 수 있다.

## 퍼스널 브랜드 네임을 만들어라

브랜드 네임은 브랜드를 대표하는 얼굴이자 브랜드가 끝나는 마지막 날 또는 어쩌면 그 이후까지도 불리게 될 중요한 이름이다. 하지만 이 세상에는 훌륭한 브랜드 네임이 많아서 새로운 브랜드 네임을 만들기가 어렵다. 아마도 사람 머릿속에서 나올 수 있는 좋은 이름은 이미 이 세상에 존재한다고 생각해도 될 정도로 많은 브랜드 네임이 존재한다. 다른 사람과 차별화되면서 기억하기 쉽고 부르기도 좋은 브랜드 네임을 만들어 보자.

### 이름으로 만들어라

퍼스널 브랜드 네임을 만드는 데에는 여러 가지 방법이 있지만, 가장 쉬우면서 대중적인 방법은 브랜드 창시자의 이름을 이용해 만드는 것이다. 이미 살아온

# JUNG SAEM MOOL

세계적으로 인정받는 K-뷰티를 이끄는 메이
크업 아티스트 정샘물의 이름을 그대로 사용
한 화장품 브랜드 '정샘물'

# 3·1 Phillip Lim

디자이너 이름인 필립 림과 숫자를 결합해 만든 패션 디자이너 브랜드 3·1
필립 림. 3·1의 의미는 필립 림과 동갑내기 사업 파트너인 원 저우(Wen Zhou)
가 사업을 시작한 나이가 31살이라서 3·1이라는 숫자로 의미를 부여했다고
한다.

이탈리아 디자이너 도메니코 돌체와 스테파노 가바나
가 의기투합해 만든 돌체앤가바나. 좀 더 젊고 합리적
인 가격대의 세컨드 브랜드 D&G는 단순한 이니셜의
조합으로 만들어졌다.

바로_ 가다
이동의 기본, 타다

한글로 만든 브랜드 네임. 새로운 이동의 기준.
타다(TADA)

날 만큼 불렸고, 개명하지 않는 한 앞으로도 계속 불릴 이름이기 때문에 본인의 이름을 사용할 수만 있다면 꽤 괜찮은 브랜드 네임이 될 수 있다. 외국 사람들과의 업무를 추진하는 경우, 때로는 우리나라의 이름 체계가 매우 흥미로운 이야깃거리가 된다고 한다. 예를 들어, 성은 가문을 의미하고 돌림자는 항렬을 표시한다든가 하는 이름 체계를 설명해 주면 매우 유서 깊은 가문의 자손 같은 느낌을 받는다는 식으로 말이다. 또 김해 김 씨 성을 가진 경우, 몇천 년 전 김수로 왕의 자손이라는 시조의 탄생 설화는 외국 사람들이 재미있어 하는 경우가 많으므로 이를 연결해 설명하면 퍼스널 브랜드에 본인의 이름을 직접 사용하는 방법을 굳이 배제할 필요는 없다. 국내 클라이언트를 만날 때에도 첫 만남의 어색한 분위기에서 성 씨나 본관을 이야기함으로써 유연하게 말의 물꼬를 틀 수도 있으니 말이다.

하지만 본인 이름으로 상표 등록을 할 수 있는지를 따져 보면 수많은 문제에 봉착하게 될 것이다. 살아 있는 사람의 이름을 상표로 등록하려면 의외로 많은 제약이 있을 수 있다. 생존한 사람 중에서 유명한 사람의 경우에는<sup>예를 들면, 조용필, 지드래곤 같은 유명한 사람의 이름</sup> 본인 이름으로 상표 등록을 할 수 있지만, 동명이인인 일반인의 경우에는 상표 등록이 불가능하다고 볼 수 있다. 또 대중적으로 너무 흔한 이름인 경우에도 상표 등록이 될 가능성은 낮다는 것이 문제이다. 예를 들면, 홍길동, 철수, 영희처럼 교과서에 나오는 흔한 이름 같은 경우에는 상표 등록이 될 가능성이 전혀 없다고 볼 수 있다.

그럼에도 본인 이름을 이용해 브랜드 네임을 만들고 싶다면, 아래와 같은 방법으로 브랜드 네임을 만드는 것을 제안한다.

먼저 이름을 알파벳으로 간단하게 이니셜화한다. 가장 손쉬운 방법은, 성은 스펠링을 모두 그대로 표기하고 이름의 중간 글자나 마지막 글자 또는 이름 전체를 이니셜로 만드는 것이다. 때로는 우리나라식으로 성을 앞에 오게 하거나 외국식으로 성을 이름 뒤로 보내 변화를 줄 수도 있다. 그리고 이 이름 구조 안에서 점이나 의미 있는 숫자를 함께 표기하는 방법으로 차별화된 브랜드 네임을 만들 수 있다. 성을 이름으로부터 분리해 쓰지 않는 것 또한 브랜드 네임을 만드는 방법이다.

한자의 의미를 풀어 브랜드 네임을 만들 수도 있다. 우리나라의 경우, 한자로 성+이름 형식을 가진 사람들이 많은데, 대부분 좋은 의미를 가진 한자를 채택해 만들기 때문에 브랜드 네임으로 활용할 만한 가치가 있다. 더욱이 한자의 경우 동음이의어가 매우 많아 음을 뜻으로 변환시키면 많은 경우의 수가 생기므로 좀 더 새로운 브랜드 네임으로 조합할 수 있다. 같은 이름이라도 다른 뜻을 가진 이름을 풀어 브랜드 네임으로 만들면 기존 브랜드 네임과 겹치지 않는 다양한 결과물을 만들 수 있다.

한자로 된 이름에 해당하는 순수한 우리말을 찾아보는 방법도 추천한다. 지금은 잊혀진 좋은 우리말 단어들이 있는데, 여기에 의미를 부여해 브랜드 네임으로 만들어 보자. 단, 순수 우리말이더라도 꼭 알파벳으로 된 브랜드 네임으로 표기할 것을 권장한다. 글로벌 시대이기도 하고, 알파벳 형식으로 된 브랜드 네임이 있어야 한글을 모르는 외국인이 이를 어떻게 읽을 수 있는지 알 것이며, 홈페이지, 메일 주소, SNS 아이디 등을 만드는 데도 중요한 요소이기 때문이다.

## 브랜드 콘셉트로 만들어라

굳이 브랜드 네임에 본인 이름을 사용할 필요를 느끼지 못하는 경우에는 다양한 방법으로 브랜드 네임을 만들 수 있다.

본인 이름과 직업인 웨딩 플래너를 조합해 만든 브랜드 네임

스웨덴의 유명 패션회사 'H&M Group'의 브랜드 중 하나인 '& other stories'. '그리고'를 뜻하는 and를 & 기호로 표기해 브랜드 네임을 구성했다.

세계적인 협업 업무 공간인 'wework'. 매우 단순하지만 하나의 문장으로 완성된 브랜드 네임을 가진 대표적인 예다.

독특한 디자인의 패션 양말을 선보이고 있는 국내 패션 양말 브랜드 '아이 헤이트 먼데이'

살짝 미소 짓는 모양을 의태어로 표현한 브랜드 '빙그레'

오토바이 물류 배달 서비스를 제공하는 '부릉'. 오토바이에서 연상되는 의성어인 '부릉'이라는 발음을 브랜드 네임으로 차용했다.

브랜드 콘셉트가 연상되는 단어를 사용해 무슨 일을 하는 퍼스널 브랜드인지를 명확하게 전달하는 것도 좋은 방법 중 하나이다.

영어 단어 하나만을 표기해 브랜드 네임을 만드는 경우에는 상표로 등록될 가능성이 매우 낮으므로 단어와 단어, 기호, 접속사나 정관사들을 조합하는 것도 좋은 브랜드 네임을 만드는 방법이다.

최근에는 동일 또는 유사 상표 등록을 피하기 위해 하나의 문장 형식으로 브랜드 네임을 만드는 경우도 많아졌다. 아직은 주어와 동사 정도의 단순한 문장 구조를 가진 브랜드 네임이 좋은 평가를 받고 있지만, 점차 복잡하고 특이한 형식들도 나타날 것이다.

### 의성어나 의태어를 이용하라

의성어나 의태어를 이용한 브랜드 네임을 만드는 것도 생각해 볼 수 있다. 의성어는 사물이나 사람이 내는 소리를 흉내낸 단어로, 나라마다 표현하는 방식이 다르다. 예를 들면, 우리나라에서는 닭의 울음소리를 '꼬끼오' 또는 '꼬꼬댁꼬꼬'라고 표현하지만, 영어를 쓰는 나라에서는 'Cockadoodledoo'로 표현한다. 의성어의 장점은 소리의 연상을 통한 이미지 전달이 탁월하다는 것이다. 그리고 나라마다 소리의 표현이 달라, 때에 따라 다양하게 활용할 수도 있다.

의태어는 사물이나 사람의 모양이나 태도 또는 형태를 묘사한 단어로, 반복적으로 사용하는 경우가 많다. 모락모락, 데굴데굴, 출렁출렁과 같은 단어를 반복적으로 사용하는데, 이는 리듬이 느껴지고 쉽게 기억되는 특징이 있다. 의성어나 의태어를 이용해 브랜드 네임을 만들 경우, 이미지가 잘 연상되어 기억하기 쉽고 금세 친숙해질 수 있다. 소리나 형태를 연상시키는 단어들을 사용해 브랜드 아이덴티티를 쉽게 상기시킬 수 있는 브랜드 네임을 만들어 보자. 특히 식음료나 아동 관련 브랜드에 어울리는 브랜드 네임을 만들기에 유리하다.

## 브랜드 네이밍에서 유의해야 할 점

브랜드 네임을 만드는 방법은 다양하지만, 반드시 지양해야 하는 것을 확인해야 할 필요가 있다. 정치, 종교, 인종, 민족, 도덕, 양성 평등, 동물 보호 등에 관한 사회적 통념에서 벗어나는 브랜드 네임은 잠시 눈길을 끌 수는 있지만, 결코 좋은 브랜드 네임이 될 수 없다. 특히 피부색, 다민족, 성적 비하와 관련된 것은 브랜드 이름으로 부적합하다. 또 외래어가 가진 제3의 뜻이나 은어, 불법 약품이나 약재를 의미하는 것이 아닌지도 반드시 짚고 넘어가야 한다. 도덕적 해이가 느껴지는 브랜드 네임은 결코 소비자나 클라이언트에게 좋은 인상을 심어 줄 수 없기 때문이다.

브랜드 네임을 만든 후 가장 먼저 해야 할 일은 맞춤법, 오탈자 및 띄어쓰기를 확인하는 일이다. 정확한 철자를 사용했는지, 띄어쓰기는 올바른지 확인하는 일은 아무리 지나쳐도 모자라지 않는다. 이런 확인 작업이 앞으로 있을 수도 있는 창피한 일이나 두 번 작업하는 일들을 방지하는 유일무이한 해결책이기 때문이다.

브랜드 네임을 만들면서 꼭 하나의 완벽한 브랜드 네임을 고집하기보다는 서너 가지 정도로 여유 있게 만들어 보는 것을 추천한다. 마음에 드는 브랜드 네임이 등록을 거절당할 수도 있기 때문이다. 아무리 마음에 드는 브랜드 네임이라고 해도 이미 상표 등록이 되어 있거나 등록이 진행 중이라면 상표 등록이 불가능하기 때문에 불필요한 시간 낭비를 줄이기 위해서라도 제2, 제3의 후보 브랜드 네임을 만들어 놓고 진행하는 것이 슬기로운 방법이라고 할 수 있다.

## 브랜드 네임을 상표로 등록하라

굳이 브랜드 네임을 상표로 등록하길 원하지 않는 경우에는 문제가 되지 않지만, 지적 재산권으로서 상표를 보호받고 소유권자로서의 권리를 행사하기 위해서는 반드시 브랜드 네임을 상표로 등록할 것을 추천한다. 우리나라의 경우, 상표를 특허청에 먼저 등록한 자의 권리를 보호하는 선출원주의를 원칙으로 하기 때문에 아무리 먼저 상표를 사용하고 있었다고 하더라도 상표 등록을 하지 않았다면 나중에 유명 브랜드가 되더라도 상표 출원을 먼저 등록한 상표권자로부터 소송을 당할 수 있으며, 소송을 해도 이길 수 없다. 이렇듯 억울한 일을 당할 수도 있다는 것을 안다면 반드시 상표 출원을 하기 바란다.

일단 브랜드 네임을 만들었거나 만드는 과정에서 과연 이것이 상표 등록을 할 수 있는 이름인지 가능성 유무를 알아보는 것도 시간 낭비를 줄이는 데 도움이 될 수 있다. 상표 등록은 전문 변리사에게 의뢰하는 것이 맞지만, 만든 이름이 이미 등록된 것인지 미리 알아볼 수 있다면 아이디어 기획 단계에서 불필요한 시간 낭비를 줄일 수 있다. 특허청에는 '특허 정보넷 키프리스<sup>KIPRIS</sup>'라는 상표 검색 시스템이 있는데, 이 웹 사이트<sup>http://www.kipris.or.kr</sup>에 접속하면 상표 등록 여부를 쉽게 확인할 수 있다.

http://www.kipris.or.kr

검색 창에서 상표 부분을 누른 후 브랜드 네임을 입력하고 검색 버튼을 누르면 동일한 이름의 상표나 유사 상표가 검색된다. 상표마다 상표 등록 여부가 자세히 표시되며, 등록, 공고, 거절, 포기, 취하 등의 중간 과정까지 확인할 수 있다. 좀 더 자세히 들여다보면 상표 등록 신청 과정에 따른 자세한 결과도 함께 검색해 볼 수 있긴 하지만, 이는 지적 재산권인 상표 등록을 전문으로 취급하는 변리사들의 도움을 받아야 한다.

전문가라고 하더라도 상표 등록 가능성을 100% 확신하기는 어렵다. 그 이유는 상표 등록을 결정하는 특허청의 해석을 예측하기 어렵고, 각 담당자들의 해석이 다르기 때문이다. 따라서 이 시스템은 브랜드 네임을 만드는 데 따른 시간을 절약하거나 또 다른 아이디어를 얻을 수 있는 정도로만 활용하는 것이 좋다.

상표 검색에 앞서 어떤 분야에 상표를 등록할지 생각해야 한다. 상표를 등록한다고 해서 모든 상품과 서비스에 대한 권리를 보장받는 것이 아니다. 내가 등록한 상품류와 서비스류에 대한 권리를 얻는 것뿐이다.

다음 128쪽 표는 크게 상품류와 서비스류에 대한 분류로 나뉘어 있고, 구체적인 내용이 구분되어 있으므로 해당 상품이나 연관 상품 또는 해당 서비스나 확장 가능성이 있는 서비스류에 대한 범위를 파악해 보자.

브랜드의 성장에 따라 생산하게 될 상품이나 확장하게 될 서비스 범위까지 생각해 미리 등록해야 하는 경우가 있으므로 신중하게 선택해야 한다. 예를 들면, 서비스류에 관한 상표만 등록했는데, 사업이 번창해 상품까지 만들 경우, 누군가 먼저 상품에 대한 상표 등록을 할 수 있기 때문이다. 제25류의 의류, 신발, 모자 같은 상품의 경우, 여느 패션 브랜드에서 취급하는 일반 상품들이 모두 포함된 것 같지만, 자세히 살펴보면 가방에 대한 품목은 전부 제외되어 있다.

과거 모 패션 브랜드는 상표 등록을 제25류에만 했는데, 이를 알게 된 저가의 핸드백 제조업자가 제18류에 대한 상표 등록을 하는 바람에 그 패션 회사는 핸드백을 만들어도 브랜드 네임을 표기할 수 없게 됐다. 옷과 신발은 백화점에서 고가에 판매하는데, 핸드백은 길거리나 지하상가에서 초저가에 판매되는 바람에 소비자들의 혼란을 야기했던 적이 있었다. 패션 회사는 핸드백이라는 아이템을 판매하지 못하는 손해를 봤을 뿐 아니라 브랜드 이미지의 혼란으로 인해 큰 피해를 입었다. 그러므로 상표를 등록할 때는 상표 등록을 최소한 어떤 범위까지 하고 싶은지 미리 생각하거나 어느 범위까지 등록하는 것이 향후 사업을 위해 좋은지를 변리사와 상의하는 것이 바람직하다. 등록하려는 상품류와 서비스류가 추가될수록 비용도 증가하므로 굳이 필요 없는 분야를 선택할 필요는 없다.

## 상품류 구분

| 구분 | 설명 |
|---|---|
| 제1류 | 공업용, 과학용, 사진용, 농업용, 원예용 및 임업용 화학제; 미가공 인조수지, 미가공 플라스틱; 비료; 소화용(消火用) 조성물; 조질제(調質劑) 및 땜납용 조제; 식품 보존제; 무두질제; 공업용 접착제 |
| 제2류 | 페인트, 니스, 래커; 녹 방지제및 목재 보존제; 착색제; 매염제(媒染劑); 미가공 천연수지; 도장용, 장식용, 인쇄용 및 미술용 금속박(箔)과 금속분(粉) |
| 제3류 | 표백제및 기타 세탁용 제제; 세정, 광택 및 연마재; 비의료용 비누; 향료, 에센셜 오일, 비의료용 화장품, 비의료용 헤어 로션; 비의료용 치약 |
| 제4류 | 공업용 오일 및 그리스(Grease); 윤활제; 먼지 흡수제, 먼지 습윤제및 먼지 흡착제; 연료(자동차용 연료 포함), 발광제; 조명용 양초 및 심지 |
| 제5류 | 약제, 의료용 및 수의과용 제제; 의료용 위생제; 의료용 또는 수의과용 식이요법 식품 및 제제, 영아용 식품; 인체용 또는 동물용 식이보충제; 플레스터, 외상치료용 재료; 치과용 충전재료, 치과용 왁스; 소독제; 해충구제제(害蟲驅除劑); 살균제, 제초제 |
| 제6류 | 일반 금속 및 그 합금, 광석; 금속제건축 및 구축용 재료; 금속제이동식 건축물; 비전기용 일반 금속제케이블 및 와이어; 소형 금속 제품; 저장 또는 운반용 금속제용기; 금고 |
| 제7류 | 기계 및 공작 기계; 모터 및 엔진(육상 차량용은 제외); 기계 커플링 및 전동 장치 부품(육상 차량용은 제외); 비수동식 농기구; 부란기(孵卵器); 자동 판매기 |
| 제8류 | 수공구 및 수동 기구; 커틀러리; 휴대용 무기; 면도기 |
| 제9류 | 과학, 항해, 측량, 사진, 영화, 광학, 계량, 측정, 신호, 검사(감시), 구명 및 교육용 기기; 전기의 전도, 전환, 변형, 축적, 조절 또는 통제를 위한 기기; 음향 또는 영상의 기록, 전송 또는 재생용 장치; 자기(磁氣) 데이터 매체, 녹음 디스크; CD, DVD 기타 디지털 기록 매체; 동전 작동식 기계 장치; 금전 등록기, 계산기, 데이터 처리 장치, 컴퓨터; 컴퓨터 소프트웨어, 소화 기기 |
| 제10류 | 외과용, 내과용, 치과용 및 수의과용 기계 · 기구; 의지(義肢), 의안(義眼), 의치(義齒); 정형외과용품; 봉합용 재료; 장애인용 치료 및 재활 보조 장치; 안마기; 유아 수유용 기기 및 용품; 성 활동용 기기 및 용품 |
| 제11류 | 조명용, 가열용, 증기 발생용, 조리용, 냉각용, 건조용, 환기용, 급수용 및 위생용 장치 |
| 제12류 | 수송 기계 · 기구; 육상, 항공 또는 해상을 통해 이동하는 수송 수단 |
| 제13류 | 화기(火器); 탄약 및 발사체; 폭약; 폭죽 |

| 제14류 | 귀금속 및 그 합금; 보석, 귀석 및 반귀석; 시계 용구 |
|---|---|
| 제15류 | 악기 |
| 제16류 | 종이 및 판지; 인쇄물; 제본 재료; 사진; 문방구 및 사무 용품(가구는 제외); 문방구용 또는 가정용 접착제; 미술용 및 제도용 재료; 회화용 솔; 교재; 포장용 플라스틱제시트, 필름 및 가방; 인쇄 활자, 프린팅 블록 |
| 제17류 | 미가공 및 반가공 고무, 구타페르카, 고무액(gum), 석면, 운모(雲母) 및 이들의 제품; 제조용 압출 성형 형태의 플라스틱 및 수지; 충전용, 마개용 및 절연용 재료; 비금속제신축관, 튜브 및 호스 |
| 제18류 | 가죽 및 모조 가죽; 수피; 수하물 가방 및 운반용 가방; 우산 및 파라솔; 걷기용 지팡이; 채찍 및 마구(馬具); 동물용 목걸이, 가죽끈 및 의류 |
| 제19류 | 비금속제건축 재료; 건축용 비금속제경질관(硬質管); 아스팔트, 피치 및 역청; 비금속제이동식 건축물; 비금속제기념물 |
| 제20류 | 가구, 거울, 액자; 보관 또는 운송용 비금속제컨테이너; 미가공 또는 반가공 뼈, 뿔, 고래수염 또는 나전(螺鈿); 패각; 해포석(海泡石); 호박(琥珀)(원석) |
| 제21류 | 가정용 또는 주방용 기구 및 용기; 빗 및 스펀지; 솔(페인트 솔은 제외); 솔 제조용 재료; 청소 용구; 비건축용 미가공 또는 반가공 유리; 유리 제품, 도자기 제품 및 토기 제품 |
| 제22류 | 로프 및 노끈; 망(網); 텐트 및 타폴린; 직물제또는 합성 재료제차양; 돛; 하역물 운반용 및 보관용 포대; 충전 재료(종이/판지/고무 또는 플라스틱제는 제외); 직물용 미가공 섬유 및 그 대용품 |
| 제23류 | 직물용 실(絲) |
| 제24류 | 직물 및 직물 대용품; 가정용 리넨; 직물 또는 플라스틱제커튼 |
| 제25류 | 의류, 신발, 모자 |
| 제26류 | 레이스 및 자수포, 리본 및 장식용 끈; 단추, 갈고리 단추(Hooks and eyes), 핀 및 바늘; 조화(造花); 머리 장식품; 가발 |
| 제27류 | 카펫, 융단, 매트, 리놀륨 및 기타 바닥 깔개용 재료; 비직물제벽걸이 |
| 제28류 | 오락 용구, 장난감; 비디오 게임 장치; 체조 및 스포츠 용품; 크리스마스트리용 장식품 |

| 제29류 | 식육, 생선, 가금 및 엽조수; 고기 진액; 가공 처리, 냉동, 건조 및 조리된 과일 및 채소; 젤리, 잼, 설탕에 절인 과실; 달걀, 우유 및 그 밖의 유제품; 식용 유지(油脂) |
| --- | --- |
| 제30류 | 커피, 차(茶), 코코아와 대용 커피; 쌀, 타피오카와 사고(Sago); 곡분 및 곡물 조제품; 빵, 페이스트리 및 과자; 식용 얼음; 설탕, 꿀, 당밀(糖蜜); 식품용 이스트, 베이킹파우더; 소금; 겨자(향신료); 식초, 소스(조미료); 향신료; 얼음 |
| 제31류 | 미가공 농업, 수산양식, 원예 및 임업 생산물; 미가공 또는 반가공 곡물 및 종자; 신선한 과실 및 채소, 신선한 허브; 살아 있는 식물 및 꽃; 구근(球根), 모종 및 재배용 곡물 종자; 살아 있는 동물; 동물용 사료 및 음료; 맥아 |
| 제32류 | 맥주; 광천수, 탄산수 및 기타 무주정(無酒精) 음료; 과실 음료 및 과실 주스; 음료용 시럽 및 음료수 제조제 |
| 제33류 | 알코올 음료(맥주는 제외) |
| 제34류 | 담배; 흡연 용구; 성냥 |

## 서비스 분류 구분

| 구분 | 설명 |
| --- | --- |
| 제35류 | 광고업; 사업 관리업; 기업 경영업; 사무 처리업 |
| 제36류 | 보험업; 재무업; 금융업; 부동산업 |
| 제37류 | 건축물 건설업; 수선업; 설치 서비스업 |
| 제38류 | 통신업 |
| 제39류 | 운송업; 상품의 포장 및 보관업; 여행 알선업 |
| 제40류 | 재료 처리업 |
| 제41류 | 교육업; 훈련 제공업; 연예 오락업; 스포츠 및 문화 활동업 |
| 제42류 | 과학적, 기술적 서비스업 및 관련 연구, 디자인업; 산업 분석 및 연구 서비스업; 컴퓨터 하드웨어 및 소프트웨어의 디자인 및 개발업 |

| 제43류 | 음식료품을 제공하는 서비스업; 임시 숙박업 |
| --- | --- |
| 제44류 | 의료업; 수의업; 인간 또는 동물을 위한 위생 및 미용업; 농업, 원예 및 임업 서비스업 |
| 제45류 | 법무 서비스업; 유형의 재산 및 개인을 물리적으로 보호하기 위한 보안 서비스업; 개인의 수요를 충족시키기 위해 다른 사람에 따라 제공되는 사적인 또는 사회적인 서비스업 |

상표를 등록하는 절차에는 크게 네 가지 과정이 있다. 개인의 직접 출원은 물론, 대리인을 통한 출원도 가능하다. 시간적인 여유가 있는 사람이라면 스스로 출원해 보는 것도 나쁘지 않지만 혼자 출원하기가 생각보다 쉽지 않으므로 대리인을 통한 출원을 추천한다. 법률적인 용어가 많아 전문가의 조언이 많이 필요하기 때문이다. 요즘은 매우 많은 상표 등록 관련 사이트에서 가격이나 서비스를 비교할 수 있기 때문에 직접 궁금한 점들을 문의해 보고 선정할 수 있다.

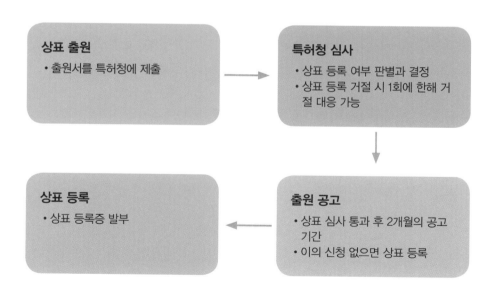

상표 출원을 위한 관련 자료를 준비해 출원서를 특허청에 제출하는 것으로 시작하는데, 이때 필요한 것은 일반 JPG 파일의 상표 견본 이미지와 등록하려는 상품류나 서비스류의 결정이다. 이 두 가지 사항이 결정되지 않았다면 출원이 불가능하므로 반드시 출원 신청을 하기 전까지 결정하자.

상표 출원서를 받은 특허청에서는 심사관이 해당 상표의 등록 여부 적정성을 판단하는 심사를 하는데, 이에 소요되는 시간은 약 반 년 정도이다. 수많은 출원인의 서류를 받아 비슷한 유사 상표가 있는지 확인하고 과연 상표로써 적정한지를 결정하는 데 드는 시간이다. 때로는 예상 외로 상표 등록 거절 통보를 받기도 하는데, 이런 경우에는 1회에 한해 재심사를 요청할 수도 있지만, 그만큼의 시간이 소요된다.

재심사 없이 상표 심사가 통과된 경우에는 출원 공고를 받는데, 약 2개월간의 기간 동안 제3자의 이의가 없으면 상표가 등록된다. 만약 제3자의 이의가 있어 거절된다면 상표 등록은 진행되지 못한다. 상표 등록 결정서가 발부될 때까지 상표 주인은 정해지지 않은 것이므로 상표 등록에 끝까지 관심을 기울여야 한다.

상표 출원, 특허청 심사, 출원 공고 및 상표 등록에 소요되는 시간은 약 10~12개월이기 때문에 시간 낭비를 막기 위해서는 예비 브랜드 네임을 준비해 상표 등록 여부가 가장 확실한 브랜드 네임으로 출원 신청을 해야 한다.

## 로고를 만들어라

브랜드 네임이 브랜드 아이덴티티 디자인의 뼈대라면, 로고 디자인은 브랜드의 얼굴이다. 즉, 사람의 첫인상을 좌우하는 얼굴의 이목구비에 해당하는 것과 같다. 브랜드 로고를 디자인할 때 고려해야 할 중요한 포인트는 다음과 같다.

### 브랜드 콘셉트에 맞는 아름다움에 집중하라

가장 먼저 브랜드 콘셉트와 이미지에 맞는 글꼴을 찾아야 한다. 글꼴은 말 그대로 '글의 모양새'를 말하는 것으로, 글의 모양이나 형태가 전달하려는 메시지가 담겨 있다. 글자 모양은 보는 이에게 일종의 감정을 전달하기도 한다. 이전에는 '나 지금 진지하다. 궁서체다.'라는 식의 표현이 유행했다. 평상시와 다르게 웃음기를 싹 뺀 채로 지금 내가 매우 진지한 이야기를 전달하려 한다는 것을 피력하기 위해 궁서체라는 글꼴의 형태에 비유해 표현한 것이다.

궁서체는 선이 맑고 곧으며 단정한 모양으로 흐트러짐이나 올바르지 않은 감정을 용납하지 않는 진지한 이미지로 표현되는 것을 알 수 있다. 따라서 글꼴에 따라 보는 사람이 느끼는 감정이 달라지거나 이미지가 고착될 수 있다는 점을 유념해야 한다.

# 나 지금
# 진지하다.
# 궁서체다.

한글의 대표 서체 중 하나인 궁서체

그렇다면 모든 브랜드의 로고 디자인이 진지한 궁서체를 사용해야 하는 걸까? 결론부터 이야기하면 아니라고 할 수 있다. 브랜드 콘셉트에 따라 잘 어울리는 폰트를 찾는 것이 중요하다. 자유로운 정신 세계를 표현하는 콘셉트의 브랜드라면 손으로 쓴 것 같은 캘리그래피나 스크립트류의 폰트를 선택하는 것이 좋고, 규격, 신뢰, 정확성을 강조하는 콘셉트의 브랜드라면 약간은 딱딱하지만 절제되어 보이는 고딕 형태의 폰트를 선택하는 것이 좋다. 수많은 폰트 속에서 하나의 폰트를 결정하는 것은 꽤 어려운 일이다. 아주 미묘한 차이로 폰트의 모양이 달라지기 때문에 폰트를 찾으면서 폰트의 이름을 메모하는 것이 좋다.

세계적으로 유명한 브랜드의 폰트를 살펴보자. 각 기업마다 회사 콘셉트에 맞는 로고 디자인을 위해 수많은 투자를 했던 훌륭한 결과물을 볼 수 있으며, 이는 참고할 만한 가치가 있다.

세계적인 브랜드들의 로고 디자인

다양한 폰트를 제공하는 다폰트닷컴www.dafont.com과 같은 웹 사이트에 접속해 브랜드 네임을 원하는 형태의 폰트 안에 직접 입력해 보자. 다만 이 사이트는 영어 기반의 자료들이므로 영어로 된 폰트 위주로만 찾을 수 있다. 매우 많은 종류의 폰트로 만들어진 브랜드 네임을 볼 수 있을 것이다.

이런 사이트의 경우 무료로 폰트를 제공하는 경우도 있지만, 상업적인 용도로는 사용할 수 없다는 것을 명심하기 바란다. 폰트도 엄연히 지적 재산권에 해당하는 디자인 영역의 창작물이므로 상업적인 사용을 허가한 것이 아니라면 저작권료를 지불해야 한다.

### 바르게 읽기 쉬운 디자인인지 확인하라

아무리 폰트 모양이 아름답더라도 브랜드 네임을 정확히 읽을 수 있는지 확인해야 한다. 읽는 순서나 방향이 오해를 불러일으키는 경우, 혼란을 야기할 수 있기 때문이다. 일반적으로 왼쪽에서 오른쪽으로 그리고 위에서 아래로 읽는 형태를 띠는데, 때에 따라서는 원형 또는 삼각형이나 사각형으로 글씨를 돌려 배치하는 경우도 있다.

디자인의 독창성을 높이기 위해 다양한 시도를 하는 것은 바람직하지만, 이로 인해 혼란을 야기하지는 않는지 확인해야 한다. 아무리 보기 아름답다 하더라도 브랜드 네임을 제대로 전달하지 못한다면 의미 없는 작업이 되기도 하기 때문이다.

착시 효과가 나타나고, 쉽게 피로감을 느끼게 하는 디자인

브랜드 네임보다 빨간 포인트가 더 눈에
띄는 버라이즌의 로고

글꼴의 두께와 형태를 바꿔 가독성이 더
좋아진 페이스북 로고 디자인

브랜드 네임을 굳이 명시하지 않아도 알아볼 수 있는 나이키. 결국 심벌만 남기고 브랜드 네임을 지웠다.

여러 단어나 문장으로 이뤄진 브랜드 네임이라면 단어의 첫 글자마다 대문자를 써서 가독성을 높이는 방법도 있다. 이니셜로 인해 띄어쓰기 효과를 훨씬 더 부각시켜 단어마다 뜻을 이해하기가 훨씬 쉬워지기 때문이다. 단순한 변화라고 생각하겠지만, 실제로 꽤 효과적인 방법이다. 브랜드 네임을 정확하게 읽고 기억에 남기기 위해서는 반드시 확인해 봐야 할 문제이다.

## 기억하기 좋게 디자인하고 배열하라

사람들이 브랜드 네임의 로고를 더욱 기억하기 쉽게 하려면 로고의 배열과 크기에 신경 써야 한다. 일본을 제외한 대부분의 나라들이 가로 쓰기를 하고 있고, 영문을 세로 쓰기로 쓸 경우 잘못 읽기 쉬우므로 가로 쓰기를 하는 것이 좋다. 가로 쓰기를 하더라도 디자인에 따라 변화를 줄 수 있는 방법은 많다. 글씨를 기울이거나 살짝 휘거나 글자의 간격이나 글씨의 크기로 강약을 조절하고 줄 바꿈 등을 통해 변화를 주는 것이다.

브랜드 네임과 디자인이 한눈에 기억하기 쉬운지 체크해 보자. 많은 브랜드가 오래 사용해 눈에 익숙한 브랜드 로고를 버리고 새로운 로고로 바꾸는 것은 사용자들의 편의와 디자인을 개선하기 위함이다. 천문학적인 금액을 지불하고서라도 좀 더 보기 좋고 완벽한 디자인을 보여 주면 브랜드의 발전도 함께 상승하는 것처럼 보인다.

브랜드 네임 외에 심벌이나 캐릭터를 같이 배치할 경우, 어느 쪽에 더 무게를 실어 배치할 것인지 등도 확인해야 한다. 또 로고에 캐치프레이즈 같은 문장을 함께 사용할 때는 어떤 식으로 배열하는 것이 보기에 좋은지도 확인해야 한다.

유행에 크게 영향을 받지 않는 글꼴을 이용한 브랜드 로고 디자인

Helvetica Neue 25 Ultra Light
Helvetica Neue 35 Thin
Helvetica Neue 45 Light
Helvetica Neue 55 Roman
**Helvetica Neue 65 Medium**
**Helvetica Neue 75 Bold**
**Helvetica Neue 85 Heavy**
**Helvetica Neue 95 Black**

다양한 굵기에 따른 헬베티카체의 변화

## 유행보다는 긴 생명력을 불어 넣어라

오랫동안 사랑받아 온 한글 글꼴로 고딕체, 명조체, 필기체, 굴림체, 돋움체를 든다면, 가장 오랫동안 사랑받은 알파벳 글꼴로는 헬베티카체를 들 수 있다. 헬베티카체는 안정감, 정확함, 신뢰가 연상되는 이미지 덕분에 대도시의 지하철 사인부터 항공사의 아이덴티티 디자인에 이르기까지 폭넓게 사용됐다. 기업과 공공 영역은 물론, 수많은 패션 브랜드의 로고 타입으로 사용되었으며, 감수성으로 대표되는 브랜드인 애플의 아이폰 전용 폰트이기도 하다.

어쩌면 큰 매력 없이 흔하게 딱딱하고 자칫 재미없게 느껴질 수도 있는 이 폰트가 오랫동안 사랑받는 이유는 시대가 흘러도 크게 유행을 타지 않으며 많은 사람의 눈에 익숙한 글꼴이기 때문이다. 글씨의 굵기나 기울기, 대소 문자의 혼용만으로도 충분히 새로운 느낌으로 변형할 수 있기 때문에 수많은 브랜드가 로고 디자인을 할 때 가장 먼저 떠올리는 글꼴이다.

브랜드의 목표는 유행에 따라 좌우되지 않는 안정적이고, 꾸준한 성장이다. 따라서 로고 디자인이 유행에 따라 촌스러워 보이거나 지겨워 보이면 안 된다. 트렌디한 디자인보다는 안정적인 디자인을 선택하는 것이 브랜드를 더욱 안정감 있게 보이도록 하는 데 도움이 된다.

## 다양한 디자인을 활용할 수 있게 하라

브랜드 로고 디자인을 활용할 수 있도록 디자인의 유동성을 생각하고 결정하는 것이 좋다. 분명 가로 쓰기가 기본이지만 어쩔 수 없는 경우에는 세로로 바꾸거나 원형이나 사각형 등의 형태에 맞춰 디자인을 바꾸는 것이 좋다. 예를 들면, 사무실이나 매장을 꾸밀 경우, 건물의 형태나 위치에 따라 부득이하게 디자인을 수정해야 하는 경우가 생기기도 한다. 이럴 경우에 대비해 적용하기 쉬운 디자인이 필요하다.

다양한 형태 변화를 보여 주는 브랜드 로고 디자인

다양한 형태 변화를 보여 주는
브랜드 로고 디자인
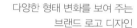

동일한 브랜드 로고 디자인에
문자로 분류한 '페덱스(FedEx)'
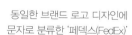

사업 확장에 따라 다른 분야로 진출할 가능성이 높은 브랜드라면 어느 한 분야에 종속되지 않은 브랜드 로고 디자인을 선택하는 것도 좋은 방법이다. 브랜드 비전에 맞춰 확장 가능성을 열어 두는 것도 염두에 둬야 할 중요한 부분이다.

## 심벌을 만들어라

심벌<sup>Symbol</sup>은 복잡한 어떤 개념을 단순화해 다른 사람에게 표현하기 위한 매개 작용을 하는 것을 말한다. 대표적인 예로, 기독교의 십자가, 불교의 만(卍)자, 올림픽의 오륜기 등을 들 수 있다. 심벌은 기호나 표시 등으로 표현할 수 있다. 전문성을 강조하고 브랜드 네임을 함축적으로 표현할 만한 디자인을 완성해야 한다. 정확하게 같은 뜻은 아니지만 뭔가를 대표하거나 상징한다는 의미로 마크, 아이콘, 픽토그램이라는 단어를 사용하기도 한다.

마크<sup>Mark</sup>는 옛날 장인들이 자신이 만든 물건에 자신이 만들었다는 특정한 표시를 했다는 의미로 사용됐고, 현재는 표시를 하는 데 사용된 모든 글과 그림 전체를 일컫는다. 아이콘<sup>Icon</sup>은 기호의 일종으로, 정보를 빠르고 정확하게 전달하며 유용하게 사용하는 데 의의를 둔다. 의미하려는 대상의 닮은꼴을 직관적으로 나타냄으로써 실행하려는 일을 빠르게 분별할 수 있어야 한다.

아이콘은 주로 컴퓨터나 휴대폰의 사용 환경을 고려한 그래픽 유저 인터페이스<sup>GUI</sup> 발달의 중요한 구성 요소로 작용하고 있다. 디자인 분야에서는 어떤 작가나 디자이너의 대표적인 디자인이나 상징적인 작품을 일컬어 '아이코닉 디자인<sup>Iconique Design</sup>'이라고 한다. 픽토그램<sup>Pictogram</sup>은 그림을 뜻하는 '픽토<sup>Picto</sup>'와 전보를 뜻하는 '텔레그램<sup>Telegram</sup>'의 합성어로, 언어가 다르거나 연령이나 성별이 달라도 누구나 보고 이해할 수 있는 단순하고 이해하기 쉬운 그림을 말한다. 이런 요소들도 심벌 안에서 충분히 활용할 수 있는 다양하고 중요한 소스가 된다.

*Abstract mark*

*Mascot logo*

*Combination mark*

*Emvlem logo*

*Pictorial mark*

*Lettermark*

*Wordmark*

## 심벌의 형태를 단순화하라

심벌은 구체적이거나 사실적이지 않아도 된다. 쉽게 기억 할 수 있을 정도로만 단순화해도 무방하다. 지난 100년간 수많은 유명 브랜드가 자기 브랜드의 심벌을 시대 정신에 맞게 수정해 왔는데, 주로 심벌을 좀 더 단순화하는 쪽으로 포커스를 맞췄을 뿐, 복잡하게 만들지는 않았다. 굳이 기억하기 어려운 심벌을 만들 필요가 없었기 때문이다.

2011년 스타벅스Starbucks가 심벌을 리뉴얼했을 때 사람들은 눈에 익숙했던 이전 심벌이 더 낫다고 하면서 이렇게 생략을 거듭한다면 언젠가 초록색의 원형 바탕만 남는 것이 아니냐는 식으로 질타하기도 했다. 하지만 불과 몇 년 사이 스타벅스 커피라는 브랜드 네임이 쓰여 있지 않은 새로운 심벌에 익숙해졌을 뿐 아니라 굳이 브랜드 네임을 명시하지 않더라도 초록색 바탕에 세이렌 그래픽만으로도 스타벅스라는 것을 인지하게 됐다.

스타벅스의 심벌이 단순해지는 과정

*SKETCH*

*VECTOR*

팬더의 모습을 대표적인 특징만 남기고 최소화해 완성한 그래픽의 예

## 간접적으로 디자인하는 것이 세련되어 보인다

'무엇은 무엇'이라는 방식의 직접적인 비유보다는 간접적이거나 은유적인 표현이 브랜드의 의미를 한 번 더 새겨보는 데 유리할 뿐 아니라 너무 노골적인 디자인은 자칫 촌스러워 보일 수 있다. 의미를 상징하는 대표적인 상징물들을 생각하는 것이 가장 쉬운 디자인 접근 방법이다.

예를 들면, 평화의 비둘기, 행운의 네 잎 클로버, 상상 속의 동물 유니콘 같은, 상징적인 사물의 뜻을 내포하고 있는 심벌들은 스토리텔링을 할 만한 가치가 느껴진다. 브랜드의 아이덴티티와 연결 고리가 있는 어떤 단어를 찾아가다 보면 어느 순간 브랜드 심벌을 대신할 만한 구체적인 형태나 형상 또는 사물이 떠오르는데, 이를 최대한 이용해 결과물을 만들어야 한다.

심벌의 형태를 은유적으로 표현하는 방법으로는 생략과 단순화가 좋다. 너무 자세한 것보다는 상상의 여지를 남기거나 전체 중 일부를 대변하는 식으로 디자인하는 것이 필요하다. 네 발 달린 판다 전체를 자세히 그릴 것이 아니라 판다라고 식별할 만한 포인트, 즉 눈을 둘러싼 검은 털을 강조하는 식으로 말이다.

## 상징적으로 단순화하라

상징적인 의미를 가진 심벌을 만드는 대표적인 예로는 특정 사물이나 사람을 단순화해 만드는 방법과 브랜드 네임의 이니셜을 이용해 만드는 방법 등을 들 수 있다. 심벌의 형태는 사람, 사물이나 글씨 또는 그 이상의 어떤 것이든 될 수 있다. 사람 같은 경우에는 캐리커처처럼 인물의 특징을 살려 간단하게 사용할 수 있는데, 단점은 시간이 흐를수록 사람의 외형이 변한다는 것이다.

그렇다고 주기적으로 바꿀 수도 없으므로 가상의 인물이 아닌 이상, 자주 사용

하지는 않는다. 사물의 경우에는 직종의 대표적인 상징물을 사용한다. 법률 분야 종사자의 경우에는 정의의 여신이 들고 있는 저울 같은 것을 사용하기도 하고, 작가의 경우에는 원고지와 펜 등을 사용하기도 한다. 이러한 사물 말고도 동물 또는 환상이나 신화에서나 확인할 수 있는 미지의 영물을 사용하기도 한다. 이 외에도 원형, 타원형, 삼각형, 사각형, 오각형 등의 도형이나 기호 또는 알파벳 이니셜들을 조합해 만들기도 하고, 경우에 따라서는 두 가지 이상의 아이템을 혼합해 만들기도 한다.

심벌의 모양이 정해져 있는 것은 아니지만 그것이 어떤 이유로 채택되었는지 정도는 확실히 한 후에 결정하는 게 좋다. 스토리텔링을 위한 매우 훌륭한 주제가 될 수 있기 때문이다. 애플의 사과 심벌은 창업자인 스티브 잡스가 사과를 좋아해서 선택했다는 이야기가 있고, 그가 좋아하던 비틀스의 음반을 판매하던 애플 레코드에서 유래했다는 이야기도 있으며, 전화번호부에 처음 나오는 A에서 유래했다는 이야기도 있다. 하지만 아무도 정확한 유래를 알 수 없다고 한다. 결과적으로는 끝까지 궁금증을 풀지 못하는 미스터리한 심벌로 남게 된 것이 애플의 스토리텔링이라고도 할 수 있다.

## 컬러로 어필하라

컬러는 시각적인 차이를 가장 분명하게 드러나게 하는 힘이 있다. 빨강, 노랑, 파랑 등으로 대표되는 유채색과 흰색에서 검은색에 이르는 수많은 단계의 무채색이 있는데, 그중 나의 퍼스널 브랜드에 어울리는 대표 컬러를 설정해 보자. 컬러는 단순히 다른 색과 구분하기 위해 사용하기도 하지만, 개성이나 분위기 또는 그 브랜드만의 느낌이나 맛을 이르는 속칭으로 사용하는 경우도 있는 만큼, 컬러가 갖는 속성이나 특성을 이용해 브랜드 아이덴티티를 강조하는 것이 좋다.

### 컬러에는 감정이 있다

컬러는 단순히 다른 색과 다름을 표현하기 위해서가 아니라 각 컬러가 갖고 있는 감정적인 느낌을 표현하는 데도 탁월한 기능이 있다. 예를 들어, 열정은 빨강, 사랑은 핑크, 자연은 초록 등을 들 수 있다.

### 특정 분야마다 상징적인 컬러가 있다

산업별로 많이 사용하는 특정 컬러들은 시각적으로 효과적인 컬러를 연상할 수 있게 구분되어 있다.

각 컬러가 상징하는 의미에 주목하자. 컬러가 전달하는 감정을
이해한다면 브랜드 컬러를 결정하는 데 도움이 된다.

위 그림처럼 컬러가 대표하는 감정이 있듯이, 업종의 특성에 맞는 대표 컬러들이 있다. 예를 들면, 식음료 분야의 기업들은 주로 원색 계열 중에서도 특히 따뜻한 컬러들을 사용하는 경향이 있다. 보라색은 식욕을 감퇴시키는 이미지가 있어서 거의 사용하지 않거나 사용하더라도 지극히 작은 부분으로 표현한다.

같은 전자 제품 브랜드라 하더라도 브랜드 특성이나 아이덴티티에 맞춰 컬러를 선택하기도 한다. 신뢰와 정확성을 강조하는 삼성의 경우에는 파란색을 사용하고 기술과 감성의 조화를 중요하게 생각하는 애플의 경우에는 무채색 계열의 밝은 회색을 사용한다.

컬러를 선택할 때 어떤 브랜드 목표를 갖느냐에 따라 컬러를 정하는 것이 가장 올바른 선택 방법이다. 때로는 금색이나 은색과 같은 금속성 컬러를 사용해 브랜드의 특수성을 강조할 수 있고, 투명도나 그러데이션<sup>Gradation</sup>을 통해 같은 컬러라도 다른 느낌으로 표현할 수도 있다. 일반적인 보편성을 따를 것인지, 남들이 사용하지 않는 컬러를 사용함으로써 비록 낯설지만 독창성을 강조할 것인지에 관해 생각해 보고 결정하는 것이 좋다.

## 브랜드 대표 컬러를 선택하라

미국의 유명 커피 브랜드인 '블루 보틀'의 브랜드는 아주 단순한 파란색 병 모양이다. 많은 커피 브랜드가 잘 볶은 원두의 컬러인 진한 갈색 컬러를 대표 컬러로 사용하는 것과 달리, 이질적인 컬러인 밝은 파란색을 사용해 브랜드를 인식시키고 있다. 브랜드 네임에 맞는 선택임이 틀림없기도 하거니와, 일반적이지 않은 컬러를 대표 컬러로 사용함으로써 다른 브랜드와 차별화하고 있다.

경우에 따라서는 영어로 된 블루 보틀이라는 브랜드 네임을 짙은 갈색으로 동시에 표기하기도 하지만, 일반적으로는 파란색 병 모양으로 표시하는 편이다. 사람들의 뇌리에 블루 보틀이라는 커피는 세련되고 쿨한 브랜드라고 인식시키는 데 큰 효과가 있다. 컬러의 힘이 브랜드의 차별화를 이루는 것이 명백하다는 것을 증명하는 대표적인 예이다.

블루 보틀이 일반적인 개념을 뛰어넘어 기억에 남는 브랜드 컬러를 가졌다고 해서 모든 브랜드가 저마다 독특한 브랜드 컬러를 가질 필요는 없다. 블루 보틀은 원래 대중 지향적인 브랜드가 아니라 커피를 좋아하는 특정 집단을 타깃으로 탄생한 브랜드이기 때문에 가능했던 선택이었다.

매장 간판에서조차 브랜드 네임을 표시하지 않은 일본 도쿄 신주쿠의 블루 보틀 매장

## 브랜드 컬러를 적극적으로 활용하라

브랜드 컬러를 명함이나 편지 봉투에만 사용하기 위해 결정하는 것은 아니다. 브랜드 컬러가 최대한 많이 노출되도록 해야 한다. 예를 들면, 홈페이지, 블로그 바탕, 프로필 사진 그리고 직접적으로 내 몸에 착용할 수 있는 아이템으로 활용하는 것이 브랜드 컬러를 인식시키는 데 효과적이다. 선거철이 다가오면 각 정당의 대표 컬러를 이용해 만든 점퍼나 넥타이 등을 당원들이 함께 착용한다. 남성들의 경우, 넥타이나 포켓치프 같은 부분에 브랜드 컬러를 착용하는 것도 좋은 실천 방법이다. 지금은 고인이 된 앙드레 김은 순수하고 고결한 컬러인 흰색 의상만 착용하는 것으로 유명했다.

대표 브랜드 컬러를 착용한 옷에 포인트로 적용한 예

## 슬로건을 만들어라

슬로건$^{Slogan}$은 광고나 프로모션을 위한 어떤 단체의 주의나 주장하는 바를 간단한 말로 표현한 것을 뜻한다. 퍼스널 브랜드를 대표해 주장하는 간단한 문구나 문장을 만들어 반복적으로 사용함으로써 전달하려는 메시지를 표현해 보자.

### 슬로건은 간단할수록 좋다

성공한 브랜드의 캐치프레이즈나 슬로건은 상상 이상으로 간단하다. 세계에서 가장 유명한 슬로건 중 하나인 나이키의 '저스트 두 잇$^{Just\ do\ it}$'은 짧지만 가장 효과적인 메시지를 전달한다. 이는 '이런저런 핑계 따윈 필요 없이 일단 무조건 그냥 하라.'는 뜻으로, 스포츠 대표 브랜드인 나이키의 정신을 표현한다. 문장이 짧을수록 기억하기 쉽고 다른 해석을 할 필요도 없다. 최대한 직관적이고, 쉬운 슬로건을 만들어 보자.

단정적이고, 확고한 의지 표현을 가진 슬로건은 결정 장애를 갖고 있거나 판단력이 부족한 사람들로 하여금 좋은 결정을 내릴 수 있게 해 준다. 불필요하게 구체적으로 설명하려는 슬로건은 신뢰도에 영향을 미친다.

슬로건을 간단하게 만드는 가장 쉽고 간편한 방법은 한 가지 단어만 사용하는 것이다. 그 다음은 단어와 단어 사이에 쉼표나 마침표를 넣는 것이다. 단어와 단어 또는 문장과 문장 사이에 쉼표나 마침표를 넣어 문장이 길어 보이지 않게 만드는 것도 한 가지 방법이다. 슬로건이 간결해 보이게 하고, 각 단어가 강조되어 보이는 효과까지 얻을 수 있다. 쉼표나 마침표가 아니라 마치 느낌표나 강조 표시와 같은 효과를 주기도 한다.

나이키의 심플한 스우시 마크(Swoosh Mark)와 슬로건인 'Just Do It'

간단한 슬로건을 가진 브랜드들의 예

**3M Innovation**

Innovation(혁신)이라는 단어만 슬로건으로 사용하고 있는 3M

**OLYMPUS®**

Your Vision, Our Future

쉼표를 이용한 올림푸스의 슬로건

"Buy it. Sell it. Love it."

마침표를 세 번 연속으로 사용한 이베이(ebay)의 슬로건

## 부정적인 의미를 담지 말라

슬로건에 부정적인 성격의 단어를 사용하면, 브랜드의 뜻이 모호해지거나 약하게 느껴지는 경향이 있다. '이중 부정은 강한 긍정'이라는 말이 있지만, 슬로건으로서는 한눈에 바로 긍정의 힘이 느껴지는 것이 유리하다. 예를 들면, 아디다스의 슬로건인 'Impossible is Nothing'의 경우에는 분명히 한국말로 해석했을 때 '불가능은 아무것도 아니다.'라는 의지를 내포하지만, 영어의 'Impossible'이나 'Nothing'은 부정적 의미가 내포된 영어의 어미인 'I'm, No' 또는 'Not'으로 인해 전체의 뜻보다 음성적인 느낌이 많이 드는 것이 사실이다. 부정적이거나 음성적인 표현보다는 긍정적이고, 양성적인 표현을 사용하자. 좋은 슬로건은 대체로 간단하지만 강력하게 뭔가를 할 수 있다거나 해낼 수 있다는 것을 강조한다.

아디다스의 대표 슬로건인
'impossible is Noting'

## 프로필 사진을 찍자

　　나와 내 브랜드를 적극적으로 알릴 때 가장 먼저 준비해야 할 것 중 하나는 프로페셔널해 보이는 프로필 사진을 찍는 것이다. 프로필이 개인의 경력과 형편을 상세히 적은 일종의 이력서같은 것이라면, 본인임을 증명하는 사진을 '프로필 사진'이라고 부른다. 주민등록증, 운전면허증, 학생증 등의 신분증이나 여권에 사용되는 증명 사진도 프로필 사진의 일종이라고 할 수 있다. 하지만 최근에는 증명 사진처럼 딱딱하고 인위적인 사진보다는 사용할 매체의 특성에 맞춘, 콘셉트가 있는 다양하고 자유스러운 분위기의 프로필 사진이 더 환영받는 추세이다.

프로필 사진들은 의외로 사용할 기회가 많은데, 특히 휴대폰이 널리 보급된 2010년대에 들어서는 누구나 프로필 사진이 필요하다고 해도 과언이 아닐 정도로 다양하게 쓰인다. 가장 먼저 휴대폰에 저장될 프로필 사진이 필요하다. 누구한테 전화가 걸려 오는지, 내가 누구한테 전화를 거는지 또는 메시지를 보내는지를 프로필 사진을 통해 확인할 수 있다. 물론 본인의 선택에 따라 프로필 사진을 적용할 수도 있고 안 할 수도 있지만, 퍼스널 브랜드를 하는 사람이라면 프로페셔널하게 잘 찍힌 사진을 프로필 사진으로 게재함으로써 전문적이고, 신뢰를 주는 모습을 전달하는 것이 좋다. 이외에 퍼스널 미디어, 페이스북이나 인스타그램과 같은 SNS, 각종 커뮤니티 사이트, 메신저 등에서도 프로필 사진을 볼 수 있다. 그러면 전문적인 느낌이 나는 프로필 사진은 어떻게 찍는지, 프로필 사진을 찍을 때는 어떤 점에 주의해야 하는지 고민해 보자.

### 프로필 사진은 가장 최신 사진으로 업데이트하는 것이 바람직하다

오래된 사진이나 어렸을 때 사진은 별 도움이 되지 않는다. 현재 내 모습과 크게 차이가 느껴지지 않을 정도의 사진을 사용하는 것이 바람직하다. 최신 또는 최근 사진으로 현재 나의 모습을 알릴 수 있는 프로필 사진으로 업데이트하는 것이 좋다. 공공 기관이나 국가 기관에서는 최근 6개월 이내에 촬영된 사진을 사용하라고 특별히 지정하는 경우도 있기 때문에 최근 나의 모습을 담는 것이 가장 좋다. 프로필 사진을 본 누군가 실제로 나를 만났을 경우, 한눈에 알아볼 수 있게 말이다.

Mark Zuckerberg ✔

사진이 있을 때 느끼는 신뢰감은 브랜드를 믿게 하는 효과가 있다.

가장 최근의 사진이 없다고 해서 프로필 사진란을 비워 두는 것은 좋지 않다. 프로페셔널한 프로필 사진을 찍을 때까지 임시로 다른 사진이라도 업로드하는 게 보기에 훨씬 좋다. 브랜드를 대표하는 사람이 자기 얼굴 하나 떳떳하게 드러내지 못할 정도라면 퍼스널 브랜드를 어떻게 이끌어 나가겠는가? 문제를 해결하고자 나를 선택한 의뢰인들은 프로필 사진을 통해 본인 확인이나 브랜드 실체를 파악하고 싶어하기 때문에 얼굴을 드러내는 것을 두려워하지 말자.

## 정식으로 촬영한 사진을 사용하자

프로필 사진은 휴대폰으로 촬영한 셀카보다는 카메라를 이용해 정식으로 누군

다른 사람의 프로필 사진들을 찾아보고
마음에 드는 콘셉트의 사진을 준비하자.

가 촬영한 사진을 사용하는 것을 추천한다. 아무리 휴대폰의 카메라 기능이 좋아졌다고 하더라도 아직은 카메라를 이용한 촬영물의 결과가 훨씬 좋을 뿐 아니라 자신을 직접 찍은 사진보다는 누군가의 눈에 비친 객관적인 모습이 남들에게 어필하기 좋다. 전문 포토그래퍼가 촬영한 결과물이라면 그에 상응하는 비용이 발생하지만, 만족할 만한 결과물을 얻을 수 있을 것이다. 전문가를 더 전문가답게 만들어 줄 누군가의 도움이 필요하다는 뜻이다.

포토그래퍼부터 찾는 것이 훌륭한 프로필 사진을 얻는 방법일 것 같지만, 사실은 어떤 결과물을 원하는지부터 찾아보는 것이 먼저이다. 궁극적으로 나의 프로필 사진이 어떤 결과물처럼 나오길 원하는지 다른 사람의 사진을 통해 찾아보라는 말이다. 이런 준비가 일을 쉽고 빠르게 진행하는 데 큰 도움이 된다. 유명인이나 동종업계 또는 경쟁업체의 프로필 사진들을 많이 찾아보고 마음에 드는 사진들을 수집해 보자. 포토그래퍼와 미팅하러 갈 때 브랜드 콘셉트 자료나 참고 사진 등을 미리 준비해 직접 설명하는 것도 그들의 빠른 이해를 돕는 데 많은 도움이 된다. 그리고 본인의 어느 쪽 얼굴이 더 마음에 드는지 셀카로 여러 번 찍어 확인하는 것도 좋은 방법이다.

얼굴이 완벽하게 대칭되는 사람은 많지 않기 때문에 사람마다 유독 마음에 드는 방향이 있을 것이다. 웃을 때 더 자연스러운 미소가 나타나는 방향이나 카리스마가 느껴지는 방향 같은 것을 알고 있으면 포토그래퍼에게 선호하는 얼굴 방향의 사진을 요청하기가 좋다. 남에게 보이기 위해 찍어서 올리는 사진이지만, 우선 나부터 내 마음에 드는 모습이어야 하니까 말이다.

브랜드 콘셉트에 맞춰 두 가지 이상의 콘셉트에 대한 자료 준비를 하는 것도 다양한 프로필 사진을 촬영하기 위한 조건이다. 격식 있는 느낌의 콘셉트와 자유

촬영할 때 필요한 포즈들을 미리 연습하는 것도 많은 도움이 된다.

스러운 느낌 또는 현장감이 느껴지는 것들로 분류해 준비해 보자. 일반적으로 깔끔한 비즈니스 수트를 입고 촬영하는 것을 선호하지만, 때로는 자칫 딱딱해 보이는 정장 차림보다 좀 더 편안하고 자유스러운 분위기의 사진이 필요할 때도 있다. 이럴 때는 비즈니스 수트에 넥타이를 하지 않고 셔츠의 맨 위 단추만 풀어도 훨씬 더 자유스러운 분위기를 연출할 수 있다. 캐주얼한 차림의 느낌이 어색한 사람들에게 추천할 만한 연출 방법이다.

모든 직종의 전문가가 정장 차림을 할 필요는 없다. 정장 차림이 권위, 격식, 품위와 신뢰를 나타내기에는 유리한 면이 있지만 딱딱해 보이고, 융통성 없어 보이기도 한다. 퍼스널 브랜드의 아이덴티티에 맞는 콘셉트 의상을 준비해 시각 효과를 높이도록 하자. 직종에 따라서는 유니폼이나 가운을 입어 전문성을 강조하는 것도 좋다. 의사일 경우 가운과 청진기, 진료 차트와 같은 소품을 활용하면 전문적인 느낌의 사진을 얻을 수 있다.

메이크업 아티스트라면 다양한 메이크업 소품이나 화장품이 있는 공간에서 사진을 찍는 것도 많은 도움이 될 것이다. 실제로 일하는 공간에서 촬영하는 것도 좋은 방법이다. 사진을 통해 회사 규모나 환경 등을 간접적으로 알릴 수 있기 때문이다. 현장감과 브랜드의 실체가 느껴지는 결과물은 보는 이로 하여금 신뢰를 느끼게 해 주는 효과가 있다.

준비한 사진 자료들이 가장 유용하게 사용되는 경우는 아마도 카메라 앞에서 포즈를 취할 때일 것이다. 사진 촬영이 익숙하지 않은 일반 사람의 경우에는 포즈가 딱딱하고 어색하기 마련이고, 손발을 어떻게 움직여야 하는지도 모르는 경우가 많을 것이다. 이때 미리 사진의 포즈를 이리저리 따라 하면서 연습하면 실제 촬영 시에 좀 더 자연스러운 포즈를 취할 수 있다. 시선은 어떻게 해야 하는지,

미소를 지어야 하는지 말아야 하는지도 매우 어려운 미션이다. 더욱이 손은 의외로 사람을 가장 어쩔 줄 모르게 만드는 방해물이 되곤 한다. 뭘 어떻게 해도 부자연스럽고 어색할 때에는 팔짱을 끼거나 허리에 올린다든지 그도 아니면 어떤 지형지물을 이용해 최대한 덜 어색하고 뻣뻣하지 않게 손이나 팔을 처리해 보자.

## 포토그래퍼를 섭외하자

모든 준비가 완벽하더라도 실제로 가장 중요한 준비는 내가 원하는 사진을 잘 찍어 줄 전문 포토그래퍼를 찾는 것이다. 검색 창에 '프로필 사진'을 검색하면 수많은 프로 포토그래퍼들의 연락처가 나타날 것이다. 그중 누가 내 프로필 사진을 마음에 들게 잘 찍어 줄지 모르는 게 당연하다. 지인들 중에 나를 아주 잘 아는 포토그래퍼가 있다면 가장 좋지만 그런 행운이 모든 사람에게 주어지는 것은 아니다. 내가 찾은 프로필 사진의 느낌을 가장 잘 구현할 것 같은 포토그래퍼는 그들의 포트폴리오를 보고 선택하는 것이 가장 좋다. 결국 수많은 포토그래퍼의 홈페이지에 일일이 접속해 그들의 포트폴리오를 열람하는 수밖에 없다.

우선 몇 군데 촬영 스케줄이나 비용 등을 비교해 보고 결정하는 것이 좋다. 그리고 이왕이면 포토그래퍼와 사전 미팅을 하는 것을 추천한다. 우리의 여권이나 신분증에 쓰이는 증명 사진들이 그리 좋지 못한 가장 큰 이유는 급하게 규격에 맞춰 찍은 사진이기 때문이다. 포토그래퍼와 콘셉트에 대한 이야기를 하면서 상대방에 대한 어색함도 풀고 친밀감을 갖는 과정을 거치면 좋은 프로필 사진을 얻는 데 도움이 된다. 촬영 경험이 많은 포토그래퍼들은 모델의 어색함을 해소해 주거나 나만의 매력적인 모습을 이끌어 내는 데 탁월하다.

다양한 방식으로 촬영한 예

## 나라는 사람에게 포커스가 맞춰져야 한다

아무리 멋진 공간이라 해도 나라는 사람이 느껴지게 해야 한다. 어차피 개인적인 홍보 활동을 위해 촬영하는 것이기 때문에 굳이 누군가와 찍을 필요도 없다. 최대한 좋은 인상으로 각인될 수 있도록 메이크업과 헤어 스타일에 신경 쓰는 것이 좋다. 포토샵을 이용한 후보정에 의지하기보다는 자연스럽게 잘 찍힐 수 있도록 준비를 철저히 한 후 촬영에 임하는 것이 좋다. 요즘은 많은 스튜디오에서 헤어, 메이크업은 물론 의상까지 대여해 주는 경우가 있는데, 의상의 경우에는 본인의 옷을 입고 촬영하는 것을 추천한다. 다른 사람의 옷은 불편하고 어색해 보일 수 있다.

사이즈가 너무 작거나 큰 옷도 좋은 결과물을 얻지 못하므로 최대한 자기 몸에 잘 맞는 의상을 준비하자. 남성들도 헤어나 메이크업으로 최대한 사진 촬영하기 좋은 환경을 만들어야 한다. 지저분한 눈썹을 손질하고 듬성듬성한 곳은 아이브로우 펜슬로 채워 최대한 깔끔하게 정리해야만 좋은 결과물을 얻을 수 있다.

과도한 포토샵은 과유불급이다. 특히 퍼스널 브랜드를 대표하는 프로필 사진에 필요 이상으로 보정된 포토샵 느낌은 브랜드의 진정성까지 의심받는, 좋지 않은 결과를 얻기 쉽다. 그렇다고 해서 포토샵을 절대 하지 말라는 뜻은 아니다. '자연스러운 보정이라고 말하는 정도를 넘지 말라.'는 뜻으로 해석하는 것이 좋다.

굳이 일부러 다리 길이를 너무 늘리거나 얼굴 사이즈를 줄여 어색한 느낌을 만들기보다는 전신이 아닌 상반신만 촬영하는 방법을 선택하는 것이 좋다. 사진과 실체가 확연히 다를 정도로 심하게 왜곡돼 보이는 사진은 결코 프로페셔널해 보이지 않고 정직해 보이지도 않는다. 나라는 사람에 대한 실체를 잃지 않는 선에서 자연스럽게 보정하는 것이 최선이다.

미소를 지을 것인지, 진지한 표정을 할 것인지는 여러 가지 시도를 해 보고 결정하는 것이 좋다. 무조건 진지한 표정이 좋은 것도 아니고 그렇다고 해서 누구나 웃으면서 사진을 찍을 수는 없다. 웃는 모습이 어울리는 사람이면 웃으면서 찍는다고 생각하면 될 것이고, 웃는 정도도 아주 옅은 미소, 호탕한 웃음까지 매우 다양하므로 여러 가지 시도를 해 보고 나에게 가장 잘 어울리는 사진을 고르는 것이 좋다. 최근에는 너무 딱딱한 모습보다는 미소 짓는 모습을 더 선호하는 경향이 있다. 결국 퍼스널 브랜드 아이덴티티에 어울리는 연출이 최선이다.

## 포트폴리오를 만들거나 매뉴얼화하라

기본 브랜드 아이덴티티 디자인 요소의 기초 자료 작업이 끝나면 디자인 작업을 의뢰할 만한 파트너를 찾아야 한다. 물론 가까운 지인에게 의뢰할 수 있지만 디자이너라고 해도 모두 브랜드와 관련된 일을 할 수 있는 전문가 수준은 아니기 때문에 결과물에 대한 만족도가 높지 않을 수 있고 책임을 묻기 어려우며, 보상 문제에 대한 이야기를 서로 말하기도 쉽지 않다. 국내외 유수의 브랜드 아이덴티티 디자인 전문가들과 함께 일을 할 수도 있지만, 퍼스널 브랜드의 경우에는 그 비용이 매우 부담되는 수준인 것이 현실이다.

### 디자이너를 찾아라

퍼스널 브랜드 아이덴티티 디자인을 의뢰하는 방법으로 추천하는 것은 다양한 방법으로 브랜드 디자인을 수집하는 것이다. 예를 들면, 라우드 소싱www.loud.kr이나 디자인 서커스www.designcircus.co.kr와 같은 디자이너 공모전 사이트를 이용하는 것이다. 이 웹 사이트에는 수많은 프리랜서 디자이너와 디자인 회사가 등록되어 있는데, 공모전 개최자의 콘셉트에 맞는 디자인을 경합으로 얻을 수 있다는 것이 가장 큰 장점이다. 또 다른 브랜드들의 디자인 작업은 어떻게 진행되었는지를 한눈에 알아볼 수 있도록 수준 높은 데이터 베이스들을 제공하기 때문에 기초 자료 조사 차원에서도 많은 도움이 된다.

기업과 디자이너들을 디자인 콘테스트를 통해 만날 수 있게 해 주는 플랫폼, 라우드소싱

디자인 공모전과 같은 형식이 부담스러운 경우, 마음에 드는 프리랜서 디자이너에게 직접 의뢰할 수도 있다. 다양한 분야의 프리랜서 마켓인 '크몽www.kmong.com'은 매우 방대하고 다양한 카테고리에 맞는 전문가들을 만나 볼 수 있다. 마음에 드는 포트폴리오를 가진 전문가와 일대일로 이야기하면서 결과물을 만들 수 있고 디자인 범위를 늘리거나 줄일 수 있다는 장점이 있다.

한 가지 간과하지 말아야 할 점은 마음에 드는 결과물은 한 번에 나오기 어렵다는 것을 충분히 이해한 후에 의뢰해야 한다는 것이다. 디자인이야말로 절대 한 술에 배부르기 어려운 분야이며 때로는 결과물에 대한 주변 사람들의 의미 없는 조언들이 모여 나쁜 결과물을 선택하는 경우가 있기 때문이다. 가장 중요한 점은 선택한 결과물에 애착을 가져야 한다는 것이다.

퍼스널 브랜드의 아이덴티티 디자인을 가장 사랑해야 하는 사람은 디자이너가 아니라 그 디자인 결과물을 소유한 본인이어야 한다. 본인도 좋아하지 않는 디자인을 누군가가 좋아해 줄 수는 없지 않은가?

## 브랜드 포트폴리오 또는 브랜드 매뉴얼을 완성하라

브랜드 아이덴티티 디자인을 계속 수정하면서 마음에 드는 디자인을 완성하고 나면, 반드시 그것들을 포트폴리오 형태로 만들어 둬야 한다. 브랜드 포트폴리오<sup>Brand Portfolio</sup>, 브랜드 매뉴얼<sup>Brand Manual</sup>이라고도 불리는 이 브랜드 디자인 관련 아카이브는 브랜드가 존재하는 한 계속 사용될 귀중한 자산이다. 매우 중요한 자산이므로 브랜드 관련한 모든 자료를 한눈에 들어올 수 있게 정리하는 것을 포트폴리오 또는 브랜드 매뉴얼 작성이라고 보면 된다.

아무리 좋은 디자인도 하나의 포트폴리오나 브랜드 매뉴얼로 정리되지 않고 방치한다면 그 의미가 희석될 수 밖에 없다. 브랜드 아이덴티티 디자인을 사용하는 어떤 사람도 이 매뉴얼에 명시된 대로만 사용할 수 있으며, 디자인 의장 등록을 실행할 경우 법적으로도 보상을 받을 수 있는 귀중한 자산이기 때문이다.

반드시 어떤 내용이 들어가야 한다는 규칙은 없다. 활용할 규모와 방식에 따라 내용을 충분히 구비해 놓는 것이 제일 좋기는 하지만, 비용이 부담되는 게 현실이다. 따라서 처음부터 너무 방대한 내용을 싣기보다는 꼭 필요한 요소들을 확인해 부분적으로 완성해가는 것도 한 가지 방법이다. 브랜드가 발전하면서 더 첨가해야 할 부분들도 생기고, 피치 못하게 수정해야 할 수도 있기 때문에 사업 확장에 따라 필요한 부분만 업데이트해 매뉴얼을 좀 더 구체적으로 완성하는 것도 좋은 방법이다.

# BRAND MANUAL

## 56 PAGES & REAL TEXT

Brand Manual and Identity /
Corporate Design Brochure
with real text included

Minimal and Professional
Brand Manual and Identity Brochure
for creative businesses, created
in Adobe InDesign in DIN A4
and US Letter format.

Indesign Files for CS4 to CC2015
Preview PDF Files
Documentation File

A4 size : 297+210 mm + Bleeding
US Letter size : 8.5+11 inch + Bleeding
CMYK @ 300 DPI – Print-ready
Adobe InDesign for CS4 to CC2015
High Resolution
Paragraph and Text styles included
Layered Templates : 52 Pages overall
Illustrator Stationery Mockups
Customize any Colour with only 1 click
PDFs for Preview included
Easy to edit
Documentation File (PDF) included

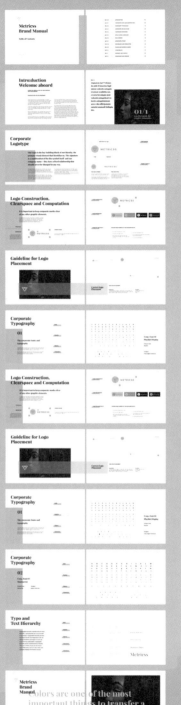
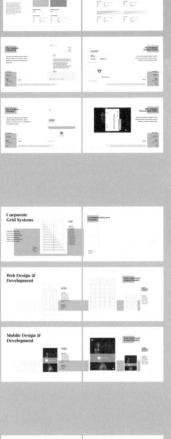

반드시 구비되어야 할 부분은 로고, 심벌, 폰트, 브랜드 컬러와 같은 브랜드 아이덴티티 디자인 관련 기초 요소와 그것들의 실제디자인 적용 사례나 그래픽 사용 시 주의 사항을 반드시 포함해야 한다는 것이다. 디자인 적용 사례나 사용 시 주의 사항은 브랜드 아이덴티티 디자인의 정체성을 지키기 위한 가이드라인이라고 생각하면 된다.

브랜드 확장이나 브랜드 관련 매체의 다변화를 위해 모바일, 웹, 소셜 미디어 관련 가이드라인을 추가하는 것도 바람직하다. 브랜드의 특성에 맞게 내용을 추가해 브랜드 철학이 잘 지켜질 수 있도록 하는 것에 그 의미가 있다. 이 세상은 우리의 기대나 예측보다 빠르게 변하고 있기 때문에 이에 걸맞은 포트폴리오나 매뉴얼을 준비해야 한다. 언제 어느 때 누군가의 요청이 있을지 모르고 기회가 왔을 때 미리 준비해 둬야만 적극적으로 대처할 수 있기 때문이다.

PERSONA
BRANDIN

# 퍼스널 브랜드를
# 시작하자

_최영인

5

## 언제 시작해야 할까?

퍼스널 브랜드를 시작하기에 가장 좋은 때는 언제일까? 누가 그때를 알 수 있을까? 결론부터 말하면, 퍼스널 브랜드를 시작할 때를 알 수 있거나 결정할 수 있는 사람은 바로 '나'밖에 없다는 것이다. 자신이 언제부터 퍼스널 브랜드에 관심을 뒀는지, 흥미를 가졌는지를 기억해 보자. 막연히 퍼스널 브랜드에 호기심이 들거나 관심이 생겨 흥미를 갖고 결국 흥미가 몰입을 가져왔을 것이며, 마침내 집중이 선택을 하게 하고 결정에 이르게 했을 것이다.

현재 자신의 위치, 경제 상황, 주변 사람들과의 관계 등을 모두 고려해야 하겠지만 결국은 용단을 내려야 할 때가 반드시 올 것이고, 그 결정은 누군가의 부추김이나 다른 사람의 유혹 때문이 아니라 반드시 본인 결정에 따라 이뤄져야 한다. 스스로 내린 결정에 따라 자기 주도적으로 퍼스널 브랜드를 만들어야만 책임감을 느끼고 브랜드를 만들어 나갈 수 있다. 바로 이때가 퍼스널 브랜드를 시작해도 될 때이다.

개인적으로는 퍼스널 브랜드를 만들기로 한 때부터 준비를 시작하는 것은 조금 늦은 타이밍이라고 생각한다. 퍼스널 브랜드를 시작할 타이밍과 퍼스널 브랜드를 준비할 타이밍이 같지 않다는 말이다. 퍼스널 브랜드를 시작할 시기보다 미리 준비하는 것이 시간 낭비를 줄일 수 있고 사람을 덜 지치게 한다. 만약 퍼스널 브랜드를 시작하기로 결정한 상태에서 이 책을 읽고 있다면 약 3~6개월 정도를 준비 기간이라 생각하고 시작하면 될 것이다.

개인차가 있겠지만 너무 오래 준비하면 사람이 지칠 뿐 아니라 준비 기간이 길다고 해서 결코 퍼스널 브랜드의 높은 완성도를 보장하지는 않기 때문이다. 어떤 사람은 6개월이라는 시간이 너무 길게 느껴질 것이고, 어떤 사람은 너무 짧다고 느껴질 것이다. 성격이나 환경에 따라 개인차가 존재하기 때문에 단정 지어 말할 수는 없지만, 나를 가장 잘 아는 나의 브랜드를 만드는 일이라면 본인의 성격과 형편을 고려해 결정하는 것이 좋다.

때로는 개인적인 형편<sup>대체로 금전적인 형편</sup>에 따라 주저하거나 뒤로 미루기도 하는데, 금전적 형편이 좋지 않다면 시간을 갖고 기다리는 것을 추천한다. 퍼스널 브랜드의 종목에 따라 금전적 성과가 나타나는데, 예기치 못하게 오랜 시간이 필요할 수도 있기 때문이다. 자금의 융통이나 회전에 대한 계획을 수립하고 결정하는 게 가장 바람직하다. 퍼스널 브랜드에 대한 자신과 의욕이 넘치더라도 일정 시간을 버틸 수 있는 경제 사정이 뒷받침되지 않는다면 처음부터 어려운 싸움이 될 게 뻔하고, 금방 포기할지도 모른다.

**언제 시작할까?**

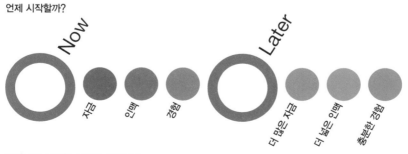

브랜드를 시작할 시기를 결정하라.

누군가는 불과 한두 달 안에 훌륭한 퍼스널 브랜드 계획을 수립할 수도 있을 것이다. 그 기간은 많은 경험과 철저히 준비된 자료 또는 개인의 성격에 달려 있다. 성격이 급해 일단 저지르고 보는 사람도 있을 테고 돌다리도 두드려봐야 한다는 사람도 있을 테지만, 분명한 것은 목표를 달성하기 위해 정신적·육체적 건강을 유지하면서 장기적인 안목으로 계획을 실천해야 한다는 것이다.

단기간에 성공하겠다는 계획은 한낱 공상에 그칠 가능성이 있지만 시간을 투자해 만든 브랜드는 진정한 결실을 맺을 것이다. 진부한 이야기 같겠지만 성공 가능성이 가장 높은 실천 방법은 꾸준하게 자기 브랜드에 최선을 다하는 것이다. 퍼스널 브랜드를 시작할 때를 결정하면서 함께 생각해야 할 가장 중요한 포인트는 조급하게 생각하지 않는 것이다.

## 사자의 용기가 필요하다

오즈의 마법사에 나오는 사자는 정말 겁쟁이였을까? 사자는 자기가 맹수의 왕임에도 겁이 많다는 것을 인정하고 용기를 얻으려 노력했다는 것이 이미 겁쟁이가 아니라는 증거이다. 대부분 겁쟁이들은 스스로 겁이 많다고만 할 뿐, 원하는 것을 얻기 위해 오즈에 불시착한 도로시나 다른 동료들과 함께 길을 떠나는 모험을 시도하지 않는다. 퍼스널 브랜드를 진행하면서 때로는 오즈의 마법사에 나오는 겁쟁이 사자가 그렇게 갖고 싶어 했던 용기가 필요하다.

퍼스널 브랜드를 시작할 만반의 준비가 되어 있는 사람임에도 '과연 내가 이걸 할 수 있을까?' 하는 의구심 때문에 결정을 주저하는데, 의심을 한다고 해서 해결되는 것이 없다면 '할 수 있겠지' 또는 '할 수 있을 것'이라는 생각을 하고 용단을 내리기를 추천한다. 아이러니하게도 준비가 많이 되어 있거나 충분한 경험을 가진 사람들이 더 용기를 내지 못하고 주저하는 경향이 있다. 준비 없이 의욕만 넘치는 사람이 뜻밖의 용기를 내곤 하는데, 그건 용기가 아니라 만용이라고 해야 할 것이다. 많이 가진 사람들은 잃을 게 많아서 그러는 건지 아니면 지금의 안정된 생활이 무너지는 것이 싫어서 그러는 건지 몰라도 아직 때가 되지 않았다는 핑계를 대고 머뭇거리는데, 본인 외에는 아무도 결정해 줄 사람이 없다는 것과 그 시기가 딱 지금이라는 것을 확신할 수 있는 사람 또한 자기뿐이라는 생각을 하고 용기를 내야 퍼스널 브랜드를 시작할 수 있다.

토끼의 모습을 가진 사람도 내 브랜드를 위해서라면 때에 따라 단호한 결단력과 용기를 내야 한다. 계산하고 머뭇거리는 사이에 기회를 놓칠지도 모른다. 세상은 빠르게 변하고 모든 일에는 적절한 타이밍이라는 게 존재한다. 타이밍을 놓치면 또 다른 타이밍이 언제 올지 모르는 게 삶이다. 선택의 순간에 자신이 가진 퍼스널 브랜드 철학을 바탕으로 용기를 내야 한다. 스스로를 믿고 결정하는 용기를 가진 사람이 좋은 퍼스널 브랜드를 만들 준비가 된 사람일 것이다.

## 결국 브랜드는 사람들이 만든다

퍼스널 브랜드를 만드는 것이든, 이를 성장 · 발전시키는 것이든, 만든 브랜드를 사랑해 주는 것이든 모두 사람들이 있기에 가능한 것이다. 퍼스널 브랜드를 완성해 나가는 데 가장 중요한 요소는 '사람'이다. 좀 더 정확하게 표현하면 사람과 사람 간의 관계에서 나오는 힘이라고도 할 수 있다. 브랜드의 생성, 성장, 쇠퇴 모두 브랜드를 좋아하고 믿어 주는 사람들에 따라 이뤄진다. '나'라는 사람을 믿거나, 내가 만든 제품을 좋아하거나, 내가 제공하는 서비스에 만족하는 사람들과의 관계를 가장 중요한 1순위로 생각해야 한다.

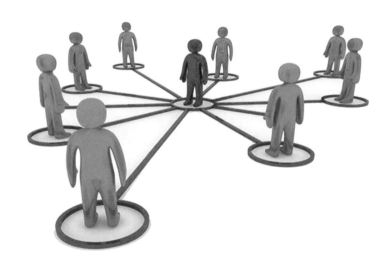

나와 사람들과의 관계가 브랜드를 유지·발전시킨다.

퍼스널 브랜드를 시작한다고 할 때 주변에서 진심으로 큰 격려를 보내 주는 사람들이 있다. 잘할 거라며 남들에게 홍보해 주고, 뭐든지 사 준다고 하거나, 도움이 필요하면 언제든지 말하라는 선심 섞인 말들을 들을 것이다. 하지만 그건 일종의 응원가나 선심으로 생각하는 것이 좋다. 그들의 진정성을 의심하라는 것이나 실제로는 절대 도와주지 않을 것이라는 말이 아니라 도움의 한계라는 게 분명 존재한다는 것을 기억하라는 말이다. 한 번은 도와줄 수 있어도 꾸준히 유지될 수는 없을 것이다. 특히 고가의 제품이나 서비스 또는 기호<sup>취향</sup>가 느껴지는 것 같은 경우에는 더욱 그렇다. 도와준다는 말만 믿고 일을 시작하는 것처럼 어리석은 일은 없다. 도와준다는 말은 일종의 보험처럼 생각하고 시작하는 것이 정신 건강에 이롭다.

예를 들면, 식당을 개업할 때 막 개업한 며칠 간의 데이터만으로 섣불리 사업의 성패를 판단해서는 안 된다. 개업 초기에는 당연히 일명 오픈발이라는 게 있어서 매출이 많을 수밖에 없기 때문에 정확한 실제 매출을 가늠할 수 없다는 말이다. 지인들의 방문이 뜸해진 때로부터 진짜 내 식당에 오는 손님들을 파악할 수 있기 때문에 이를 바탕으로 전략을 짜야 한다. 가능하면 모르는 손님의 재방문율을 높이도록 노력하고, 그들이 데리고 올 제2, 제3의 추가 손님을 유치할 수 있도록 해야 한다. 또 음식의 맛과 서비스로 고객을 개척하고 그들을 단골로 만들어야 한다.

단골을 만든다는 것은 제품이나 서비스의 품질이나 가격도 중요하지만 퍼스널 브랜드의 중심인 사람 자체를 신뢰할 수 있어야 가능하다. 사람에 대한 신뢰가 곧 브랜드에 대한 신뢰로 이어지기 때문에 고객과의 약속을 잘 지키는 것은 물론이고, 고객과의 관계를 꾸준히 유지해야 한다.

수많은 대기업 브랜드가 고객 서비스<sup>Customer Service</sup>에 최선을 다하는데, 퍼스널 브랜드의 고객 서비스는 고객과 판매자의 딱딱한 비즈니스 관계가 아닌 친구 같은 관계<sup>Friendship</sup>로 유지되는 것이 이상적이다. 굳이 퍼스널 브랜드를 찾아 의뢰하는 것은 개인적인 호감과 믿음을 전제로 일을 추진하겠다는 의지이기 때문에 고객의 말을 좀 더 귀담아듣고 고객의 요구에 맞춰 진행해야 할 것이다. 자본이 든든한 대기업 브랜드 제품이나 서비스가 아니더라도 개성 있고 신뢰가 가는 퍼스널 브랜드들이 여러 분야에서 꾸준히 성과를 나타내는 것은 바로 이런 퍼스널하고 프라이빗한 관계에 기인한다고 해도 과언이 아니다.

퍼스널 브랜드가 성공하기 위해서는 신규 고객 창출도 중요하지만, 아무것도 없었을 때 내 브랜드를 찾아 준 기존 고객들이나 오랫동안 브랜드를 믿고 찾아 준 충성도 높은 고객들과의 우호적인 관계 유지가 무엇보다 중요하다. 브랜드의 탄생부터 성장까지 같이한 고객들의 마음을 잃는다는 것은 엄청난 응원군을 잃는다는 것을 의미한다. 실망을 안고 돌아선 고객은 그 누구보다 무서운 브랜드 안티가 될 가능성이 높다. 인기를 얻는 것도, 인기를 유지하는 것도 모두 사람에서 비롯된다는 것을 잊지 말고 초심을 유지할 수 있도록 노력해야 한다.

수많은 브랜드가 잠깐 나타났다가 금세 사라지는 대부분의 이유 중 하나가 브랜드가 초심을 잃어버렸기 때문이라는 것을 기억해야 한다. 브랜드가 잘 나갈 때 오히려 초창기 고객들이 이탈하는 경우가 의외로 많다. 새로운 고객이나 팬들이 영입되면서 그 전에 브랜드가 나에게 쏟았던 관심이 부족해졌다고 느껴지거나 브랜드 철학이 바뀌었다고 생각할 때 일어나는 현상이다. 잘 나가거나 잘 못 나갈 때도 늘 브랜드의 초심을 잃지 않고 사람에 대한 중심을 잡고 브랜드를 진행한다면 사람들은 또 다른 기회를 줄 것이다.

브랜드가 계속될 수 있는 것은 브랜드를 좋아하는 사람들이 있기 때문이라는 것을 잊지 말고 관계 유지에 정성을 다하는 것이 가장 중요하다. 이런 쉽고 단순한 진리를 망각한 채 기존 고객을 소홀히 대하면 원래의 관계로 돌리기란 절대 쉽지 않다는 사실을 기억해야 한다. '사람 관리'가 곧 '브랜드 관리'임을 잊지 말아야 한다.

## 연출가가 되어라

퍼스널 브랜드를 실행에 옮기는 사람은 드라마나 영화의 연출가처럼 모든 일에 관여해야 하는데, 이를 귀찮아하거나 두려워해서는 안 된다. 한 편의 드라마를 만들기 위해서는 잘 쓰인 대본, 멋진 연기자, 훌륭한 촬영 스태프와 장비, 촬영 장소까지 모두 본인이 연출해야 하는 것처럼 퍼스널 브랜드는 '나'에 의해 모든 것이 연출되어야 한다.

연출가는 드라마의 처음부터 끝까지 누가 어떤 캐릭터를 맡고 있으며, 언제 들어오고 나가야 하는지 알고 있어야 하는 사람이다. 때로는 작가와 상의해 극의 흐름을 바꾸기도 하고 연기자의 연기를 좀 더 감동적으로 이끌어 내기 위해 연출에 집중하기도 해야 하는 것처럼 말이다. 퍼스널 브랜드의 창시자는 이 모든 것을 혼자 책임져야 하는 연출가라고 생각하고 브랜드를 시작하길 바란다.

즉, 브랜드의 탄생부터 소멸까지 긴 안목을 갖고 시나리오를 구상해야 한다. 연출가 겸 연기자가 되어 모노드라마를 만들 것인지, 수많은 인원과 긴 호흡을 필요로 하는 대하드라마를 만들 것인지를 정해야 한다. 만약 대하드라마를 만든다면 역할 분담을 고려해야 한다. 그뿐 아니라 전문적으로 금전 문제를 담당하는

브랜드를 직접 연출하라.

사람이 필요하고, 장소를 섭외할 수 있는 사람도 필요하며, 홍보와 마케팅을 담당할 사람도 필요하다.

하지만 그 규모가 크든 작든 모든 드라마는 연출가의 재량과 판단에 따라 결정되는 것처럼 퍼스널 브랜드도 한 사람이 책임지는 시스템을 만들어야 한다. 브랜드가 자리잡기까지는 하나의 목표를 두고 다방면에 걸친 생각을 해야 한다는 말이다.

드라마가 끝날 때까지 연출가가 바뀌는 일이 없도록 하기 위해서는 높은 시청률이 나와야 한다. 시청률에 따라 조기 종영을 하는 드라마도 있고, 인기에 힘입어 드라마가 연장되거나 시즌제 드라마가 만들어질 수도 있다. 어느 하나만 신경 쓴다고 해서 높은 시청률을 보장받을 수 없는 것처럼 모든 부분이 모여 결과를 만들어 낸다. 하다못해 운조차도 성공을 이루는 한 부분이라고 볼 수 있다. 모든 부분이 조화를 이루는 것을 목표로 삼아야 한다.

연출가의 생각이 말단 스태프에게까지 전해지도록 하는 것이 가장 중요하다. 아무리 머릿속에 좋은 그림을 그리고 있는 연출가라고 해도 그 생각이 연출가를 대신하는 각 분야의 스태프에게 전해지지 않고서는 아무런 의미가 없다. 그들이 각자 맡은 분야에서 어떤 일을 하고 있는지 그리고 앞으로 무슨 일을 하게 되는지를 생각하면서 움직일 수 있게 잘 이끌어 줘야 한다.

자기 역할에 대한 충분한 이해가 없다면 결국 실수를 하게 될 것이다. 연출가는 작품의 완성도를 위해 좋은 캐스팅, 멋진 장소, 훌륭한 촬영 스태프, 음악, 광고, 홍보 전반에 걸쳐 최고의 결과물을 만들어 내기 위한 판을 짜는 사람이라는 것, 그리고 그것이 결국은 브랜드를 만드는 사람과 일맥상통한다는 점을 이해하는 것이 좋다.

하나의 브랜드를 만들 때 생각을 좀 더 구체적이고 입체적으로 펼치는 연습을 해야 한다. 무조건 목표지향적인 생각은 스토리가 빈약한 결과물을 만들고, 실체 없이 감정만 앞서는 생각은 결과물을 만들어 내기 어렵다. 이렇듯 밸런스를 맞춰 가는 것이 브랜드를 연출하는 방법이다. 내가 나의 브랜드를 만들 때처럼 풍부하고 좋은 아이디어를 떠올리기 쉬운 경우는 흔치 않다. 맘껏 상상할 수 있는 자유를 만끽하면서 나만의 브랜드를 연출하는 즐거움을 찾아보자.

## 브랜드 가치를 높여라

　수많은 책이나 강연에서 '브랜드 가치를 높이기 위해 노력해야 한다.'라고 말한다. 도대체 브랜드 가치라는 것이 무엇이고, 이를 높이기 위해서는 어떻게 해야 하는지 좀 더 알아보자. 브랜드 가치는 말 그대로 사물이나 서비스의 쓸모나 값어치를 말하는데, 그 쓸모나 값어치는 어떻게 표현할 수 있을까? 우선 브랜드의 가치를 가장 대중적으로 판단하는 근거는 브랜드의 매출이나 브랜드로 파생될 수 있는 사업적 이익<sup>로열티나 합병에 따른 이득 같은</sup>에 근거한 숫자일 것이다. 이렇게 숫자나 금액으로 측정할 수 있는 가치를 '자산적 가치'라고 한다.

하지만 브랜드는 금액으로 표현할 수 있는 가치 외에 더 큰 가치가 존재한다. 소비자들이 브랜드의 마케팅이나 홍보를 통해 얻는 호감이나 기대감 또는 충성도 같은 것들이 바로 그것인데, 이를 '인지적 가치'라고 한다. 이런 인지적 가치는 무척 주관적이므로 숫자로 기록할 수 없지만, 자산적 가치와 비교해 절대 무시할 수 없는 중요한 것이다.

**브랜드 가치를 높여라**

| Marketing | • 브랜드, 상품이나 서비스가 고객에게 매우 유용하다는 것을 잘 나타내는가? |
| Sales | • 상품이나 서비스의 품질, 유용성이나 가치가 강력한가? |
| Quality | • 브랜드, 상품이나 서비스의 품질이 충분하다고 느껴지는가? |
| Pricing | • 상품이나 서비스의 가격이 상품의 가치와 비교해 합리적인가? |
| Service | • 고객 서비스의 수준이 고객과의 유대 관계를 향상시킬 정도로 충분한가? |

브랜드 가치를 확인하기 위한 체크리스트

사실 자산적 가치도 숫자로 표현하는 데에는 한계가 존재한다. 브랜드 가치를 객관적으로 조사해 발표하는 인터브랜드<sup>Interbrand</sup>의 브랜드 가치 리스트에는 전 세계를 통틀어 겨우 100개 브랜드를 선정하는데, 퍼스널 브랜드의 비교 상대로 두기에는 무의미한 자료일 뿐이다. 다만 세상이 어떻게 돌아가고 있는지, 어떤 기업의 순위가 바뀌고 그 이유는 무엇인지 같은 것을 확인하는 지표로 삼는 것이 좋다. 퍼스널 브랜드, 특히 이제 막 시작하는 퍼스널 브랜드와 같은 경우에는 브랜드의 자산 가치를 비교해 볼 대상이나 실적도 전무할 것이다. 이런 경우에는 열심히 영업해 꾸준히 실적을 늘리는 수밖에 없다.

하지만 인지적 가치를 실적으로 만들어 내는 문제는 미묘하고 불확실하다. 사람에게 어떤 특정 브랜드에 호감을 느끼게 하는 것이 돈을 투자한다고 해서 쉽게 이뤄지는 것은 아니기 때문이다. 소비자에게 새 브랜드를 인식시키는 과정에서 호의적인 이미지를 반복적으로 심어 줘야 한다. 더욱이 사람들의 시선뿐 아니라 마음까지도 사로잡아야 한다. 특히 기존에 유명한 브랜드가 존재하는 경우, 많은 노력을 기울여도 '아류 브랜드' 또는 '후발 브랜드'라는 타이틀을 떨쳐버리기 어렵다. 그만큼 사람들의 마음에 들거나 인식을 바꾸는 것은 어려운 일이다.

그럼에도 인지적 가치를 높이는 일에 좀 더 시간과 비용을 투자하는 것이 좋다. 인지적 가치가 높아지면서 자연히 자산적 가치의 성장도 뒤따를 것이다. 인지적 가치를 높이기 위해서는 브랜드 철학에 맞는 마케팅으로 접근해야 한다. 예를 들면, 숫자로 표현할 수 있는 실적 위주의 콘셉트를 가진 브랜드라면 이를 뒷받침할 수 있는 증명이나 증거 위주의 자료를 갖고 소비자에게 확신과 신뢰를 얻는 것이 좋다. 증명서, 특허증, 시험 검사서와 같은 저명한 기관이 보증하는 결과물을 보여 줌으로써 믿을 수 있는 근거를 제시해야 한다.

소비자의 마음에 다가가는 브랜드를 지향한다면 그들의 라이프 스타일을 파악하고 특정 트렌드와 취향을 파악해 접근하는 것이 좋다. 요즘 사람들은 개성을 드러내고자 하는 욕망이 강하면서도 여전히 같은 취향을 가진 사람들과의 동질감을 공유하는 것을 원한다. 공감대를 형성할 수 있는 분위기와 그 취향을 대표하는 사람이 실제로 사용하는 것을 보고 따라 사도록 만드는 것처럼 말이다. 마케팅의 일환으로 감동 코드를 심는 방법 또한 흔한데, 노골적인 표현은 감동을 깨는 원인이 되기도 한다. 시간을 갖고 입소문을 탈 수 있게 하는 것이 가장 바람직한 형태라고 볼 수 있다. 자발적인 리뷰나 제2의 고객을 소개받는 방법으로 이어질 수 있도록 하는 것이 가장 좋다. 물론 소비자가 제품이나 서비스에 만족했을 때 가능한 일이다.

브랜드 가치를 높이는 것은 어려워도 망가지는 것은 순간이다. 나의 퍼스널 브랜드가 제아무리 공을 들인 탑이라도 매스컴이나 소비자들의 소문에 따라 순식간에 무너질 수도 있다는 것을 기억해야 한다. 하다못해 지극히 사적인 일이라도 브랜드에 해를 끼칠 일은 아닌지 생각해 봐야 한다. 우리는 수많은 사례를 통해 유명한 퍼스널 브랜드가 사라지거나 끝내 재기하지 못하는 것을 보았다. 자금 사정이 든든한 대기업 브랜드들조차 결국 역사의 뒤안길로 사라지기도 한다. 브랜드 가치는 브랜드가 존재할 때에만 의미가 있다. 브랜드 가치를 높이고, 그것을 유지하는 것은 저절로 되는 것이 아니라 부단한 노력이 바탕이 되어야 한다는 것을 기억하고 부단히 노력해야 한다.

### 반드시 실패에서 깨달음을 얻어라

모든 브랜드가 성공을 목표로 하고 있지만 성공하는 브랜드는 불과 몇 퍼센트밖에 안 된다. 성공한 브랜드를 정확한 수치로 나열할 수 없는 이유는 성공과 실패의 기준이 모호하기 때문이다. 가장 큰 실패는 결국 브랜드가 문을 닫는 것으로 귀결되겠지만 굳이 그렇게 극단적인 실패의 결말을 생각할 게 아니라 사소한 실패를 통해서라도 깊은 깨달음을 얻고, 성공에 한 발짝 가까이 다가서자는 의미이다.

'실패는 성공의 어머니'라는 말이 진부하게 느껴질 수도 있겠지만, 오늘날까지도 여전히 사람들의 입에 자주 오르내리는 이유는 아마도 진리에 가깝기 때문일 것이다. 실패했을 경우 어째서 실패했는지, 실패하지 않으려면 어떻게 해야 했는지와 같은 원인과 결과 그리고 해결책을 찾아야 한다. 하지만 대부분의 사람이 원인과 결과는 쉽게 찾는 데 반해, 해결 방안을 찾는 것을 등한시하거나 소

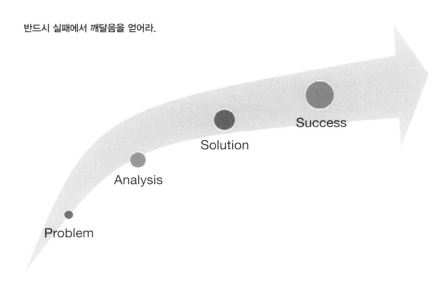

**반드시 실패에서 깨달음을 얻어라.**

문제(Problem), 분석(Analysis), 해결(Solution)이 성공(Success)을 이끈다.

홀히하는 경우가 많다. 군이 실패에 연연하지 않겠다고 말하는 사람이 하는 말은 치기 어린 책임 회피나 핑계로 들린다.

실패를 통해 깨달음이나 해결책을 찾지 못한다는 것은 똑같은 실패를 두 번 또는 그 이상으로 할 수 있다는 것을 의미하기도 한다. 실제로 같은 실수를 반복하는 경우가 많다. 한 번은 그럴 수 있지만 두 번 또는 그 이상은 실패에서 깨달음을 얻지 못한 내 잘못임을 인정해야 할 것이다.

브랜드를 진행하다가 생긴 실패는 결국 금전적인 손실로 나타난다. 금전적인 손실에는 단순히 숫자적인 기록뿐 아니라 시간이나 인건비에 대한 것을 숫자로 치환한 것도 포함해야 한다. 이외에도 사람에 대한 실망이나 배신감 같은 감정은 숫자로 바꿔 계산할 수 없는 손실일 수도 있다. 실패를 겪지 않기 위해서는 전문가의 조언을 받아 법률적으로나 사회적인 규범에 입각한 대책을 마련하는 것이 좋다.

예를 들면, 기업이나 개인의 문제점 때문에 기획 회의를 하면서 솔루션을 구두로 제공하는 경우, 좋은 아이디어만 내놓고 이에 상응하는 비용을 받지 못하는 사례가 종종 있다. 남의 아이디어를 교묘하게 수정해 차용하는 것도 저작권을 위반하는 흔한 사례인데, 때로는 관행이라거나 다음 기회에 보자는 말로 무마되는 경우가 종종 있다.

양질의 정보를 제공했음에도 이에 상응하는 사례를 받지 못하고 공짜로 남 좋은 일만 시키는 것처럼 억울하고 분한 일은 없다. 돈도 돈이지만 무시당했다는 생각 때문에 더 큰 상처를 받게 된다. 따라서 이런 경우에는 자기 아이디어나 솔루션에 대한 저작권 범위나 보호 방법을 자세히 알아보고 해결책을 찾아 똑같은 일이 두 번 다시 발생하지 않도록 하는 것이 좋다.

## 브랜드는 계속되어야 한다

퍼스널 브랜드를 만들 때는 우여곡절이 많을 거라 예상한다. '산 넘어 산' 이라는 생각이 드는 순간이 있을 것이고, '과연 계속해야 할까?'라는 의구심이 들 수도 있을 것이다. 하지만 마냥 힘들고 나쁜 일만 있는 것은 아니다. 때로는 '서쪽에서 귀인이 나타난다.'는 오늘의 운세가 맞는 것 같은 날도 있을 것이고, 브랜드가 가진 철학과 진정성이 고객에게 제대로 전달된 듯한 느낌을 받는 짜릿한 순간도 있을 것이다. 그러므로 브랜드는 현재 진행형이어야 한다.

브랜드는 하루아침에 유명해지기도 하지만, 모든 브랜드에 일어나는 일은 아닐 뿐 아니라 유지된다는 보장도 없다. 오히려 쉽게 유명해진 만큼 쉽게 사라지는 브랜드가 될 확률이 높다. 쉽게 스포트라이트를 받는 브랜드들은 좀 더 긴장해야 한다. 주목을 받으면 사람 마음이 쉽게 들뜨기 마련이고, 하던 일도 제대로

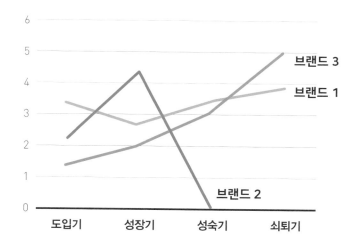

브랜드 라이프 사이클(Brand Life Cycle) 그래프 분석을 통해 브랜드의 유지와 변화 또는 소멸 시기를 알아볼 수 있다.

못하는 경우가 생기기 때문이다. 기세에 휩쓸려 브랜드 이미지가 모호해지는 현상이 나타나기도 한다. 이럴 때는 원칙을 따르면서 진행하는 것이 중요하다. 당장의 폭발적인 인기보다는 오랫동안 사랑받을 수 있는 방법을 찾아야 한다.

브랜드가 좀 더 성장하기 위한 기회를 엿보는 것 또한 잊지 말아야 한다. 다음 단계로의 도약을 위해 쉬었다 뛸 수도 있고 발판을 굴러 도움닫기를 해서 뛸 수도 있다. 요즘은 컬래버레이션Collaboration이나 공동 프로젝트라는 이름으로 브랜드와 브랜드의 만남을 통한 시너지 효과를 도움닫기의 일환으로 많이 활용하는 추세이다. 시너지는 1+1=2가 아니라 그 이상을 바라고 행동하는 공동의 협력을 말한다. 두 브랜드에 효과가 모두 공평하게 나눠 나타나지 않을 확률이 높지만, 분명 혼자 이뤄내는 성과보다 좋을 것이라는 기대를 하고 추진하는 방법이므로 상호 간에 파격적이어야 제대로 된 결과물을 기대할 수 있다.

브랜드가 곤경에 처하는 때가 올 수 있고, 시대의 흐름에 따라 브랜드를 정비해야 한다는 생각이 들 때가 올 수도 있다. 이럴 때는 기계적으로 무리하게 운영하기보다는 재정비하는 차원에서 브랜드 리포지셔닝Brand Repositioning을 하는 것도 한 가지 방법이다. 브랜드 리포지셔닝이 새로운 브랜드를 만드는 것만큼 쉽지 않은 일이고, 실행한다고 해서 만족할 만한 효과를 보장하지는 않지만, 최소한 아무것도 하지 않는 것보다는 나을 것이다.

브랜드가 나이를 먹고 고객도 나이가 들면서 자칫 매너리즘에 빠지거나 새로운 고객을 찾는 일을 등한시할 수 있기 때문에 심기일전해서 분위기를 바꾸도록 노력해야 한다. 이 시기가 너무 빠르면 기존 고객을 이탈시키는 원인이 될 수 있고, 늦으면 손을 쓸 수 없으므로 늘 나의 브랜드의 현재 상황은 어느 위치인지 확인하는 것이 좋다.

브랜드는 성공을 목표로 시작하지만 모든 브랜드가 목표를 이룰 수 있는 것은 아니다. 어떤 브랜드는 어느 날 갑자기 유명해지기도 하고, 또 어떤 유명 브랜드는 이름은 기억하지만 인기 있는 브랜드라는 생각이 들지 않기도 한다.

유명 브랜드와 인기 브랜드는 분명 차이가 있다. 일반적으로 인기가 있어서 유명해지는 것이 순서이지만 반짝 인기는 유명세를 얻기도 전에 물거품처럼 사라지기도 한다. 브랜드를 시작했을 때의 초심을 잊지 말고 꾸준히 새로운 것 또는 믿을 수 있는 것을 추구하는 브랜드를 만드는 것이 중요하다. 이것이 바로 브랜드의 생명을 연장할 수 있는 유일한 방법이다.

퍼스널 브랜드는 만든 사람이 존재하는 한 지속해야 한다는 생각으로 운영되어야 한다. 퍼스널 브랜드를 만든 사람은 중간에 쉽게 자멸하지 않도록 해야 한다. 후대가 또는 제2의 운영진이 그 브랜드를 이어 나갈 수도 있으니 말이다. 알고 보면 3대째 이어오는 아무개 설렁탕집 같은 경우가 바로 주변에서 흔히 찾아볼 수 있는 예이다. 일면식도 없는 고인의 손맛을 기대하며 찾아가는 고객들이 있는 한 브랜드는 계속되기 때문이다.

브랜드는 금전적인 이익을 얻는 것뿐 아니라 역사적으로나 문화적으로도 가치 있는 중요한 자산이다. 하나의 브랜드는 식물이 싹을 틔우고 줄기를 키우고 열매를 얻는 것처럼 정성을 다해 길러야 한다. 긴 안목을 갖고 성실하게 운영한다면 언젠가는 좋은 결실을 얻을 수 있으리라는 믿음을 갖고 꾸준히 노력해야 한다. 결국 열매의 주인은 '나'이고, 나와 같이 함께한 사람들과 함께 나누는 것이다. 브랜드는 그 기쁨을 즐길 수 있는 날까지 계속되어야 한다.

# 맞춤형 퍼스널 브랜드

브랜드 디자이너, 매일매일디자인 대표

## 이승준

**자기 소개 부탁합니다.**

명륜동에서 '매일매일디자인'이라는 디자인 회사를 운영하고 있는 디자이너 '엘모군' 이승준이라고 합니다. 오랫동안 수많은 브랜드를 위한 디자인을 기획하고 이를 제품으로 만들어 내는 일을 하고 있지만 특별히 '먹는 장사'를 위한 브랜드 디자인을 잘하는 것이 '매일매일디자인'만의 특징이라고 생각합니다. 디자인 회사에서 디자이너로 근무를 하다가 우연히 1998년부터 옥션에서 엘모군이라는 닉네임으로 인터넷 판매를 시작해 엘모군이라는 닉네임을 하나의 브랜드로 성장시킨 경험이 있습니다. 현재는 디자인 사무실을 운영하면서 삼청동에서 '북막골'이라는 대중음식점을 운영하고 있습니다. 디자이너가 요식업을 한다면 어떤 일이 일어날까요? 제가 일을 어떤 식으로 진행하는지 간단하게 설명 드리겠습니다.

## 매일매일디자인"

**맞춤형 퍼스널 브랜드 개발을 시작하게 된 계기가 있으신가요?**

문제 해결의 기준에서 볼 때 더 이상 디자인의 장르 구분에는 큰 의미를 두지 않으려고 합니다만 그럼에도 불구하고 좀 더 세분화되는 시장, 가치에 있어 퍼스널 브랜드는 매우 중요한 개념이라는 생각이 듭니다. 옥션의 파워 셀러 활동을 하면서 사용했던 판매자 닉네임인 엘모군은 최초의 퍼스널 브랜드로 옥션 및 대중 매체에 소개됐고, 저 또한 자연스럽게 그 개념을 인식하게 됐습니다. 그 후 브랜딩 작업을 하면서 수반되는 그래픽 작업이 스타일링에서 스토리텔링으로 비중이 옮겨간다고 느끼면서 개인의 캐릭터를 바탕으로 가치를 개발하는 것에 큰 관심을 갖게 됐습니다.

**브랜드를 구축하기 위해 어떻게 접근하고 어떤 순서로 어떻게 진행을 하시는지 궁금합니다. 구체적인 설명 부탁드립니다.**

대부분의 작업을 긍정적으로 바라보고 즐겁게 하려고 노력하고 있습니다. 그중에서도 제가 특별히 좋아했던 작업을 몇 가지 말씀 드리고자 합니다

• **사례 1 : 투박한 아저씨의 섬세한 커피, 성북동 콩집**

성북동 초입에 위치한 성북동 콩집은 커피를 정말 사랑하는 커피 매니아가 직접 차린 매장으로 이 집의 커피 맛에 반한 한 고객이 커피 외에는 너무 엉망인 매장 분위기에 안타까움을 느껴 주인을 설득해 '매일매일디자인'에 브랜딩 개발 의뢰를 하게 된 경우입니다.

브랜드 리뉴얼 전의 성북동 콩집

### 작업 ➊ 인터뷰

모든 퍼스널 브랜딩 작업의 우선은 인터뷰입니다. 상담과는 약간 다른 의미로 사용하고 있으며 고객의 경험, 철학, 인생관 등을 가벼운 대화로 시작합니다. 요즘 좋았던 일, 안 좋았던 일, 개인사 등을 진지하게 묻기도 합니다. 성북동 콩집의 사장님은 커피를 너무 좋아해서 커피를 업으로 삼은 교과서적인 사례였습니다. 다만, 커피 외에는 너무 관심이 없는 관계로 상업 공간으로서의 매력 요소가 전무한 상황이었습니다. 인테리어면 인테리어, 음악이면 음악, 심지어 복장이면 복장 등…. 커피에 대한 열정과 실력은 충분히 갖췄지만 그 가치를 고객들이 한눈에 알아보게 할 수 있는 디자인 개발과 브랜딩이 전무한 상황이었습니다.

### 작업 ➋ 핵심 가치

보통 브랜딩 의뢰를 하는 고객들은 최신의 경향이나 새로운 그래픽 스타일링을 제안받는 것이 디자인, 브랜드 기획이라고 생각하는 경우가 많습니다. 하지만 저는 외부적으로 보이는 가치가 아닌, 인터뷰를 통해 느낀 고객의 장점과 특징을 기준으로 고객이 이미 갖고 있는 확연하고, 아직 개발되지 않은 가치를 찾아 내고자 노력하는 편입니다.

성북동 콩집의 오너는 커피를 제외한 나머지 부분이 참으로 평범했지만 오히려 이런 면에서 영감을 얻어 '투박한 아저씨의 섬세한 커피'라는 대비의 형식을 통해 본질을 더욱 강조하는 슬로건을 완성하게 됐습니다. 겉으로 보이는 것이 전부가 아니라 커피의 본질을 잘 알고 이를 즐겁게 제공하고자 하는 성북동 콩집 사장님의 특징을 브랜드로 녹여 냈다고 생각합니다.

성북동 콩집의 브랜드 아이덴티티를 전달하기 쉽게 만든 캐치프레이즈 '투박한 아저씨의 섬세한 커피'

### 작업 ➌ 본질과 소유

퍼스널 브랜딩은 핵심은 '캐릭터=구분 가능한 가치'인 관계로 일반적인 시장 경향을 적용하는 것은 좋지 않을 수 있습니다. 작업의 과정마다 각종 산출물을 통해 고객의 철학이 표현된다는 실질적인 체감을 얻는 것이 중요하며 궁극적으로 자신의 것이라는 확신이 드는 것을 목표로 하고 있습니다. 늘 그런 것은 아니지만 이런 경우에 즐겨 사용하는 것은 캐리커처입니다. 물론 캐리커처를 전문으로 하는 작가는 많지만 그간에 진행된 인터뷰를 바탕으로 최대한 모델의 보여 줘야 하는 요소를 체크리스트화해 정리한 후 자연스럽게 캐리커처로 표현합니다. 캐리커처의 이미지를 통해 시각적인 인지를 높이고 친숙하게 하는 특징이 있기 때문입니다.

**작업 ❹ 적용물**

일련의 과정을 통해 정체성 정리가 끝나면 누구나 아는 바와 같이 필요한 제작물에 적용하는 작업을 하게 됩니다. 일반적으로는 매뉴얼에 따라 일관되게 적용하지만 퍼스널 브랜드에는 좀 더 구체적이고 디테일한 설정이 필요할 수 있습니다. 성북동 콩집의 사인물은 오너의 캐리커처와 슬로건을 사용해 적용했고, 여기에 몇 가지 재미있는 설정을 더했습니다. 실내의 사진 액자는 성북동에 거주하는 오너가 바라보는 주변의 담벼락, 골목, 풍경 등을 촬영한 후 이미지 판넬을 제작해 설치했습니다.

성북동 토박이의 시선으로 성북동에서 커피 장사를 하는 사장님의 시선을 담고자 한 것입니다. 매장 인테리어 요소로는 빈티지한 고재 마루를 시공한 후 1년이 넘도록 왁스 칠을 해서 고풍스럽게 나이가 드는 모습이 하나의 디자인 요소가 되도록 했습니다. 이런 익숙하고 손때가 느껴지는 감성이 성북동이라는 동네의 특성과 맛있는 커피를 제공하는 성북동 콩집의 주요한 브랜드 요소로 느낄 수 있게 노력했습니다.

캐리커처를 이용한 사인물과 적용물
오래되고 고즈넉한 성북동에서 투박한 아저씨의 섬세한 커피를 즐겨보세요!

• 사례 2 : 우직한 아저씨, 상냥한 아줌마의 식당 '젤로'

명륜동에 위치한 일반 음식점 '젤로'는 '매일매일디자인' 사무실과 매우 가까운 거리에 있습니다. 이곳은 부부가 운영하는 매장으로, 남편이 주방, 부인이 홀 서빙을 담당합니다. 디자인 사무실이 매장 근처로 이사왔다는 것을 알고 사모님이 디자인을 의뢰하셨습니다. 보통 의뢰인은 본인이 원하는 바를 확정하지 않고 디자인을 의뢰하는 경우가 많습니다. 디자이너는 이를 일반적인 상황이라 여기고 인터뷰를 통해 문제를 인식해야 합니다. 돈가스를 메인 메뉴로 하는 젤로는 50m 이내의 주변 음식점이 모두 돈가스 전문점으로 영업 중인 상황 속에서 무작정 디자인사무실을 방문한 사례입니다. 한 마디로 경쟁력도 없고 차별화되지도 않은 작은 동네 음식점의 안주인이 자구책으로 디자인 사무실을 찾은 사례입니다.

### 작업 ❶ 인터뷰

고객이 구체적으로 무엇을 의뢰할지 정리되지 않은 상황에서 인터뷰를 진행했습니다. 이런저런 대화를 하다가 질문을 시작했습니다. '사모님 고향은 어디신가요?' 다소 엉뚱한 질문이어서 그랬는지 바로 답을 안 하셨습니다. 진지하게 다시 여쭤보니 겨우 "(경기도) 양평입니다"라고 대답했습니다. 이후 양평에 대한 대화를 이어 나가면서 물 맑고, 공기 좋고, 청정한 느낌의 양평에 대해 이야기하게 됐습니다. 사모님은 반가워하며 양평이 얼마나 깨끗하고 살기 좋은지를 설명했습니다.

그러다가 '사모님 혹시 오이지나 백김치 좋아하십니까?' 하고 묻게 되면서 분위기가 즐거워졌습니다. 이런 식으로 남편이신 사장님의 고향도 묻게 됐습니다. 제주도에서 태어나 아기 때 부산으로 이사와 고등학교 때까지 살았다는 사장님은 요즘 유행하는 인스타 업로드용 사진에 강한 거부감을 갖고 있었습니다. 심지어 가게를 계속 해야 할지도 모르겠다는 말까지 하셨습니다. 결국 젤로의 작업에서 이날의 인터뷰가 매우 중요한 지침이 됐고, 이를 바탕으로 무엇부터 해야 할지 같이 상의해 작업하기로 했습니다.

### 작업 ❷ 핵심 가치

젤로에 대해서는 이미 몇 가지의 제안을 준비하고 있었지만 1차 인터뷰 후 대부분 폐기했고 작업의 지침을 인터뷰를 바탕으로 다시 정했습니다. "장사한 지 몇 년 지나니 이젠 지친다.", "SNS 유행은 따라가기 힘들다.", "프랜차이즈와 같은 사업은 하고 싶지 않다."와 같이 말씀하시던 사장님의 생각은 잦은 인터뷰를 통해 젤로 작업의 기본 콘셉트를 평화롭고 안온함으로 정하는 바탕이 됐습니다. 디자인 제안 중 가장 쉽게 시작하는 작업인 로고, 심벌 등의 리뉴얼보다 남자 사장님이 근무하는 주방의 구조가 너무 밀폐된 느낌이라 주방과 홀 사이의 벽에 창을 내어 일하기 편한 공간을 만들어 드리는 것으로 시작했습니다. 일하는 공간부터 편안하게 만들어 드린 후에 디자인 작업을 이어 나가는 것이 훨씬 더 일을 수월하게 풀어 나가는 길이라고 생각했기 때문입니다.

### 작업 ❸ 또 캐리커처

앞서 말씀드렸듯이 모든 작업을 캐리커처로 해결하는 것은 아니지만 이번 젤로의 작업도 캐리커처로 진행하기로 했습니다. 인터뷰에서 "젤로의 장점이 무엇이냐?"라고 질문하자 "저희는 음식물 쓰레기가 많이 나옵니다."라고 대답했습니다. 음식물 쓰레기가 많이 나온다는 것이 무슨 의미인지 그리고 그것이 어째서 장점인지 궁금했습니다. 그 이유를 여쭤보니 "식자재의 상태가 조금만 좋지 않아도 무조건 버립니다."라고 대답했습니다. 특별한 상업적 레시피도 없고 그냥 집에서 먹는 방식 그대로 매장에서도 조리를 한다는 것입니다.

우리는 매장의 음식은 뭔가 더 실용적이고, 저렴하고, 급속으로 처리하는 노하우로 운영될 것이라고 생각하며, 업소의 레시피를 설명한다는 유튜브 채널들에서 쉽게 볼 수 있는 마법의 가루 미원과 설탕을 활용하라는 말들을 접하면서 살고 있습니다. 젤로의 음식은 이런 필살기 따위는 없는 정말 어머니가 가족을 먹이기 위해 만드는 음식이라는 말이었습니다.

인터뷰 이후 젤로의 메뉴를 시식하면서 막연히 느꼈던 몇 가지 특징들이 이해가 됐습니다. 처음엔 젤로의 음식이 무난하기 때문에 뭔가 자극적인 것이 필요하지 않겠냐는 생각이 들어 굉장히 매운 메뉴를 추가하면 어떻겠냐는 제안을 하려고 했습니다. 하지만 설명을 듣고 난 후 이번 작업의 기준을 깨달을 수 있었고, 어찌보면 상투적으로 보일 수 있겠지만 '가족을 위한 식당'이라는 슬로건을 만들게 됐습니다

젤로의 음식은 무엇이 다를까요?
매일새벽 직접장을 보는 주인장의 우직함
우리 아이에게 해 주는 마음으로 준비하는 상냥함
항상 그대로, 정직함

**작업 ❹ 적용물**

젤로의 경우는 명함이나 스티커, 메뉴판 등과 같이 작고 간단한 적용물부터 시작해 인테리어 리뉴얼, 사인물 등 점점 큰 적용물로 발전하는 로드맵을 제안했습니다. 또 위 사례와 같이 캐리커처를 사용했습니다. 단순히 예쁘거나 멋있는 것이 아닌 대상의 요소를 좋은 가치로 여길 수 있는 연출이 중요하다고 생각했기 때문입니다.

그리고 가상의 그럴듯한 캐릭터가 아닌 의뢰인이 갖고 있는 실제 요소를 캐치하려고 노력했습니다. 위의 사례에서는 소개하지 않았지만 또 다른 퍼스널 브랜딩 작업에서 캐릭터 요소를 조사하다가 초등학교 때 받은 각종 상장을 스캔해 사인물에 사용한 적도 있습니다. 어떠한 요소도 어떻게 표현하느냐에 따라 충분히 매력적이고 차별화될 수 있다고 말씀 드리고 싶습니다.

젤로의 음식은 무엇이 다를까요?

재료 하나하나 정성껏 살피는 주인장의 깐깐함

우리아이에게 해주는 마음으로 준비하는 상냥함

항상 그대로, 정직함

젤로의 사인 적용 예

평온한 동네 식당 젤로의 내부 전경

**퍼스널 브랜드의 인지도를 높이기 위해 효과적인 브랜딩 방법이 있었다면 어떤 것이었을까요?**

단순히 예쁘거나 멋있는 것이 아닌 대상의 요소를 좋은 가치로 여길수 있는 연출이 중요하다고 생각합니다. 동네 장사를 하는 입장에서는 착한 부부가 만드는 가족 식당이라는 느낌을 전달하는 것이 중요하다고 생각했습니다. 동네 장사에서는 '따뜻한 말'과 '인정'이 중요합니다. 입소문 하나로도 식당의 존폐가 갈리기 때문입니다. 젤로 좋다는 요즘 표현을 이용해 인사말을 대신하기도 하고 웃는 모습의 캐리커처로 동네 어귀를 밝히는 방법이나 매장의 내부를 한눈에 볼수 있게 파사드를 비우는 방법을 사용했습니다. 자본이 부족하면 부족한 대로 대기업 식당에서는 느끼지 못하는 작은 동네 장사의 매력을 충분히 어필하는 것에 중점을 뒀습니다.

**이승준 대표님이 생각하는 궁극적으로 퍼스널 브랜드가 지향해야 할 목표나 방법에 대해 말씀해 주세요**

퍼스널 브랜드 작업은 말 그대로 어떤 대상이 갖고 있는 개성을 차별화 요소로 구축하는 작업입니다. 누구나 알기 쉬운 대상의 (1) 확연한 장점, (2) 숨겨진 장점, (3) 개선이 가능한 단점을 잘 확인하는 것이 중요합니다. (4) 개선할 수 없는 단점은 제외합니다. 이를 위해서는 편견 없는 시선과 열린 마음이 필요합니다. 일반적인 잣대로서의 가치 판단은 퍼스널 브랜딩에 오히려 방해가 될 수 있고, 무심코 지나칠 수 있는 매일매일, 일상의 경험들이 보는 시각에 따라 가치 있고 멋진 것이 되는 경우가 많습니다. 퍼스널 브랜딩은 이런 의미에서 디자이너 입장에서도 매우 흥미롭고 즐거운 작업이 될 수 있습니다. 없던 것을 만들거나 단점을 장점으로 승화시키기는 어렵지만 개인의 일상 안에서 장점을 극대화하는 작업이나 미처 찾지 못했던 장점을 찾아 내는 일을 꾸준히 한다면 좋은 퍼스널 브랜드로 성장시키는 데 많은 도움이 될 것입니다.

# 브랜드 가치 추구

브랜드 디자이너, Studio Adit 대표

성주연

---

**Studio Adit에서 브랜드 디자인을 시작하시게 된 계기가 무엇이었나요?**

에이딧에서는 브랜드에 필요한 모든 디자인들을 하고 있습니다. 에이딧이 있기 전, 프리랜서로 처음 맡은 작업은 로고 디자인이었습니다. 브랜드 디자인은 로고 디자인에서 시작됩니다. 로고 디자인을 만들어 드리니 명함이 필요하다고 하셨고, 그 뒤에는 그 기업을 설명하는 회사 소개서 디자인이 필요하다고 하셨습니다. 이후에도 패키지 디자인이나 브로슈어 디자인 등 기업에 필요한 전반적인 디자인을 하게 됐고, 현재는 에이딧을 창업해 브랜드 디자인 업무를 진행하고 있습니다.

창업하는 분들이 가장 먼저 필요한 것은 로고 디자인일 것입니다. 그리고 명함이나 각종 서식류, 사업 분야에 따라 회사 소개서, 브로슈어, 메뉴판, 제품 패키지 디자인 등 기업의 정체성에 부합하는 응용 디자인이 필요합니다. 어떤 디자인이든 디자인은 기업의 지향점을 담고 있어야 하며 하나의 브랜드로 일관성 있게 표현되어야 합니다.

**브랜드 디자인을 할 때 성주연 대표님이 가장 중요하게 생각하시는 점이나 브랜드 디자인 접근 방법은 어떤 것이 있을까요?**

성공적인 브랜드 디자인을 하기 위해서는 심플함, 차별성, 일관성이 모두 충족되어야 한다고 생각합니다. 저는 항상 이 세 가지 요소를 생각하며 디자인하고 있습니다.

첫 번째로 중요하게 생각하는 요소는 '심플(Simple)'함입니다. 심플함의 사전적인 의미는 '단순하다.', '복잡하지 않고 간단하다.'입니다. 이는 시각적으로 깔끔한 형태를 의미하는 것이 아닙니다. 디자인의 목적은 사용자의 만족에 있습니다. 복잡한 디자인보다는 단순한 디자인일수록 알아보기 좋으며 사용하기 쉽습니다. 또 심플한 디자인은 소비자가 기억하기 쉬우며, 유행을 따르지 않고 오래 지속될 수 있습니다. 디자인의 본질은 사용자의 만족입니다. 사용자가 만족할 수 있는 디자인이 본질적인 것에 집중한 디자인입니다.

"단순함이란 궁극의 정교함이다(simplicity is the ultimate sophistication)."라는 말이 있듯이 단순한 것은 부족한 것이 아니라 본질에 집중하는 것입니다. 불필요한 것들을 모두 덜어 내고 본질적인 것에 집중해 핵심만을 남기는 것이 '심플함'입니다. 그러므로 심플한 디자인을 하기 위해서는 디자인을 해야 하는 대상에 맞는 본질을 파악하고 이해할 수 있어야 합니다.

두 번째 요소는 '차별성(Differentiation)'입니다. 브랜딩에 대해 이야기하는 책에는 차별성이 빠지지 않고 등장합니다. 그만큼 차별성이 중요하다는 뜻이며, 이는 브랜드를 디자인할 때도 매우 중요한 요소로 작용합니다. 차별성은 더 크고 좋은 것, 새로운 것이 아니라 남들과 다른 '자기다움'을 갖는 것입니다. 남들과 다른 가장 자기다운 아이덴티티를 갖는 것이 바로 최고의 차별성을 갖는 것입니다. 본인이 이 사업을 왜 하는지를 찾는 것이 차별화의 시작입니다. 브랜드가 존재하는 이유에서 '자기다움'을 찾고, 이를 바탕으로 브랜드가 나아갈 방향을 잡고 디자인해야 합니다.

누구나 갖고 있는 생각으로 차별화할 수는 없습니다. 그저 단면적인 제품의 이미지나 형용사에 맞게 디자인하는 것이 아니라 본인의 제품이나 서비스의 차별화된 '정체성'을 찾고 그 정체성을 가장 잘 나타낼 수 있는 컬러가 무엇인지, 이 브랜드에는 어떤 폰트가 가장 적합한지, 제품 패키지는 어떤 방향으로 디자인해야 할지를 고민해야 합니다. 경쟁사와 다른 차별화를 가진 디자인은 소비자 인식에 유리하며, 이는 곧 최고의 마케팅 전략이 됩니다.

결국 브랜딩은 사용자의 만족, 즉 '본질'에 대해 고민하고, 브랜드의 '자기다움'을 갖고 남들과 다름을 추구하는 것입니다.

그리고 만들어진 브랜드의 자기다움을 지키기 위해서는 무엇보다 지속성을 갖춰야 합니다. 지속성을 추구한다는 것은 변화가 없는 것이 아니라 본질을 지키며 '일관성'있게 변화하는 것입니다. 심플함, 차별성, 일관성 중 가장 중요하게 생각하는 것이 세 번째 요소인 일관성입니다.

일관성(Consistency)은 항상 같은 톤으로 브랜드의 핵심 가치를 전달하는 것입니다. 일관성을 지키면 디자인의 사용성이 좋아지고, 새로운 것을 받아들이는 습득력이 향상되며, 브랜드 인지도 향상에 유리합니다.

시각적인 측면에서의 일관성은 브랜드에 맞는 적절한 서체과 컬러를 선택해 지속적으로 사용하고, 로고를 일관된 위치와 크기로 배치하는 등 브랜드 아이덴티티 요소들을 일관성 있게 적용하는 것입니다. 이러한 시각적 일관성은 소비자들의 브랜드 인지도 형성에 큰 이점을 줍니다. 시각적인 부분 뿐 아니라 기능적으로 사람들에게 예측 가능한 행동을 할 수 있게 만들어줌으로써 시스템의 사용성을 향상시키고, 소비자들에게 경험과 가치를 일관되게 전달하여 만족감을 제공한다면 브랜드에 대한 신뢰도를 쌓을 수 있습니다.

일관성의 좋은 예시로 브랜드 애플(apple)을 들 수 있습니다. 애플 스토어는 전 세계 어느 매장을 가더라도 일관성을 유지하고 있습니다. 그뿐 아니라 하드웨어, 소프트웨어 역시 일관성 있는 디자인을 통해 사용자가 쉽게 사용할 수 있도록 디자인되어 있습니다.

일관성은 하나의 시스템을 기반으로 여러 부분을 유사하게 만드는 것입니다. 이러한 일관성 있는 시스템은 곧 브랜드의 신뢰감 상승으로 귀결됩니다. 시각적으로 일관성 있는 디자인을 통해 브랜드의 인지도를 향상시키고 기능적인 측면에서 사용성을 높여 일관된 가치를 제공한다면 브랜드의 신뢰와 충성도를 구축하여 좋은 브랜드가 될 수 있습니다. 브랜드의 일관성은 시각적인 부분 뿐 아니라 모든 비즈니스에서 필수 요소입니다.

브랜드를 만들 때, 이 세 가지를 항상 생각하고 브랜딩한다면 누구나 성공적으로 자신만의 브랜드를 브랜딩할 수 있습니다.


### 클라이언트와의 브랜드 디자인 프로세스는 어떻게 이뤄지나요?

디자인 의뢰가 들어오면 가장 먼저 어떤 디자인이 필요한지(로고, 브랜딩, 패키지, 편집 등) 개발 항목과 일정 등을 파악합니다. 그리고 해당 개발항목에 따라 견적과 세부 작업 일정, 주의 사항 등을 안내해드립니다.
프로젝트마다 진행되는 과정이 다르므로 브랜딩 프로젝트를 예로 들어 설명해 보겠습니다.

디자인을 하기 위해서는 디자인할 사업의 본질을 파악해야 합니다. 어떤 서비스를 하는 사업인지, 서비스를 이용하게 될 고객은 누구인지, 다른 경쟁 시장과의 차별화된 특징은 무엇인지, 사업의 방향성 등은 무엇인지 등 사업에 대한 전반적인 정보를 수집합니다.

받은 자료를 바탕으로 사업을 분석하고 리서치합니다. 사업의 특징, 경쟁 시장 분석 등을 통해 사업의 본질을 이해하고 사업의 방향성에 맞는 정보를 수집해 나아갈 방향에 대한 콘셉트를 잡고 소통합니다.

그리고 조사한 자료를 바탕으로 마인드맵을 그립니다. 마인드맵을 그리면 보다 더 다양하고 창의적으로 생각할 수 있 수 있고, 사업에 맞는 이미지들과의 연상을 통해 생각지 못한 좋은 아이디어나 키워드들이 나오게 됩니다.

마인드맵을 통해 산출한 키워드들을 모아 연관성이 높은 단어들을 선택한 후 이를 이미지화해 종이 위에 아이디어 스케치를 합니다. 저의 경우 메모장을 가지고 다니며 아이디어가 떠오를 때마다 기록하고 스케치하는 편입니다. 생각난 아이디어들이 사라지기 전에 수시로 기록하고 다양하고 창의적인 아이디어가 나올 때까지 반복합니다

아이디어 스케치들을 바탕으로 그린 시안들은 다시 컴퓨터로 디자인합니다. 컴퓨터 작업은 손으로 그린 형태보다 깔끔하게 정리할 수 있고, 다양한 폰트나 컬러를 적용하기에도 용이합니다.

이런 과정을 통해 다양한 로고 디자인 시안을 만들고 클라이언트와 시안에 대한 의견을 나눕니다. 시안의 의미와 디자인 의도를 설명하고 클라이언트가 추구하는 사업의 방향과 디자인의 방향이 일치하는지 다시 한번 확인하면서 디자인을 보완합니다.

로고 디자인이 모두 완성되면 기업의 공식 커뮤니케이션을 위한 비주얼 가이드라인을 만듭니다.

본질에 맞는 로고를 만드는 것도 중요하지만 일관성 있는 사용은 더욱 중요합니다. 가이드라인을 통해 기업의 다양한 서비스를 체계적으로 관리할 수 있고 고객 접점뿐 아니라 내부 커뮤니케이션에도 유리하게 적용할 수 있습니다. 최종 시안을 다양하게 활용할 수 있도록 로고 시그니처, 브랜드 컬러, 폰트나 이미지의 사용 규정 등을 만들거나 다양하게 활용할 수 있는 디자인 템플릿을 가이드로 만들기도 합니다.

비주얼 가이드라인이 모두 만들어지면 가이드를 바탕으로 응용 디자인을 만듭니다. 어떤 응용 디자인을 만들더라도 본질을 지키면서 작업해야 하고 기업의 아이덴티티와 연계해 일관성 있게 디자인해야 합니다. 이러한 프로세스를 통해 하나의 브랜드가 만들어집니다.

**진행 과정**

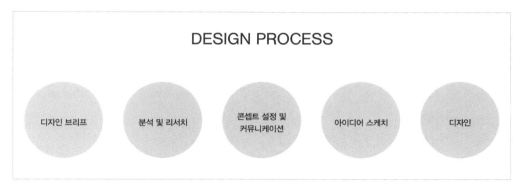

❶ 진행 전체 프로세스

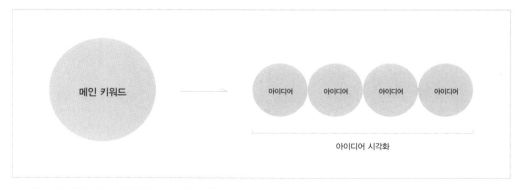

❷ 마인드맵 : 메인 키워드 설정 후 아이디어 시각화

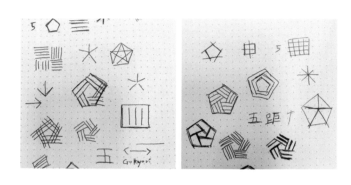

❸ 아이디어 스케치 (키워드 : 오거리, 오각형, 다른 라멘과 다른 가늘고 곧은 면발)

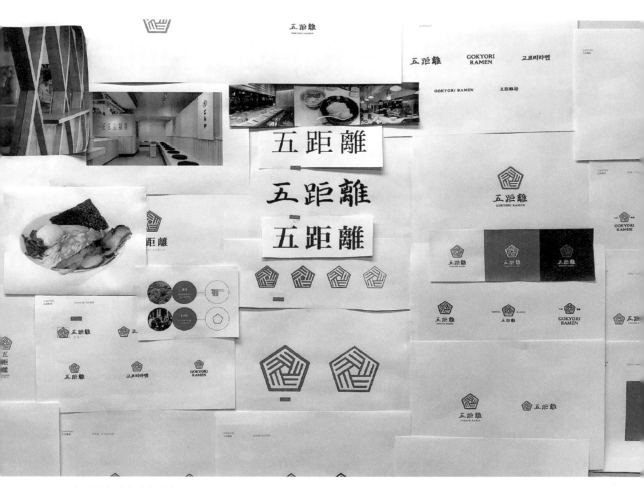

❹ 디자인 시안 진행 과정

❺ 최종 로고 디자인

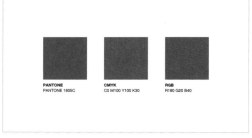

❻ 비주얼 가이드라인

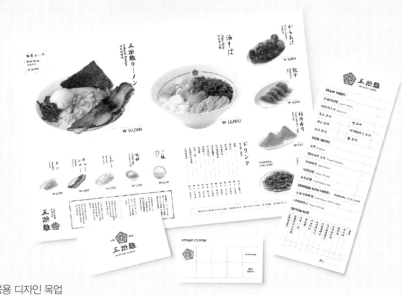

❼ 응용 디자인 목업

❽ 실제 적용된 응용 디자인

## 성주연 대표님이 생각하는 궁극적인 브랜드 디자인의 목표나 성공은 어떤 것일까요?

브랜딩의 궁극적인 목표는 브랜드 자산 구축입니다. 2개의 가방이 있다고 가정해 보겠습니다. 하나는 브랜드명이 없는 가방이고, 하나는 샤넬의 로고가 들어간 가방입니다. 두 가방을 비교해 봤을 때 누구나 샤넬 가방이 더 비싸다고 생각할 것입니다. 이렇게 브랜드로 인해 가방의 가치가 증가한 것을 '브랜드 자산'이라고 합니다. 보세 옷가게에서 가방을 살 수 있는데도 백화점에서 브랜드가 있는 가방을 사고, 운동화가 필요할 때 브랜드가 없는 운동화를 살 수 있는데도 브랜드가 있는 운동화를 사는 것 등은 우리가 제품을 구매할 때 흔히 일어나는 일입니다.

소비자들은 상품 그 자체를 구매하는 것이 아니라 브랜드가 붙음으로써 높아진 가치를 함께 구매합니다. 이것이 바로 브랜드 자산이며 우리가 브랜딩을 해야 하는 이유입니다.

브랜드 자산의 가치가 높을수록 품질에 대한 신뢰성을 보장받고, 구매를 하기 전 해당 브랜드를 떠올려 고객을 만들어 냅니다. 또 브랜드 가치를 높여 같은 제품을 더 비싸게 판매할 수 있으며, 수많은 브랜드 사이에서 해당 브랜드의 제품을 구매해야 하는 이유를 만들 수 있습니다.

그러므로 기업은 브랜드 자산을 높이기 위해 고객의 마음에 긍정적인 연상을 할 수 있도록 노력해야 합니다. 항상 브랜드의 긍정적인 이미지를 심어 주고 제품이나 서비스의 품질을 높여 만족감을 줘야 합니다. 브랜드 자산을 좀 더 효과적으로 구축하기 위해서는 각 브랜드만의 차별화와 자기다움이 명확하게 존재해야 합니다. 그리고 그 브랜드의 자기다움을 담아 브랜드 디자인을 하는 것이 브랜드 디자인의 목표입니다.

**Studio Adit의 인지도 상승이나 브랜드력 상승을 위해 어떤 점에 중점을 두고 운영하고 계신지도 궁금합니다.**

에이딧도 하나의 브랜드로써 인지도와 브랜드 가치를 높이기 위해 다른 브랜드와 같은 과정을 거칩니다.

에이딧을 찾는 클라이언트는 소상공인부터 대기업까지 다양합니다. 다양한 클라이언트의 기대를 충족시켜 줄 수 있도록 함께 고민을 나누고 소통합니다. 클라이언트의 생각 뿐 아니라 실제 디자인을 경험하는 소비자의 입장에서 한 번 더 생각해 최종으로 디자인을 사용하게 되는 사용자의 만족까지 이뤄지도록 디자인합니다.

디자이너의 본질인 '좋은 디자인'을 하기 위해서는 디자인만 잘하는 것이 아니라 디자인을 사용하게 될 소비자의 경험에서 한번 더 생각해보고, 브랜드를 이해하는 것이 중요합니다.

좋은 디자인을 만들고, 좋은 디자이너가 되기위해 항상 새로운 것에 열려 있는 태도로 도전하고, 다양한 경험을 차곡차곡 쌓아가며 늘 발전하기 위해 노력하고 있습니다.

**브랜드를 시작하거나 준비하시는 분들을 위해 조언을 부탁드립니다.**

브랜드를 시작하기 위해 가장 중요한 것은 브랜드의 정체성을 찾는 것입니다. 브랜드의 존재이유인 이 사업을 하는 이유에서 부터 시작하여 이를 소비자와 지속적으로 커뮤니케이션해야 합니다. 소비자와의 커뮤니케이션을 통해 기업의 인지도를 향상시키고 제품과 서비스를 통해 항상 일관된 만족감을 전달해야 합니다. 브랜딩은 경쟁하는 것이 아닙니다. 자신만의 브랜드를만 들고 '자기다움'을 찾아 그것을 잃지 않고 꾸준하고 일관성 있게 지속하는 것입니다

# 파는 것이 아닌
# 아트 퍼스널 브랜드?

_김혜경

## 나다움의 퍼스널 브랜드

### 브랜드와 퍼스널 브랜드

우리는 '브랜드'라는 말을 쉽게 듣거나 쓰고 있다. 우리 주변에는 애플, 삼성, 스와로브스키, BMW, 샤넬, 스타벅스 등과 같은 수많은 브랜드가 있다. 브랜드란 무엇일까? 그리고 브랜드는 우리에게 어떤 영향을 미치고 있을까?

브랜드란, '사용자가 상품이나 서비스에 특별한 감정을 느끼고 다른 서비스와의 차이를 인식하도록 마음속에 좋은 인상을 각인시켜 다른 제품과 차별화된 가치를 담아 낸 고유한 품질'을 말한다. 브랜드는 '경쟁사와 차별화해 브랜드를 성공으로 이끌고 브랜드 아이덴티티와 소비자 아이덴티티가 하나되는 관계를 구축하는 활동'이라 정의하기도 한다.

브랜드에서 가장 중요한 부분은 '대체 불가'라는 점이다. 평생 직장의 개념이 사라진 현대인은 '자신의 경쟁력'을 살려 자기 스스로 '대체할 수 없는' 브랜드가 되어 본인의 가치를 높일 필요가 있다. 브랜드가 단순히 기업이 생산한 제품에 이름을 붙이는 것이라면, 퍼스널 브랜드는 개인이 곧 브랜드라고 할 수 있다.

예를 들면, '전기차'라고 하면 떠오르는 브랜드는 '테슬라'이고, '테슬라'라는 브랜드의 핵심은 헐리우드 영화 '아이언맨'의 실제 모델인 테슬라의 CEO 엘론 머스크<sup>Elon Musk</sup>이다. 머스크는 고객과의 커뮤니케이션을 강조하면서 인스타그램을 퍼스널 브랜드 전략으로 사용하고 있다. 테슬라를 퍼스널 브랜드와 연결시키면서 브랜드의 시너지를 극대화하는 휴먼 브랜드이기도 하다. 이렇듯 브랜드는 인간의 기억 사다리 꼭대기에 존재하는 특정 제품에 대한 특별한 이미지이고, 퍼스널 브랜드는 특정 전문가나 독보적으로 연상되는 누군가라고 볼 수 있다.

테슬라 CEO인 엘론 머스크의 인스타그램
(출처 : https://www.instagram.com/elonmusk/)

테슬라 Model X
(출처 : https://www.tesla.com/ko_KR/modelx)

그렇다고 해서 특정 전문가만이 휴먼 브랜드가 되는 것은 아니다. 우리의 강점을 찾아 긍정적으로 발전시키면 스스로 좋은 퍼스널 브랜드가 될 수 있다.

퍼스널 브랜드의 강점은 자신의 장점과 가치를 상대방에게 어필해 사람들이 스스로 찾아오도록 하는 것이다. 자신의 브랜드 이미지를 잘 알고 있다는 것은 서비스를 더욱 성공적으로 실현할 수 있고, 신뢰를 기반으로 시작할 수 있다는 신호이기도 하다. 퍼스널 브랜드는 상대에게 나를 이해시켜 실질적인 시너지를 만들어 내고, 주변의 동료나 가족, 친구들에게 특별한 가치를 지속적으로 제공하는 것이다. 사람들은 만족감을 느끼는 사람들과 관계를 맺고 싶어한다. 재구매하는 상품 브랜드와 인간을 대상으로 하는 퍼스널 브랜드도 이와 같다.

그렇다면 어떤 사람이 최고의 퍼스널 브랜드가 될 수 있을까?《너 자신이 브랜드가 돼라<sup>Be your Own Brand</sup>》의 저자인 칼 스피크<sup>Karl D. Speak</sup>는 '최고의 휴먼 브랜드, 즉 퍼스널 브랜드는 삶의 목적과 가치, 비전을 세우고 그에 맞게 행동하는 사람'[1] 이라고 정의한다. 그는 "다른 사람에게 자신의 가치에 대한 확실한 신념을 심어주고, 다른 사람과 차별화하기 위해 스스로의 자질을 활용하며, 다른 사람과 구별되는 것에 거부감이 없고, 자신만의 규율을 정해 일관성 있게 행동하면서 지속적인 퍼스널 브랜드를 구축하기 위한 명확한 비전을 갖고 있는 사람이 좋은 퍼스널 브랜드가 될 수 있다."고 말한다.

또 "모든 사람을 만족시킬 수 없다는 것을 알고 있고, 자신의 행동이 다른 사람에게 어떻게 인식되고 어떤 영향을 미치는지까지 고려하는 사람이 최고의 퍼스널 브랜드가 될 수 있다."고 했다. 어떻게 보면 퍼스널 브랜드는 자기 계발을 위한 도구로 보이기도 한다. 이러한 퍼스널 브랜드를 생활에 적용하면 동료들과 좋은 관계를 형성할 수 있고, 상사에게도 좋은 인상을 남길 수 있다.

퍼스널 브랜드를 시작하기 전에 먼저 자기 자신이 어떤 사람인지 돌아보고 자신만의 특별함을 발견할 필요가 있다. 우리나라의 공교육은 안타깝게도 자신을 사유하며 되돌아 볼 기회를 주지 않는다. 중·고등학생도, 사회생활을 십수 년 한 사람도, 심지어 전문직 종사자조차도 자신이 누군지, 원하는 것이 무엇인지 모르는 사람이 많다. 자기가 무엇을 좋아하는지, 무엇에 감동하는지, 어떤 경우에 행복감을 느끼거나 분노하는지 알아야 할 필요가 있다. 자신을 제3자의 입장에서 객관적으로 바라보려 노력하고 항상 주변의 의견을 물어 스스로를 바라보는 모습과 다른 사람이 바라본 모습의 차이를 줄이려 노력해야 한다. 이러한 과정을 통해 단점까지도 있는 그대로 받아들이고 나다움, 즉 객관적 자존감을 찾아야 한다. 여기서 자존감이란, '자신을 있는 그대로 받아들인 후에도 여전히 스스로 온전한 신뢰를 굳건하게 유지하는 것'을 말한다.[2] 자존감과 자기 객관화는 진정성 있는 퍼스널 브랜드의 가치를 창조하는 단단한 초석이다.

## 나다움, 퍼스널 브랜드

"너드[Nerd]가 지배하는 세상이 오고 있다." 버락 오바마 전 미국 대통령이 한 말이다. 너드는 일본에서 건너온 '오타쿠', 한국에서는 '덕후'와 같은 뜻의 단어이다. 오타쿠는 부정적인 의미가 있지만, '너드'나 '덕후'는 부정적인 개념보다는 '건강하고 긍정적인 마니아 집단'이라는 의미가 있다. 21세기는 특정 분야에 남다른 열정과 애정, 흥미를 갖고 매진하는 덕후들이 사람들의 발상을 전환하고 혁신을 만들어 세상을 바꿀 것이라고 한다. 이들은 좋아하는 일을 하면서 즐거움을 느끼기 때문에 이러한 활동에 집중하다 보면 퍼스널 브랜드를 성공시킬 수 있다는 것이다.

사람들과의 교류에서 가장 중요한 점은 그들의 니즈[Needs]를 파악해 원하는 바를 충족시키고 나 또한 그들이 전달하는 지식이나 경험을 바탕으로 새로운 일을 해나가는 것이다. 다른 사람에게 관심이 있고 그들과의 진심어린 관계를 원하면

1 유니타스 브랜드(Unitas Brand), "휴먼 브랜드", ST Unitas, p. 42
2 김어준(2008), "건투를 빈다", 푸른숲, p. 24

그들의 니즈를 자연스럽게 알게 된다. 상대방에게 진정성 있게 다가가면 좋은 관계를 유지할 수 있다. 가식과 전략이 아니라 인간적인 공감으로부터 시작하는 관계를 '퍼스널 브랜드 2.0'이라고 한다. 퍼스널 브랜드 1.0이 전략적으로 접근해 목적에 이르는 것을 말한다면, 퍼스널 브랜드 2.0은 사람의 감성을 움직여 어떤 행동을 유발하고 이를 영혼의 교감으로 연결하는 것을 말한다. "마케팅 과잉 시대에 기업이 생존하려면 소비자의 감성뿐 아니라 영혼에 도달해야 한다."라는 필립 코틀러Philip Kotler의 말처럼 소비자의 영혼에 도달하려면 진정성이 바탕이 되어야 한다.

창조성을 발현하는 동기와 과정은 사람마다 다르다. 어떤 사람은 천재적인 영감에서 발현되고, 어떤 사람은 자기 세계의 희로애락에서 발현되며, 어떤 사람은 다른 사람과의 교감으로 발현되기도 한다. 창조적 영감과 융합적 시너지는 직업적 관계가 아니라 희로애락과 만남을 통한 소소한 이야기와 관계, 상황 등 생각지도 못한 곳에서 발현된다.

결국 퍼스널 브랜드에서 가장 중요한 요소는 '차별성', '일관성', '진정성'이다. 이는 브랜드의 중요 요소와 같다. 21세기형 퍼스널 브랜드는 협업과 더불어 다른 사람과의 관계, 공감으로 미래에 영향을 미치는 사람이다. 다른 사람과의 관계와 협업, 공감으로 만들 수 있는 퍼스널 브랜드 이야기를 시작해 보자.

## 행복을 느낄 때는 언제인가?

### 다른 사람과의 교감에서 얻는 행복감

사람들은 경험이나 지식, 생김새가 다르듯 욕망하는 것도 다르다. 어떤 사람은 마음에 드는 명품 가방을 구매했을 때 행복을 느끼고, 어떤 사람은 산을 정복했을 때 행복을 느끼며, 어떤 사람은 목표를 달성했을 때 행복을 느낀다. 이처럼 사람은 서로 다른 욕구를 갖고 있지만 공통적으로 행복감을 느끼는 것은 사람과 사람 사이의 '교감'이라고 한다. 예를 들면, 자신의 생각을 설명하고 그 설명을 귀 기울여 들어 주고 공감을 받는 상황에서는 누구나 행복감을 느낀다.

### 작은 성취에서 얻는 행복감

작은 일이라도 뭔가 해냈다는 성취감 또한 행복감을 느끼게 하는 중요한 요소 중 하나이다. 자신의 결과물이 다른 사람의 관심을 받을 때 느끼는 행복감은 특수한 환경과 직업으로의 확장성을 갖게 한다.

사람마다 느끼는 행복이 다르고 그 다름이 오랫동안 지속되면 자신만의 색이 된다. 사람에 대한 관심과 애정으로 관계를 만들고, 그 관계 속에서 본인만의 이미지가 만들어지기도 한다. 우연히 만든 구조물에 스토리를 더하고, 그 스토리에 공감하는 사람들이 생기며, 그 공감에 반응하는 사람들이 늘어나면 하나의 작품이 된다. 이 행복감을 얻기 위해 지속적으로 작업하다 보면 본인만의 아이덴티티가 되고, 결국 찾는 곳이 많아진다.

아직 자신만의 퍼스널 브랜드에 관한 실마리를 찾지 못했다면 내가 느끼는 행복감은 무엇인지, 어디에서 오는지 생각해 보길 바란다. 이 행복감을 느끼기 위한 행동이 계속 쌓이면 어느새 자신도 모르게 자연스러운 퍼스널 브랜드가 되어 있을 것이다.

## 다른 사람의 욕망이 아닌 자신의 욕망에 충실하자

### 세상의 편견을 깨는 사키루 이야기

대부분 사람들은 18세기 조선의 화가 '김홍도'를 풍속화가라고 생각한다. 하지만 그는 도석인물화<sup>불교, 도교와 관련된 초자연적인 인물상을 그린 인물화</sup>, 산수화, 화조화, 풍속화, 왕의 어진 등에 능한 천재 화가였다. 국내 미술사를 바라볼 때 김홍도만큼 다재다능한 화가가 또 있을까 싶다.

김홍도와 견줄 만한 사람으로는 일러스트레이터이자 아티스트인 '사키루'를 들 수 있다. 사키루라는 필명과 그의 작품을 보면 일본인 또는 유럽인 같은데, 그는 토종 한국인이다. 그는 국내의 주류 일러스트레이션과는 거리가 있는 행보를 하고 있고, 그의 독보적인 작품 스타일과 콘셉트는 다른 나라에서 마니아층을 형성하고 있다. 국내 일러스트레이션계의 분위기로 봤을 때 그는 독특한 생각을 갖고 있었다. 대부분의 작품이 사람 얼굴을 모티브로 하고 있었고, 모두 비슷한 모티브를 가진 작품 스타일로 포화 상태에 이르러 있었다.

당시 사키루는 국내 일러스트레이션계를 넘어 세계를 향한 작업을 실행 중이었는데, 그것은 바로 '세계를 정복하겠다.'는 야무진 꿈의 실천이었다. 그는 전 세계의 유명한 캐릭터들을 분석해 사악한 레몬 옐로<sup>Lemon Yellow</sup> 캐릭터 시리즈를 만들어 냈고, 치아 교정기를 캐릭터에 장착해 레몬 옐로 캐릭터들을 조정하는 절대자로서 세계를 정복해 나갔다. 아무도 생각하지 않았던 참신하고 재미있는 발상은 성공적이었고, 그를 세계에서 인정받는 일러스트레이터 중 한 명으로 만들었다.

그는 레몬 옐로로 아무도 관심을 갖지 않았던 물과 불을 주제로 시리즈를 만들어 냈고, 전 세계 축구팀과 축구 선수들의 캐릭터 디자인으로 세계 각국의 스포츠 관련 방송과 잡지, ESPN, 페이스북<sup>Facebook</sup>, 페라리<sup>Ferrari</sup> 등 북미, 유럽, 남미, 중동 등 전 세계 여러 나라에서 실력을 인정받았다.

사키루는 독학<sup>Self-Taught</sup>으로 성공한 작가이다. 그의 강점은 사람들과의 이야기를 모티브로 삼아 작품을 완성한다는 것이다.

사람들은 대부분 '그림을 그리려면 미대를 가야 한다.'라고 생각한다. 하지만 사키루는 미대를 나오지 않았고, 그림을 그리다가 컬러나 타이포그래피가 부족하다고 느끼면 동네 도서관을 찾아 컬러에 관련된 책을 읽으면서 디자인과 그림의 기본기를 닦아 나갔다. 그가 남들처럼 미대를 나와 평범한 길을 걸었다면 지금의 사키루가 될 수 있었을까? 결핍과 욕망은 비례하는 것이고, 때로는 성공을 견인하는 동기가 되기도 한다.

### 르네상스 시대의 3대 거장을 아시나요? 동시대의 아시아 예술가는요?

미술 대학이나 대학원 특강에서 강의를 듣는 학생들에게 "르네상스의 3대 거장을 아시나요? 같은 시기인 14세기 말에서 15세기 초의 한국 화가는 아시나요? 중국 화가는요? 일본 화가는요?"라는 질문을 던지면 안타깝게도 르네상스 3대 거장인 레오나르도 다빈치, 미켈란젤로, 라파엘로는 알지만, 같은 시기의 동아시아<sup>중국, 한국, 일본</sup>권 대가들은 잘 알지 못한다.

비슷한 시기의 우리나라 화가로는 조선 초기 안평대군의 꿈을 그린 화가 '안견'이 있다. 또 중국 화가로는 문인화라 일컫는 '남종화', 전문 화가의 그림인 '북종화'의 거장 '심주'와 '대진'이 있으며, 일본 화가로는 발묵화의 대가 '셋슈토요' 등이 있다. 우리는 역사적으로 불교, 도교, 유교의 영향을 받으며 살아왔음에도 왜 서양 미술보다 동양 미술에 대해 무지할까?

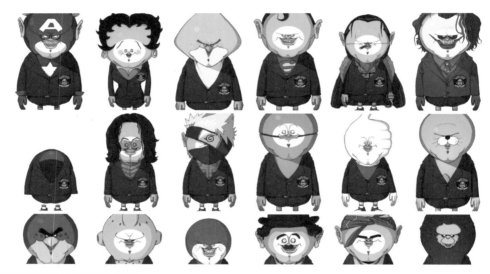

사키루의 레몬 옐로 캐릭터 시리즈

신화 시리즈                    축구 캐릭터 시리즈

(출처 : http://sakiroo.com)

우리는 불운한 역사를 거쳐 서구적인 사상을 받아들였다. 일제 강점기 서구 여러 나라의 이해관계에 따른 복잡한 국제 정세와 맞물려 광복을 맞이했고, 이 과정에서 미국이라는 강대국의 직접적·간접적인 영향으로 서구를 중심으로 세계를 바라보게 됐다.

동양 미술사보다 서양 미술사에 관심을 기울이게 된 것도 이와 같은 이유 때문일 것이다. 우리는 동양 문화가 서양 문화보다 진보적이었다는 사실을 인식할 필요가 있다. 흔히 말하는 서양 미술 이론이 르네상스[14~16세기] 전후에 시작했다면, 중국의 화론은 위진 남북조 시대[6세기]에 시작했다. 무려 천년 가까이 앞선 것이다. 회화의 기원 또한 이와 마찬가지다.

'한국적인 것이 세계적'이라는 말에 동의하지는 않지만, 우리의 뿌리인 동아시아 문화 예술을 기반으로 하면 세계적이고 독보적인 크리에이티브가 완성될 것이라고 믿는다. 예를 들면, 애플의 CEO였던 스티브 잡스[Steve Jobs]의 트레이드 마크였던 검은 터틀넥을 디자인한 일본의 명품 브랜드 디자이너 이세이 미야케[Issey Miyake]를 서양의 입장에서 보면 동양적인 아름다움이 있는 브랜드라고 평가한다. 이세이 미야케를 세계적인 브랜드로 만들어 내는 데는 미야케 자신이 일본 출신이라는 점이 영감을 주는 요소로 작용했고, 동서양의 요소를 적절히 배합해 플리츠[Pleats]나 바오바오[Baobao] 같은 브랜드를 성공시켰다. 이세이 미야케처럼 현대를 살아가는 젊은 디자이너들은 이제 서구적인 것과 동아시아적인 것의 균형을 찾아 크리에이티브한 세계를 만들어 나가야 한다.

가수 윤종신은 "대중이 좋아하는 것을 만드니 망하고, 내가 좋아하는 것을 하니 대중이 좋아하더라."라고 말했다. 자신이 원하는 욕망이 무엇인지 생각해 볼 필요가 있다. 그 욕망에 충실하다 보면 자신만의 다름을 발견하고 긍정적인 다름을 발전시키면 자신만의 고유한 브랜드가 될 것이다.

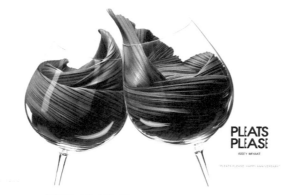

이세이 미야케 플리츠

이세이 미야케 바오바오

(출처 : http://www.isseymiyake.com)

## 당신의 삶을 끌어당기는 열정은 무엇인가?

### 관계지향주의자

삶에서 열정을 갖게 하는 것은 사람마다 다르다. 어떤 상황일 때 삶의 열망과 열정을 느끼는가? 인간은 보통 목표 의식이 있을 때 열정적이라고 생각한다. 목적이 생기면 그것을 성취하기 위해 노력하기 때문이다. 어떤 사람은 원하는 외국 대학교에 유학가기 위해 GRE와 토플을 공부하고, 어떤 사람은 원하는 자동차를 소유하기 위해 저축을 하기도 한다. 각자의 삶의 가치에 따라 목적은 다르지만 성취하고자 하는 열정의 에너지는 같을 것이다.

사람을 향한 관심은 예상치 못한 상황에서 교훈을 준다. 이러한 사람들과의 교류에서 얻은 교훈으로 세상을 보는 시야를 넓힘과 동시에 삶에 대한 열정과 즐거움을 견인한다.

## 삶을 지탱하는 중요한 가치는 무엇인가?

### 따지지 말고, 계획하지 말고, go for it!

현재의 욕망을 절제하고 저축해 노후에 세계일주를 하려는 사람이 있는가 하면, 미래를 담보할 수 없는 상황에서 현재 자신의 행복을 가장 중시하고 소비하는 태도를 가진 YOLO<sup>You Only Live Once, 인생은 한 번뿐</sup>족도 있다. 한 치 앞도 모르는 인생에서 현재의 행복을 담보로 한 미래가 얼마만큼 행복할 수 있을까? 현재에는 현재의 행복감이 있고 미래에는 미래의 행복감이 있으며, 현재를 열심히 살면 미래는 자연스럽게 보장된다고 생각한다. 이는 소비 패턴만을 이야기하는 욜로족과는 조금 다른 이야기이다.

즉, 보이지 않는 미래 때문에 현재를 담보 잡히지 말고 끌리는 대로 생활하되, 열심히 살다 보면 예상치 못한 가치로 보상받는다는 것이다. 세상은 계획한 대로 살아지지 않고 변수투성이다 보니 현재 행복을 느끼는 일을 찾아야 하고, 너무 깊이 생각하면 실천에 옮길 수 없기 때문에 생각한 것을 바로 실천에 옮기다 보면 얻는 것이 있을 것이다.

최악의 상황을 가정하고 시작하더라도, 남들이 안 된다고 이야기하던 것을 쿨하게 인정하면 안 되는 일이 없다. 하고자 하는 일에 나이나 학벌이 장애가 되는 일은 없다. 결국 자신의 마음에 달린 것이다. 우리는 모두 한 번의 인생을 살고, 그 누구도 다른 사람의 인생을 살지 못한다. 남의 인생을 자신만의 잣대로 측정해 이야기하는 것은 어불성설이며, 이 세상에 꾸준히 시도해서 안 되는 일은 없다.

## 우리는 모두 특별하고 남다르다

### 자신의 욕망에 충실하라

정신 분석학자인 지그문트 프로이트<sup>Sigmund Freud</sup> 이론의 해석에 기호학적 접근을 시도한 프랑스 철학자 자크 라캉<sup>Jacques Lacan</sup>은 "인간은 다른 사람의 욕망을 욕망한다."라고 말했다. 인간은 다른 사람의 욕망을 충족시키기 위해 자신의 인생을 소비한다는 뜻이다.

'사람이 나이 들어 가장 허망해질 때는 하나도 이룬 게 없을 때가 아니라 이룬 것들이 자신이 원하던 것이 아니란 것을 깨달았을 때다.'라고 한다. 자신이 언제 행복한지 모르겠고, 무엇을 해야 할지도 모르겠고, 자기가 잘하는 것이 무엇인지 알려 줬으면 좋겠다고 생각하는 사람들이 많다. 그런데 과연 자기보다 자신을 잘 아는 사람은 이 세상에 없다. 자기도 모르는 질문의 답을 남에게서 얻고 자 한다는 것은 모순이다. 모든 질문에 대한 답은 자기 자신에게 있고, 행복 또 한 자기 자신에게서 나온다. 행복을 느끼지 못하는 삶을 사는 사람들은 대부분 다른 사람과 자신을 비교한다. 다른 사람과 비교함으로써 스스로 절망의 구렁텅 이에 빠지는 과오를 범하지 말고 욕망으로부터 자유로워질 필요가 있다.

그러려면 남의 시선에서 벗어나 자신의 욕망에 충실해야 하고 자존감을 찾아야 한다. 얼굴 생김새가 모두 다르고, 손가락 지문이 모두 다르듯 우리는 모두 다 르고 그런 의미에서 우리는 모두 특별하다.

자, 그럼 자신만의 특별함을 찾기 위한 행보를 시작해 보자. 아직 스스로 특별 함을 발견하지 못했다면 일단 자신이 해 보고 싶은 것들, 만나고 싶은 사람, 가 보고 싶은 곳들의 리스트를 만드는 것에서부터 시작해 보는 것이 어떨까?

## 실패를 두려워할 시간에 실행하라

실리콘밸리의 어느 UX 디자이너는 국내에서 두 번, 미국에서 두 번 학교에 다 녔는데, 모두 전공이 달랐다고 한다. 그는 하고 싶은 일이 뭔지 찾기 위해 10년 이 넘도록 고민했다. 대학 시절, 사진 수업에서 교수가 원하는 사진을 출력하지 않고 본인이 좋아하는 사진을 출력하겠다고 했다가 수업 시간에 쫓겨났을 때 그 는 의구심이 들었다고 한다. 왜 원하는 것을 하겠다는데 수업에서 나가야 할까?

우리 사회는 권위에 도전하는 것을 용납하지 않는다. 그는 자신이 하고 싶은 것 에 대해 큰 가치를 두지 않는 한국 교육에 답답함을 느껴 미국의 한 예술 대학에 서 하고 싶은 것을 모두 할 수 있는 자유를 얻었다. 교수는 학생들에게 관련 분 야의 정보와 자료를 주고 최대한 지원했다. 모든 학생은 스스로 만족할 때까지 멈추지 않았다. 자기가 하고 싶은 일이기 때문이다. 하고 싶은 일을 하다 보니 그것들이 모여 큰 시너지를 냈다. 누구든 즐거워하는 일은 더 잘하게 돼 있다. 그가 실리콘밸리의 구글Google이라는 대기업을 나와 작은 규모의 VR 회사로 이직한 이유는 너무 비대해진 기업에서 개인이 공헌할 수 있는 부분이 적다고 느꼈기 때문이다. 실리콘밸리는 안주하는 사람이 없고 모두 열심인 데다 겸손하고 온종일 일에만 매진한다. 그는 이렇듯 세상을 바꾸려는 사람들과 함께하니 삶이 만족스럽다고 말한다.

자신에게 맞는 옷과 직장, 적성을 찾고자 할 때, 시도해 보지 않거나 실패해 보지 않고서는 그것이 무엇인지 확인할 수 없다. 실패하지 않고 성공한다는 것은 있을 수 없는 일이고, 시도하지 않으면 배울 수 없다. '어떤 일을 해도 될까?', '성공할까, 실패할까?'를 고민하는 시간에 한시라도 빨리 시도해 보면 다음 시도에서는 더 좋은 결과를 만들 수 있다. 시간이 지나고 보면 그전에 했던 일들이 새로운 일을 할 때 전혀 새로운 일이 아니게 만들어 주는 요소들이라는 것을 발견할 수 있다.

UX 디자인에서는 항상 뭔가를 선택하고 줄여야만 한다. 결국 모든 일은 스토리텔링 안에서 뭔가 판단하는 능력을 갖추는 것이며, 전공을 바꾸는 것은 완전히 새로운 일을 하는 게 아니라 좋은 스토리텔링이 될 수 있는 기반을 쌓는 것이다.

실패를 두려워할 것이 아니라 실패를 통해 교훈을 얻고, 새로운 일을 더 잘 해내면 된다. 실패해 보지 않으면 무엇이 나의 길인지 찾을 수 없다.

# 끊임없이 이어지는
# 소통의 미학

_ 김혜경

## 너 자신을 알라 - 스스로의 객관화

지인들에게 당신만의 장점을 묻거나 다른 사람과는 다른 당신만의 특별함을 묻는다면 어떤 대답을 할까? 그들은 당신이 원하는 대답을 할 수 있을까? 퍼스널 브랜드는 당신이 의도하는 이미지에 초점을 맞춰 다른 사람로부터 당신이 원하는 이미지로 인식하게 하는 도구라고 볼 수 있다. 이번에는 퍼스널 브랜드를 신뢰와 열정으로 홍보하고 구축하는 방법은 무엇인지 알아보고 링크드인 LinkedIn, 페이스북 Facebook, 유튜브 YouTube와 같은 소셜 미디어를 퍼스널 브랜드로서 어떻게 효과적으로 활용할 수 있는지 알아보자.

### 남이 보는 나, 내가 아는 나

#### 나의 브랜드 만들기

우리는 경력을 이용해 영향력을 만든다. 좋은 영향력을 만드는 데는 강하고 매력적인 퍼스널 브랜드가 도움이 된다. 그렇다면 브랜드란 무엇일까? 브랜드 '경험에 대한 기대치'이다. 자신의 퍼스널 브랜드는 자기 자신에 대한 평판이며, 본인만의 고유한 자산이다. 이는 사람들이 자신에게 기대할 수 있는 남다른 특별함을 의미한다. 강한 퍼스널 브랜드는 또 다른 직업으로의 기회로 이어질 수 있다. 기존 퍼스널 브랜드는 자신의 브랜드가 무엇인지 파악하고 자신이 원하는 브랜드 이미지와 연결시키는 데 도움을 주는 방식으로 초점을 맞춰 왔다. 자신이 원하는 기회를 가진 개인이나 그룹을 목표로 삼고, 브랜드와 마케팅적인 전략을 수행하면서 알아야 할 대상과 위치를 파악해 한 단계씩 이뤄 나가는 것이다. 물론 브랜드는 계획적이거나 전략적일 필요가 있지만 스스로에 대한 열정과 배움, 진정성이 수반되어야 한다.

퍼스널 브랜드 프로세스는 매우 간단하지만 쉽게 만들어지지 않는다. 오랫동안 시행착오와 경험을 통해 쌓은 정신적·사회적 자산이 퍼스널 브랜드의 기초를 이룬다. 퍼스널 브랜드는 어떤 것을 취하고 버려야 할지를 선택하는 것을 의미하며, 이 과정을 통해 정서적인 조절 감각을 갖는 것이다. 이러한 조절 감각은 감정적인 측면에 관한 것이고, 퍼스널 브랜드는 사람들이 나에 대해 어떻게 느끼느냐가 중요한 요소이기 때문이다.

### 경력을 다질 기회 만들기

누군가 "당신은 어떻게 지금 이 자리에 오게 되었는가?"라고 묻는다면 어떤 대답을 할 수 있는가?

이 자리에 있기까지 스스로 계획을 갖고 차근차근 노력해 왔는가? 아니면 누군가의 도움을 받아 이 자리에 오게 되었는가? 사람들은 대부분 당신이 더 많은 돈을 벌 수 있다는 생각을 하면서 지금의 일을 하고 있을 것이라 생각한다.

인생의 전환기에 있다면, 잠시 시간을 내 '앞으로 내가 가고 싶은 길은 어디일까?'라고 스스로 물어 보자.

그리고 '5년 안에 나는 어떤 사람이 되고 싶은가?', '나는 무엇에 열정을 느끼는가?', '나를 흥분시키는 일은 무엇인가?', '누가 내 일에 영감을 주는가?', '내가 성장하고 싶은 분야에 알맞은 기술과 재능은 무엇인가?'와 같은 질문에 대한 답은 스스로 목록을 작성해 보면서 찾아야 한다. 이러한 과정을 거치면 능동적인 실행 의지가 생기고 목적 의식이 생겨 집중하게 된다.

### 나의 영향력 만들기

누군가는 새로운 일자리를 찾거나 승진을 기대한다. 작업에 필요한 자원을 얻기 위해 지원 사업을 찾고 있을 수도 있다. 이때 퍼스널 브랜드가 있다면 자신이 원하는 결정을 내리는 사람들이나 원하는 자원을 제공하는 이들에게 긍정적인 영향을 미칠 것이다. 이러한 기회를 제공해 줄 사람들을 브랜드에서는 '타깃 고객'이라고 한다.

자신의 목표와 고객의 목표를 분명히 파악하면 자신의 영향력을 구축할 수 있다. 이때 가장 중요한 것은 '신뢰'이다. 그러면 퍼스널 브랜드의 신뢰성을 구축하는 공식이 있을까? 사람과의 관계에서 공식이 존재할 수는 없지만, 자신이 가진 가치를 일관성 있게 행동으로 옮기면 신뢰도가 높아진다. 강력한 퍼스널 브랜드를 만들려면 무엇보다 분명한 가치관이 필요하다.

일반적으로 대학생들은 취업을 위한 스펙, 직장인들은 승진을 위한 스펙을 만들기 위해 고군분투한다. 이러한 스펙을 누군가의 만족이나 일시적인 성취를 위한 도구로서가 아니라 자신의 만족을 위해 꾸준히 만들어가다 보면 자신의 목표가 고객의 목표와 닿아 있는 지점을 발견하게 되고, 오랜 기간 쌓아온 자신의 이미지를 일관성 있게 어필할 수 있게 된다.

퍼스널 브랜드와 경력 발전의 세계에서 영향력을 구축하려면 신뢰가 필요하고, 신뢰감을 유지하려면 자신만의 가치가 필요하다. 잠시 시간을 내 당신이 추구하는 가치가 무엇인지 구체적으로 생각해 보면서 퍼스널 브랜드에 한 발 더 다가서 보자.

### 현재의 퍼스널 브랜드 정의하기

당신은 현재 어느 위치에 있는가? 이것은 '현재 주변 사람에게 어떤 이미지로 인식되고 있느냐?'라는 질문이다. 주변 사람들이 당신을 어떻게 생각하는지 평가해 보자. 가장 가까운 동료 또는 지인들에게 질문해 보자. 그들은 당신을 어떻게 묘사하고 있는가? 그들은 당신을 협동적이고 친근한 사람으로 생각하는가? 긍정적인 반응이 많은가, 부정적인 반응이 많은가? 당신이 원하는 대답인가? 주변 사람에게 많은 의견을 요구하지 않는가? 어떻게 기억되고 싶은가?

동료 또는 지인들의 대답을 분석해 보면 남들이 보는 자신의 아이덴티티에 관한 답을 얻음과 동시에 자신에 대한 평판을 알 수 있다.

다음은 친분이 생긴 지 2년 이내의 지인과 10년 이상의 지인들에게 나의 이미지를 형용사로 요청한 결과이다.

> *당당한, 자유로운, 용감한, 카리스마, 창의적인, 지조 있는, 뚝심 있는, 독특한, 감성적인, 전문적인, 장인 정신이 있는, 생각이 있는, 지적인 예리함*Keen in intellect,

*해맑은, 활발한, 적극적인, 저돌적인, 열정적인, 진취적인, 반드시 이루는, 꿈 꾸는, 늘 새로운 것을 향해 도전하는, 호기심이 많은, 인정 많은*

결과를 보고 '상대방이 보는 내 모습과 내가 생각한 모습이 다를 수도 있구나.' 라는 생각을 하게 됐다. 예상치 못한 대답들은 나를 당황하게 만들었지만, 이 번 기회에 자신을 객관적으로 바라보고 자신을 되돌아보며 반성하는 기회로 삼 을 수 있었다. 답변 중 나의 아이덴티티를 가장 잘 대변한 말은 '여기 모여라! 재 미난 거 하자.'였다. 항상 사람들과 생각을 나누고 그들의 장점을 파악해 새로운 일들을 만들어 내는 것이 가장 즐겁고 행복한 일이기 때문이다.

이처럼 주변 지인들에게 질문해 보길 바란다. 본인이 생각하지 못한 이미지가 나올 수 있고, 그 대답을 통해 자신을 되돌아보는 계기를 삼게 될 수도 있다. 또 한 현재 본인의 위치에서 자신의 아이덴티티를 생각해 보는 긍정적인 기회가 될 수도 있다.

### 원하는 브랜드 만들기

불편한 이야기이지만, 자신의 장례식에 왔다고 상상해 보자. 친구나 가족, 동료 들이 모여 당신은 어떤 사람이었다고 추억할지 생각해 보자. 당신을 알게 되어 기뻤다거나, 많은 도움을 받았다거나, 좋은 영향을 받았다는 등 많은 이야기가 오고 갈 것이다. 지인들에게 어떤 사람으로 기억되고 싶은가?

자신이 원하는 명성을 충족시키기 위해 오늘, 내일 그리고 다음 날에 어떻게 살 고 싶은지 생각해 보자. 지금부터 당신이 만들어 낼 퍼스널 브랜드가 당신이 만 들어 갈 모든 관계와 선택, 결정들이 당신의 인생을 원하는 방향으로 움직여 줄 것이다. 눈을 감고 인생의 끝에서 사람들이 당신에 대해 이야기하고 싶은 것을 생각해 보자. 생각나는 단어, 감정, 표현 등이 바로 당신이 원하는 삶의 방향으 로 이동시키는 시작점이 될 것이다.

## 타깃 고객 정의하기

만약 당신이 메르세데스 벤츠<sup>Mercedes Benz</sup>라는 회사라고 가정해 보자. 10대 잡지나 고등학교 또는 자동차 운전을 하지 않는 지역에 홍보하지는 않을 것이다. 럭셔리 차를 선호하고 구매할 능력이 되는 집단에 홍보비를 지출하는 것은 당연하다. 퍼스널 브랜드도 이와 같은 방식으로 만들어야 한다. 자신과 관련성이 높고 매력적이라고 생각하는 잠재 고객에게 홍보해야 한다. 자신의 이미지를 어필해야 할 타깃 고객을 찾아야 하는 것이다.

그들과 관계를 만들고 영향력을 구축할 수 있도록 감정적인 관계를 만들 필요가 있다. 상대방이 어떤 성격을 가졌는지, 그들이 원하는 것은 무엇인지, 무엇에 관심을 기울이고 어떤 철학을 가졌는지 대화를 통해 알아 나가는 것이 중요하다. 또 오랜 관계를 유지하기 위해서는 진정성 있는 태도로 자신의 관심과 능력을 자연스럽게 어필하면서 새로운 관계를 시작하는 것이 좋다.

상대방은 당신을 믿을 수 있길 원한다. 요즈음과 같은 물질 만능 자본주의 시대에는 성공 지향적인 성향을 가진 사람들과 자신의 이익만을 챙기는 양면적인 인간성을 가진 사람들이 많지만, 솔직하고 담백한 관계가 새로움을 줄 수도 있다. 솔직하되, 자신의 능력을 나눌 수 있는 여유를 갖고 관계를 시작하면 그들은 친밀감을 느낄 수 있을 것이다. 어떻게 해야 잠재 고객에게 자신을 매력적으로 어필할지 생각해 보자.

사람들과 관계를 만들고 영향력을 구축하기 위해서는 감정적인 관계를 만들 필요가 있다. 가장 중요한 점은 신뢰와 진정성을 바탕으로 사람을 대하되, 적극적인 관계를 형성하기 위해 노력해야 한다는 것이다. 21세기에는 SNS라는 가상 공간에서의 우리 삶을 분리해 이야기할 수 없다. 풍경이 좋은 여행지와 맛있는

숙명여대 창학 110주년 기념 '品'에 출품된 'Media 寶貨'. 필자의 타깃 고객이라 할 수 있는
전시 관련자들로 정의했다.

음식을 카메라에 담아 페이스북이나 인스타그램에 올려 삶을 공유하는 것은 이제 일상이 됐다. 이러한 SNS의 가장 큰 장점은 세계를 연결하고 물리적인 공간과 시간을 넘어 사람과 사람을 연결한다는 것에 있다.

좋은 인간관계를 이어나가려면 새로운 것에 대한 탐구의 끈을 놓지 말아야 할 뿐 아니라 상대방에 대한 기대를 하지 말아야 한다. 뭔가를 바라면 실망으로 이어지고 이러한 관계는 장기간 지속하기 어렵다. 가끔 나의 배려를 받아들이지 못하는 사람도 만나지만 기대하거나 바라는 것 없이 마음을 다하면 잠재 고객은 당신을 신뢰할 것이다.

## 브랜드 마케팅과 포지셔닝

### 나만의 전략 만들기

퍼스널 브랜드는 '내가 무엇인지'에 관한 것이 아니라 '내가 누구인지'에 관한 것이다. 유니폼이나 타이틀, 졸업장이나 이력서에 따라 정의되는 것이 아니라, 내가 무엇을 지지하고 어떤 가치를 제공할 수 있는지 타깃 고객에게 이야기하는 것이다. 현재 브랜드는 여기에 있지만 원하는 브랜드가 다른 위치에 있을 때는 약간의 전략이 필요하다. 결국 퍼스널 브랜드를 정의할 때는 완벽성이 아니라 일관성이 필요하다.

내가 생각하는 퍼스널 브랜드 전략은 사람들에게 물질적이거나 경제적인 이익을 기대하거나 바라지 않는 것이다. 뭔가 도움을 받으면 잊지 않고, 받은 것 이상으로 갚아 주려고 노력한다. 그리고 가진 것을 나누는 것을 즐긴다. 지인들과 교류할 때는 그들의 니즈가 무엇인지 생각한다. 곧 사람들과의 진정한 교류를 위한 관심 표현이다. 사람들에게 보답을 기대하지 않지만 정서적 성장에 대한 기대는 늘 갖고 있다.

## 퍼스널 브랜드 네트워킹

네트워킹이 시작되는 장소는 어디일까? 회사의 비즈니스 미팅, 비행기, 비즈니스 이벤트, 심지어 사무실 건물의 엘리베이터에서도 네트워킹은 일어날 수 있다.

다음은 사람들과의 좋은 관계를 형성하기 위한 관심 표현의 세 가지 방법이다.

첫째, 먼저 자원자가 되는 것이다. 즉, 먼저 연락하고 챙겨야 한다. 진정한 관심이 선행되면 상대방도 이를 느끼고 호감을 갖기 마련이다. 바쁜 현대인의 삶 속에서 주변 사람에게 일일이 관심을 기울이고 먼저 연락하며 관계를 유지하기는 쉽지 않다. 그러나 개인주의 시대, 물질주의 시대에 남들이 하지 않는 오지랖이 때로는 평상시 간과할 수 있는 다양한 문화와 지식을 넓히는 기회가 된다. 혼자서 쌓을 수 있는 지식이나 경험에는 한계가 있고 독서나 여행으로 얻을 수 있는 직접적 · 간접적인 경험도 좋지만, 전혀 다른 분야의 전문가들과 시작한 지적인 대화는 한정적인 개인 경험을 확장해 더 많은 가치를 창출해 낼 수 있다.

둘째, 지원을 요청할 때마다 지인들끼리 서로를 소개해 주고 연결되도록 도와주면 훌륭한 네트워킹을 구축할 수 있다. 여기에 한 가지 더 보태면 의뢰받은 즉시 실천에 옮겨야 한다는 것이다. 신속한 처리 또한 관계를 유지하는 데 중요한 포인트이다.

셋째, 항상 진심을 담아 시작해야 한다. 자신이 진실한 사람이라는 것을 보여 주면 사람들은 당신을 돕기 위해 노력할 것이다. 당신을 의심하기 시작하면 신뢰는 물거품처럼 사라지기 마련이다. 퍼스널 브랜드는 인식과 가치 판단에서 많은 부분을 차지한다. 우리는 다른 사람을 판단하고자 하는 본능을 갖고 있다. 상대방이 친구인지 적인지, 아니면 위험한지를 판단하려 하는 것은 우리 DNA의 일부이다. 따라서 진정성을 보여 주고 진정한 네트워크를 통해 목표에 부합하는 관계를 구축할 수 있도록 노력해야 한다.

**1**
**2**

**1** 예제의 모델이 되어 준 친구 베로니카(Veronica)
와 직접 만들고 촬영한 이미지 합성 아트워크

**2** 리터칭 아트워크 모델이 되어 준 라도(RUDO)

## 나다움의 콘텐츠 제작과 가공(자존감의 표현 - 구축)

### 나만의 콘텐츠 결정과 구축

#### 온 · 오프라인 매체를 활용한 콘텐츠 아카이빙

최근 전 세계를 사로잡은 국내 아이돌 그룹 방탄소년단에는 한 명쯤 끼어 있을 법한 외국인 멤버가 없다. 이들은 해외 진출을 고려해 해외 트렌드나 취향에 맞춘 것이 아니라 전형적인 한국의 K-pop 아이돌 이미지와 콘텐츠, 퍼포먼스로 경쟁해 당당히 세계적인 성공을 이룬 토종 아이돌 그룹이다.

팬들과의 SNS를 통한 소통 그리고 유튜브에 올린 뮤직비디오의 힘으로 미국의 음악 차트 중에서 가장 대중성과 공신력이 있는 빌보드 핫 200 차트의 1위를 성취해 명실공히 SNS 최고 스타가 됐다. 과거에 KOREA라고 하면 전쟁 위험, 북한이 연상됐다면 현재는 방탄소년단, 싸이 등과 같은 유튜브 스타들 덕분에 활기차고 다양한 문화를 가진 나라로 이미지 메이킹되고 있다.

이처럼 온라인 매체에 노출된 콘텐츠에 힘입어 예상치 못한 기회가 찾아오는 경우가 많다. 물론 매체 특성에 따른 콘텐츠의 특별함과 가치가 동반된다. 또 온 · 오프라인 매체의 영향력을 경험한 사람들은 이를 활용해 현재 하고 있는 일을 관련자들에게 알리고 축적해 놓은 데이터들을 바탕으로 일을 확장해 나가고 있다. 이에 여러 매체의 특성을 고려한 아카이빙 방법과 SNS 아카이빙을 통해 일어난 여러 가지 긍정적인 효과를 이야기하려 한다.

### 출판 : 그래픽 디자인 분야 저자

평소에 하는 일 그리고 관심 있는 일이 있다면 주변 사람에게 알리고, 온 · 오프라인에 수시로 노출하는 것이 좋다.

2000년대 초 처음 포토샵을 접하고 국내 서점을 돌아다니며 관련 서적들을 찾아보기 시작했다. 그 후 해마다 새로운 책이 출간되길 기다리며 뭔가 새로운 기법 또는 수준 높은 아트워크를 공부할 수 있는 책을 기대하곤 했는데, 해마다 버전만 업그레이드될 뿐, 실무에 적용할 수 있는 수준 높은 예제는 찾아볼 수 없었다. 언젠가 정말 작업에 도움이 되는 예제, 쓸모 있는 포토샵 책을 써 보고 싶었다. 외국에서도 관련 서적과 정보를 찾는 일을 게을리하지 않았다. 매주 서점을 찾았고 관련 서적과 잡지를 찾아 공부했으며, 당시 커뮤니티 칼리지의 교수님과 친구들을 모델로 이미지를 합성할 텍스처 소스를 만들었다.

국내에 돌아와 그래픽 디자인 서적의 집필 의뢰를 받았을 때 당시 작업해 놓았던 자료와 정보를 모두 공개했다. 지식은 나누고 공유해야 가치가 발현된다. 새로운 아트워크를 만들기 위해 상급 수준의 요소를 강조했고 아트워크를 만들기 위한 텍스처, 곧 이미지 소스를 직접 만들면서 소스를 만드는 방법까지 소개했다. 또 아트워크에 쓰인 모든 이미지는 세계를 여행하며 촬영한 사진을 사용했다. 아트워크에 등장하는 외국인 모델들은 모두 친구, 교수님 또는 튜터[Tutor]들이었다. 많은 사람이 책에 나온 모델들의 초상권과 이미지 로열티는 어떻게 처리했냐고 물었다. 평소 사람들과의 적극적이고 유연한 관계가 많은 도움이 됐다.

이렇게 기존의 포토샵 책에서는 존재하지 않았던 텍스처 만들기, 이미지 소스를 위한 스튜디오 사진 촬영, 이미지 합성을 위한 블렌딩 모드의 정의, 아트워크에서 중요한 타이포그래피의 활용 방법 및 실무에 활용할 수 있는 아트워크의 퀄리티와 단순한 구조의 설명 방법은 많은 독자의 사랑을 받았다. 책이 출판되자 입소문을 타면서 유명해졌다. 첫 번째 책의 큰 성공을 시작으로 연이어 몇 권의 책을 더 집필했다. 자기만의 철학과 남다른 아이디어를 갖고 자신의 가치와 자존감을 올릴 기회를 만들어 보자.

### 네이버 인물 검색 : 퍼스널 브랜드를 객관적으로 보여 주는 도구

국내 대표 포털 사이트인 네이버에서는 많은 사람에게 자신의 콘텐츠를 노출할 기회가 많다.

네이버 인물 검색은 누구나 아는 유명인만 되는 것이 아니며 업적이 있으면 가능하다. 책이 출판되었거나, 명성 있는 상을 받았거나, 공개적인 업적이 있으면 네이버 인물 검색에 스스로 정보를 올리고 네이버 검증 팀을 통해 이를 객관적으로 검증받으면 포털에서 검색되도록 할 수 있다.

인물 검색의 효과는 대단했다. 미디어 아티스트로서 활동한 이후, 국내 유명 화장품 회사들과 굴지의 갤러리 그리고 비엔날레, 트렌드 페어 그리고 미술관 전시와 컬래버레이션 의뢰가 들어왔다. 네이버 인물 검색이 연결고리가 된 것이다.

많은 사람이 포털의 키워드 검색을 통해 데이터를 발견하고 정보를 찾고 콘셉트에 맞는 작가를 찾고 있었다.

작가로서 전시에 초대되고, 경력이 쌓이고, 초대전 전후 대부분의 언론 매체에 기사화되어 보도된 기사들이 온라인에 자연스럽게 아카이빙됨으로써 이제는 네이버뿐 아니

네이버 인물 검색

라 구글에서도 '미디어 아티스트 김혜경'이라는 키워드로 상당한 데이터베이스가 쌓여 퍼스널 브랜드를 객관적으로 나타내는 도구가 됐다.

## SNS, 블로그, 웹 사이트로의 확장을 통한 아카이빙

현대 사회에서는 온라인과 오프라인이라는 상반된 개념이 조화를 이룬다. 그 누구도 이 상반된 개념을 분리해 생각하지 않는다. 온라인과 오프라인은 이처럼 자연스럽게 연결되어 현대인의 일상 속에 녹아든다.

초고속 인터넷은 우리의 삶을 무한대로 변화시켰다. 팟캐스트를 통해 손쉽게 1인 방송 시스템을 구축하고 소셜 네트워크를 이용해 전 세계와 소통할 수 있다. 사물 인터넷 시스템으로 집안의 온도를 유지하거나 조명을 실시간으로 제어할 수 있는 세상이 되었기 때문이다. 인터넷과 스마트폰의 발전은 자신을 알리거나 작업을 알리는 데 없어서는 안 될 중요한 요소가 됐다.

전문 분야에 종사하는 사람들 그리고 일반인들도 이제 온라인에서 자신의 포트폴리오를 구축하는 것을 당연한 일로 여기는 세상이 된 것이다. 어떤 타깃을 대상으로 자신의 게시물을 보여 주는 것과 아카이빙되는 콘텐츠의 특성을 고려해 매체의 레이아웃이나 인터페이스의 편리성에 따라 작업을 선택하는 것은 당연한 일이 됐다.

연예인들의 일상을 보여 주기 시작하면서 인기를 얻은 인스타그램Instagram은 이미지와 영상 위주의 인터페이스가 주는 시각적인 자극으로 인해 많은 호응을 얻고 있다. 아카이빙된 작업을 사람들에게 노출시켜 인연을 만들 수도 있다. 인스타그램의 팔로우Follow들도 전 세계의 미술관이나 갤러리 관련 아티스트들 위주로 연결해 전 세계의 미술과 디자인계의 동향을 파악하고 해시태그를 활용해 작품에 관심이 있을 만한 사람에게 어필하도록 노력하고 있다. 국내외 미술 관련 인사들과 새로운 관계를 형성하기 위해 해시태그로 관련 키워드를 적용하거나 관련 업계 사람들의 '좋아요'를 이용해 관심을 끌고자 노력하고 있다. 또 영문 키워드의 해시태그를 선택해 온라인에서 불특정 다수가 이 키워드들을 전파하면 너무나 쉽게 세계인의 관심을 받을 수 있다.

품의 아카이빙을 위한 인스타그램

인스타그램이 작품 위주의 세계를 무대로 아카이빙을 한다면, 페이스북<sup>Facebook</sup>은 국내의 관련업계 사람들과 지인들 그리고 해외 지인들을 타깃으로 한다. 트위터는 일시적인 '트윗'의 한계로 작품이나 결과물을 아카이빙하는 데 적합하지 않다. 페이스북은 이미지와 영상뿐 아니라 실시간 방송 등 여러 가지 기능으로 '페친<sup>페이스북 친구들</sup>'에게 어필할 수 있으며, 인스타그램보다 상대적으로 오랜 역사와 많은 사용자를 갖고 있기 때문에 관계 유지와 관심을 표현하는 데 더할 나위 없이 좋은 환경이다.

많은 사람이 게시물을 통해 다른 사람과 교감하기를 바라는데, 페이스북은 '좋아요' 아이콘을 비롯해 여러 가지 감정의 반응을 즉시 알 수 있고, 댓글을 이용해 개인의 의사를 알 수 있다. 작품에 대한 반응을 확인하기 위해 페이스북에 게시하는 일련의 행위는 작품을 불특정 다수에게 노출시킴으로써 홍보 효과를 거둘 수 있다. 하지만 예상치 못한 답변을 듣거나 열광적인 경우에는 자존감뿐 아니라 작품에 대한 창작 욕구가 상승하는 부가적인 효과를 거두기도 한다.

링크드인<sup>LinkedIn</sup>은 거미줄처럼 엮여 있는 세계의 인적 네트워킹과 프로필이 업그레이드될 때마다 정리하는 용도로 사용되고 관심 업계의 지인들과 쉽게 연결할 수 있는 소셜 네트워크이다. 세상은 인터넷으로 한층 가까워졌고, 이에 관심을 기울이면 별다른 비용 없이도 관계를 손쉽게 만들어 나갈 수 있다.

블로그라고 하면 왠지 SNS의 신속한 반응에 익숙한 현대에 뒤떨어진 느낌이 들 수 있다. 하지만 데이터를 일목요연하게 아카이빙하면서 많은 사람에게 직접적·간접적으로 노출하거나 웹 사이트를 만들기에는 비용이나 여러 가지 상황상 어려울 때 도메인 포워딩 서비스를 통해 블로그와 연결시켜 웹 사이트 대용으로 사용하기에 적합하다. 나는 석사 때 인터내셔널 스쿨에 다녔고 교수님이 영국인이었던 관계로, 작업을 영어로 설명해야 했다. 그래서 구글의 블로그스폿<sup>BlogSpot</sup>을 이용해 과제를 올리곤 했다.

이 블로그가 가진 특성상 게시물에는 모든 이미지와 텍스트가 노출됐고, 블로그는 장르별로, 각각의 블로그에 동시에 링크해 연동할 수 있었다. 처음 시작한 블로그가 구글이 만든 블로그스폿이다 보니 구글에서 손쉽게 검색되어 초창기에 작업한 매핑 작품들은 지금도 구글 검색창에서 'projection mapping'을 검색하면 이미지 분야의 첫 페이지에 검색된다. 이는 프로젝션 매핑 작업을 하는 사람들에게 알려지는 계기가 됐다.

블로그스폿에 올려 명성을 얻은 'Media Rak(樂, Joyful)', 2011

미디어 아트나 프로젝션 매핑 관련 학교 강의와 특강에서는 프레젠테이션을 따로 만들지 않고 블로그스폿의 게시물을 이용한다. 참고 영상 자료들은 필요에 따라 수시로 업로드할 수 있고 온라인 홍보를 할 수도 있으며, 프레젠테이션 자료를 갖고 다닐 필요 없이 전 세계 어디서든 발표와 강의를 할 수 있다.

그리고 블로그만으로는 프로의 이미지를 유지하기에 부족했기 때문에 개인 웹 사이트를 만들었다. 단일화된 도메인, 커스터마이징된 인터페이스와 개성을 드러내기에 가장 적합한 것이 개인 웹 사이트이다.

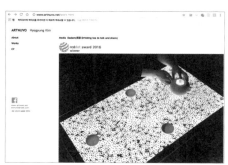

필자의 프레젠테이션용 블로그

커스터마이징된 개인 웹 사이트

웹 사이트를 만들기 위해서는 HTML이라는 각각의 페이지 파일을 올려놓을 서버, 이 서버에 연결할 도메인이라는 웹 사이트 주소가 필요하다. 도메인과 서버를 빌리는 호스팅을 위해서는 비용을 지불해야 하는데, 요즘은 예전과 달리, 호스팅과 도메인 대여에 필요한 비용이 적으므로 웹 사이트를 저렴하게 제작할 수 있다. 일반적으로 웹 디자인을 외부에 의뢰해 제작하려면 많은 시간과 비용이 소요되기 때문에 처음 개인 웹 사이트를 제작할 때는 웹 사이트를 커스터마이징하기보다는 약간의 비용을 지불하면 개인 사이트를 만들 수 있는 웹 사이트 제작

템플릿 플랫폼을 추천한다. 이런 사이트는 PC뿐 아니라 모바일에도 최적화되어 어느 디바이스든지 같은 포맷을 가진 게시물을 볼 수 있다는 장점이 있다.

개인 사이트이든, 블로그이든 온라인에 존재하는 모든 아카이빙은 퍼스널 브랜드를 유지·발전시키는 데 엄청난 영향력을 발휘한다. 온라인 매체의 적절한 유지와 관리는 퍼스널 브랜드로서 개인의 가치를 확장시키는 데 많은 도움이 된다.

### 유튜브, 비메오 동영상 공유 사이트를 활용한 아카이빙

유튜브가 시작되기 이전에는 온라인에 동영상을 업로드해 다른 사람에게 노출하기가 쉽지 않았다. 유튜브는 누구나 사용하기 쉬운 환경을 강점으로 동영상을 올릴 수 있도록 하고 업로드한 동영상을 몇분만에 수백만 명이 볼 수 있도록 함으로써 인터넷 문화에서 빠질 수 없는 요소로 자리잡았다. 최근 국내에서는 다양한 유튜버가 나타나고 있고, 젊은 세대를 중심으로 검색 엔진을 활용한 검색보다 유튜브를 이용한 검색과 데이터 활용이 늘어나고 있다.

유튜브의 동영상은 휴대폰 카메라와 앱을 이용해 쉽게 편집하고 업로드할 수 있지만, 시청자들의 니즈를 충족시키기 위해서는 촬영된 영상들을 동영상 편집 툴로 편집하고 디자인하는 작업이 필요하다. 더 나아가 스토리텔링과 영상 소스 제작 능력이 필요하고 콘텐츠를 영어로 소개하는 영상 구독자 수가 한국어로 소개하는 영상 구독자 수보다 많으므로 언어 선택도 중요하다. 영어로 소개하는 영상의 경우, 미국, 유럽 등과 같은 영어권 시청자들을 폭넓게 아우를 수 있기 때문이다.

유튜브가 전 세계 일반 사용자 모두를 아우르는 동영상 공유 사이트라면, 비메오Vimeo는 비교적 영상 전문가들이 사용하는 포트폴리오 동영상 공유 사이트인데, 이 사이트를 방문해 보길 바란다. 비메오 회원 수는 300만 명이 넘으며,

날마다 새로운 동영상이 평균 1만 6,000건 넘게 올라오고 있다.

비메오는 컨슈머 HD를 지원하는 최초의 영상 공유 플랫폼으로 시작했다. 전 세계 디지털 미디어를 다루는 전문 아티스트와 디자이너들이 포트폴리오를 올려 홍보하는 동영상 공유 사이트이다. 유튜브와 달리, 고해상도 영상을 올리지만 영상에 광고가 포함되어 있지 않다는 특징이 있다. 일주일에 500메가바이트씩 무료로 동영상을 업로드할 수 있는 장점이 있지만, 현재는 일정 부분 유료화되어 운영되고 있다.

비메오에 촬영한 동영상을 올려 작품을 아카이빙하거나 강의를 듣는 학생들을 위해 동영상 제작 튜토리얼을 제작해 공유하고 있다. 수업 시간에 작업한 내용을 동영상 강의로 다시 만들어 비메오에 업로드하고 복습 자료로 배포하는 것이다. 비메오를 활용한 이러한 수업 방식은 수업을 듣지 못한 학생과 복습하고자 하는 학생들에게 좋은 반응을 얻었고, 실기 과제물의 퀄리티를 향상시키는 효과를 가져왔다. 비메오에 동영상 강의를 올려 학생들에게 공유한 이후, 수업에 대한 만족도가 높아지면서 강좌가 더 늘어나기도 했다.

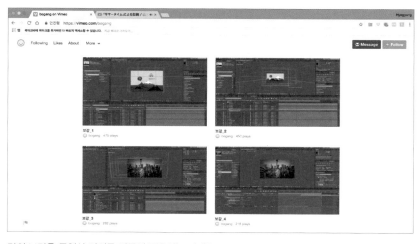

강의 보강용 동영상 강의를 만들어 공유하는 비메오

비메오를 독립적인 영상 홍보와 공유용 매체로만 사용하는 것이 아니라 각 게시물의 URL을 복사해 사용하는 SNS에 링크를 공유해 고해상도의 동영상을 온라인에 광범위하게 확산시킬 수 있다는 장점도 있다.

이처럼 동영상 공유 사이트를 활용해 퍼스널 브랜드를 위한 영상 작업을 하려면 시청자를 위한 정보와 영상의 질을 유지해야 한다. 꾸준한 업로드와 아카이빙을 통해 시청자들을 유지하는 것이 구독자와 조회 수를 유지하는 지름길임을 잊지 말아야 한다. 삶의 방향은 생각한 것을 실천에 옮기느냐, 생각을 멈추느냐에 달려 있다.

## 소셜 미디어와 퍼스널 브랜드

SNS를 이용한 자기 공개는 여러 가지 폐해나 단점이 있지만, 확산성과 연결성이라는 장점도 있다. 또 소셜 미디어가 퍼스널 브랜드를 공고히 하는 데에 없어서는 안 될 필수 요소라는 데는 이견이 없을 것이라고 생각한다. 특정 소셜 미디어를 기술적으로 사용하는 방법에는 고급 지식이 필요하지 않지만, 온라인에서 개개인의 브랜드를 강력하게 만들려는 열망은 필요하다. 이번에는 퍼스널 브랜드를 부각시킬 수 있는 각 소셜 미디어의 장점과 활용 방법을 알아보자.

### 퍼스널 브랜드 확산을 위한 소셜 미디어

소셜 미디어가 브랜드 구축에 긍정적인 영향을 미치고 있다는 수많은 연구 및 통계 자료와 사례에도 많은 사람은 소셜 미디어가 개인의 브랜드나 비즈니스를 구축하는 최상의 방법임을 잘 모르는 경우가 많다. 일반적으로 소셜 미디어의 이점을 누릴 수 있는 데는 두 가지 방법이 있다.

첫째, 브랜드의 인지도를 높이는 것이다. 간단히 이야기하면 소셜 미디어에 자주 노출될수록 브랜드 홍보 효과가 커지고, 다수의 독자에게 신뢰를 얻을 수 있다. 어떤 유명 팝 아티스트는 작업을 홍보하기 위해 블로그, 비메오, 트위터, 페이스북 등에 끊임없이 포스팅하기 시작했고, 이로써 주목받는 블로거가 됐다. 2~3년이 지나고 나서는 아티스트를 찾아 헤매는 국내 갤러리스트의 검색에 힘입어 갤러리 소속 작가가 되어 개인전을 시작하더니 현재는 세계적인 팝 아티스트로 활동하고 있다. 소셜 미디어에 끊임없이 노출되고, 홍보 효과가 커지면서 브랜드가 자연스럽게 형성된 것이다.

둘째, 공유를 통해 브랜드의 신뢰도와 인지도를 높이는 것이다. 소셜 미디어의 게시물을 사회적으로 영향력 있는 누군가가 재공유해 보여 주면 게시물에 대한 신뢰가 공유자의 신뢰도와 함께 상승한다. 뉴욕과 한국을 기반으로 활동하면서 '집'과 연관된 유년의 기억을 소재로 한 영상, 설치, 드로잉 등과 같은 작업을 하는 홍범 작가는 미술계에서 잘 알려진 중견 작가이지만, 대중에게는 잘 알려지지 않았다. 2016년 겨울 파라다이스 집[zip]이라는 한남동 전시관에서 그의 작업이 전시되었는데, 입대를 앞둔 빅뱅 멤버가 전시장에 방문해 본인 인스타그램에 작가의 작품 사진을 찍어 업로드한 후 작품을 알린 일이 있었다. 국내외에서 최고의 인기를 구가하는 유명 케이팝[K-pop] 그룹 멤버이자 아트 컬렉터로도 알려진 그의 게시물로 수많은 대중이 순식간에 홍범 작가의 작품과 전시장에 관심을 갖게 되었고, 이는 많은 사람의 전시 관람과 공유로 이어졌다.

우리는 소셜 미디어만이 선택에 영향을 미치는 유일한 기준은 아니지만, 소셜 미디어가 고객의 의사 결정에 많은 영향을 미친다는 것을 이미 알고 있다. 한 연구에 따르면, 74%의 소비자가 물건을 구매할 때 소셜 네트워크 정보에 의존해 결정을 내린다고 한다. 이렇듯 소셜 미디어는 퍼스널 브랜드에 영향을 미칠 수 있는 방법 중 하나이고, 소셜 미디어에서 얻을 수 있는 정보나 이해를 최대한 활용해 온 · 오프라인에 퍼스널 브랜드를 효과적으로 구축하는 데 관심을 기울일 필요가 있다.

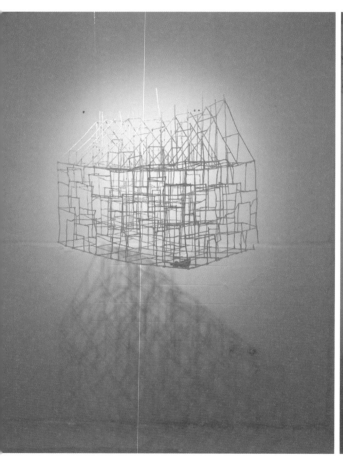

홍범 작가의 설치 작품

## 퍼스널 브랜드를 위한 최고의 소셜 미디어 사이트

웹에는 텍스트 기반, 이미지 기반 등 수많은 소셜 미디어 플랫폼이 존재한다. 세계인이 사용하는 상위 4개의 소셜 미디어 사이트를 간략히 알아보자.

가장 먼저 B2B<sup>Business to Business</sup> 분야에서 세계 최고의 기업인 링크드인을 들 수 있다. 링크드인 사용자들의 활동 영역은 IT, 금융 서비스, 컴퓨터 소프트웨어 및 통신 공간을 중심으로 이뤄진다. 미국을 기준으로 링크드인 사용자 82%의 연령층은 35세 이상이고, 44%의 사용자가 연간 7만 5,000 달러 이상의 소득자라고 한다. B2B 마케팅에 종사하는 62%는 사람들이 링크드인을 효과적인 마케팅 수단으로 여기고 있으며, 수많은 인적 네트워크로 이뤄진 이 웹 사이트를 통해 원하는 분야에 종사하는 사람들과 쉽게 연결되고 있다.

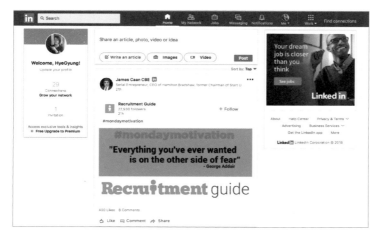

링크드인 인터페이스

트위터는 손쉽게 간단한 글을 쓸 수 있는 단문 전용 사이트이기 때문에 모바일 기기를 이용해 글을 등록하는 것이 편리하고 반응이 즉시 나타난다는 장점이 있다. 기업들도 홍보나 고객 불만 접수 창구 등으로 활용하고 있다. 트위터 사용자의 63%가 남성이고, 트래픽의 60%는 미국 외에서 이뤄지는데, 그중 일본, 스페인, 영국의 활동이 두드러진다고 한다. 흥미로운 사실은 트위터를 사용하는 연령대가 35~44세라는 점이다. 그리고 방문자의 14%가 안정적인 직업을 갖고 있으며, 대도시에 거주하는 다양한 민족 출신의 싱글들이다. 방문자의 12%는 40대로 연간 가계 수입이 25만 달러 이상인 사람들이다. 어느 정도 나이가 있는 전문직 종사자들 상당수가 트위터를 사용하고 있는 셈이다.

링크드인이 B2B의 거물이라면 페이스북은 소비자 비즈니스의 선두 주자이다. 미국을 기준으로 15~34세 사이의 사용자가 페이스북을 이용하고 있다고 한다. 페이스북 사용자의 18%는 55세 이상이고, 사용자의 58%가 여성이다.

사진이나 이미지를 이용해 홍보하려면 이미지 기반의 포스팅 소셜 미디어인 핀터레스트[Pinterest]를 활용해 보길 바란다. 핀터레스트 사용자의 80%는 25~54세 사이의 여성이 차지하고 있다. 핀터레스트에서 가장 인기 있는 주제는 가정, 예술 및 공예, 음식, 여성 패션 및 만드는 법 등이다.

이렇게 4개의 사이트가 상위 소셜 미디어 사이트로 평가되지만 텀블러[Tumblr] 및 인스타그램과 같은 인기 있는 소셜 미디어도 뒤를 잇고 있다. 설명한 통계는 각 소셜 미디어 사이트의 샘플로 참고하되, 우선 자신이 좋아하는 2~3개의 사이트를 정해 퍼스널 브랜드를 구축하고 자신의 데이터를 아카이빙하기에 적합한 웹 사이트를 찾아 꾸준히 퍼스널 브랜드 확산을 위해 노력하길 바란다.

## 소셜 미디어를 위한 최고의 브랜드

### 프로필 사진과 브랜드 아이덴티티

어떤 소셜 미디어 플랫폼을 사용하든 프로필 사진을 등록해야 한다. 사람은 첫인상이 중요하듯 소셜 미디어의 프로필 사진 또한 많은 신경을 써야 한다. 프로필 사진이 있는 소셜 미디어를 사람들이 둘러 볼 가능성은 사진이 없을 때보다 7배 더 상승한다는 통계가 있다. 한 연구에 따르면, 프로필 사진을 보고 그 사람에 대한 느낌을 결정 짓는 데는 1초도 걸리지 않는다고 한다. 온라인 브랜드를 위해서는 모든 소셜 미디어 플랫폼의 프로필 사진을 일관성 있게 유지하는 것이 좋다. 다음 사례를 참고하면 도움이 될 것이다.

첫째, 본인의 최신 사진이 필요하다. 미국의 한 심리학 저널에 실린 글에 따르면, 앞을 바라보고 살짝 웃고 있는 상태에서 정면과 중앙을 향한 프로필 사진이 좋은 첫인상을 만드는 데 도움이 된다고 한다. PhotoFeeler[https://www.photofeeler.com, 베스트 프로필 사진을 고르는 데 도움을 주는 사이트]의 다른 연구에서는 치아를 살짝 보이며 미소 짓는 사진이 역량, 호감도 및 영향력에 관련된 인식을 증가시킨다고 한다. 입을 닫은 상태의 미소는 치아가 보이는 미소의 사진보다 호감도가 반감된다고 한다. 얼굴 전용 근접 촬영은 그다지 바람직하지 않다고 알려져 있다. 또 프로필 사진에 선글라스를 착용하는 것은 선호도를 낮춘다고 한다. 우리가 흔히 눈은 영혼의 창이라고 말하듯, 프로필에 드러내는 것이 호감도를 높이는 데 도움이 된다.

프로필 사진, 로고 또는 기타 시각 자료가 첫인상을 결정 짓는 데 중요한 요소이지만, 종종 방문자가 더 깊게 파고들도록 유도하는 것은 프로필 바이오그래피이다. 정확하지 않게 작성된 프로필은 나를 찾는 잠재 고객이나 고용주들의 신뢰도를 떨어뜨릴 수 있다. 반면, 잘 작성된 소셜 미디어 프로필 바이오그래피는 새로운 비즈니스와 기회를 창출하는 데 도움이 될 수 있다.

소셜 미디어 프로필 바이오그래피 제작 시 고려해야 할 다섯 가지 퍼스널 브랜드 우수 사례는 다음과 같다.

첫째, 인터페이스에 제공된 모든 공간을 최대한 활용해야 한다. 예를 들면, 링크드인의 전문 헤드라인의 경우 120자, 요약의 경우 2,000자로 제한돼 있다. 트위터와 핀터레스트는 각각 160자로 제한되어 있다. 각 미디어 플랫폼의 글자 수 제한을 파악했다면 워드나 아래 한글을 실행해 본인의 약력을 미리 써 본 후, 글자 수를 확인하면서 원하는 정보를 구획하고, 소셜 미디어 웹 사이트에 복사해 최선의 정보를 온라인 플랫폼에 노출한다.

둘째, 좋은 소셜 미디어의 요약 정보와 바이오그래피의 핵심은 일반 사항이 아니라 구체적인 정보나 자료를 제시하는 것이다. 정확한 수치를 사용하거나 경험을 숫자화해 나타낸다면 신뢰도를 높일 수 있다.

셋째, 자랑은 하되, 과장이나 거짓말을 하지 않아야 한다. 소셜 미디어 프로필 바이오그래피에는 당신의 업적을 자연스럽게 나열하는 게 좋다. 자랑이 많으면 보는 이에게 거부감을 줄 수 있으므로 담백하되 명료하게 작성하는 게 좋다. 그리고 스스로에 대한 키워드를 알아 낸다.

넷째, 소셜 미디어 프로필 바이오그래피를 이용해 퍼스널 브랜드를 구축하는 한 가지 방법은 전문 분야를 나타내는 키워드를 사용하는 것이다. 모든 소셜 미디어는 프로필을 검색할 수 있으며 키워드를 사용하면 잠재 고객 및 미디어 회원을 쉽게 찾을 수도 있고, 상대방이 당신을 쉽게 찾을 수 있는 모티브가 된다.

다섯째, 소셜 미디어 프로필 바이오그래피에는 여러 가지 버전이 있으므로 다양한 길이를 준비하는 것이 유리하다. 일반적으로 하나의 문서에 두 가지 버전을 만드는 것이 좋지만 필요에 따라 긴 버전을 만들어 둔다. 그 이유는 링크드인에 게시할 수 있는 약 2,000자 이내의 약력 때문이다. 그다음으로 짧은 버전을 준비한다. 이는 트위터, 인스타그램, 핀터레스트 및 기타 사이트에 사용할 150~160자의 소셜 미디어를 위한 프로필 바이오그래피이다.

## 사이트별 퍼스널 브랜드

### 퍼스널 브랜드를 위한 링크드인

링크드인은 직업을 찾고, 직원을 고용하고, 잠재 고객에게 다가가거나 누군가와 네트워크를 이용해 지속적으로 연락을 취하려 할 때 사용하는 B2B 소셜 미디어 이다. 링크드인 회원 중 77%가 웹 사이트를 이용해 사람과 기업을 연구했으며, 44%는 링크드인 사용으로 인적 네트워킹이 증가된 사례를 보고했다.

동종업계의 콘퍼런스가 열린다고 상상해 보자. 링크드인으로 연결된 인적 네트 워크를 통해 해당 콘퍼런스에 참석할 예정인 고객을 온라인에서 미리 확인할 수 있다. 이는 대면 미팅에 강력한 영향을 미칠 뿐 아니라 관련자들과의 연락을 통 해 여러 가지 기회를 얻을 수도 있다. B2B 마케터의 53%는 링크드인을 통해 고 객을 확보했다고 한다. 링크드인에서 제공하는 퍼스널 브랜드의 인지도가 높아 질수록 잠재 고객이 당신을 찾을 가능성이 커질 것이다.

링크드인 프로필의 오른쪽 윗부분에는 프로필의 강도를 결정할 수 있는 메뉴가 있다. 등급에는 All-Star, Expert, Advanced, Intermediate, Beginner가 있 는데, 링크드인에서 브랜드를 최대화하려면 All-Star 등급을 얻는 것이 좋다. All-Star 등급이 되려면 필요한 기본 정보와 현재 헤드 프로필 샷, 현재 위치, 과거의 직책경력, 교육과 프로필 요약 및 추가 기술이 포함된 모든 정보를 입력해 야 한다.

Profile Photo, 즉 링크드인 프로필은 사진이 없는 사람보다 있는 사람을 조회할 가능성이 11배나 높다고 한다. 앞서 설명한 것처럼 링크드인에서 가장 좋은 프로필 사진은 정보를 보는 사람이 직접 바라보는 이미지이며, 가능한 한 산만한 배경은 피하는 것이 좋다.

All-Star 수준의 프로필을 만드는 데 중점을 둬야 할 다음 정보는 현재 및 과거의 프로필 상태이다. 링크드인의 헤드라인$^{Headline}$은 프로필 사진 바로 밑에 있으며, 이는 현재 본인의 직업과 위치를 가장 잘 보여 주는 위치이다. 과거 또는 이전에 게재되는 프로필 정보들을 이 헤드라인의 위치에 표시한다. 프로필을 보는 사람은 링크드인 게시자의 프로필을 이용해 배경을 빠르게 살펴볼 수 있다. 따라서 근무한 회사의 이름을 나열하는 대신, 각 회사에서의 업무 영역이나 활동 내용을 설명하고, 성취한 업적을 노출하는 것이 유리하다.

Summary는 링크드인의 검색 알고리즘이 적용되는 중요한 부분이다. 따라서 미래에 개발하고 싶은 경력 분야와 관련 있는 경험과 성취도를 키워드로 입력하고 링크드인 검색의 상위에 노출되도록 신경을 써야 한다. 글만이 아닌, 사진, 비디오, 링크 등을 이용해 적극적으로 자신을 어필할 필요가 있다.

Experience는 자신의 경험과 전문 지식, 기술적인 스킬 등 프로필에서 가장 중요한 부분을 보여 줄 수 있다. Summary와 마찬가지로 적극적인 자세가 필요한 부분이다. 모든 경력은 수치화, 정량화해 보여 주는 것이 유리하다.

Extras는 수상 경력이나 자격증, 공인 점수나 개인 블로그 및 사이트를 첨부할 수 있다. 이러한 항목들은 어필하고자 하는 바에 따라 선별적으로 적용해야 한다.

인터넷 사용자 중 74%가 소셜 미디어를 사용하는 세계에서 누군가는, 언젠가는, 나의 링크드인 프로필을 확인할 수 있다는 것을 염두에 두고, 언제든지 자신의 퍼스널 브랜드를 보여 줄 준비가 되어 있다고 생각될 만큼 충실한 정보를 입력하자.

## 퍼스널 브랜드를 위한 페이스북

페이스북은 퍼스널 브랜드를 위한 완벽한 미디어이다. 사진, 비디오, 의견, 좋아하는 것, 싫어하는 것 그리고 내가 누구인지, 무엇을 나타내는지를 보여 주는 큐레이팅된 콘텐츠를 게시할 수 있기 때문이다. 페이스북은 수많은 기업이 페이스북 광고에 엄청난 지출을 하고 있는 상황에서 브랜드를 위한 최고의 공간 중 하나로 여겨지고 있다.

페이스북은 친구를 관리할 수 있고, 개인 정보를 설정해 불특정인과 친구들이 볼 수 있는 정보를 필터링할 수 있다는 장점이 있다. 또 페이스북의 퍼스널 브랜드는 게시하려는 사람의 범위 안에 누가 있는지 알 수 있고, 개인적인 정보와 전문적인 정보를 쉽게 분리해 공유할 수 있을 뿐 아니라 마음이 맞는 개인들의 강력한 네트워크를 구축할 수도 있다는 장점이 있다.

페이스북은 클럽을 통해 맞춤 도메인 역할을 하는 가상 URL을 생성할 수도 있다. 이는 페이스북 클럽을 생성해 자신의 브랜드 이미지에 맞는 이름으로 완전히 브랜드화할 수 있다는 것을 의미한다.

페이스북은 자신의 브랜드를 가장 잘 표현할 수 있는 개인 맞춤형 배경 이미지를 첨부해 보여 줄 수도 있다. 또 페이스북을 통해 자신을 홍보하는 로고나 색상 및 프로필 사진을 배경과 함께 보여 줌으로써 활용성을 높이고 본인의 이미지를 일관성 있게 관리할 수 있다.

페이스북은 게시자가 누구인지 이야기할 수 있는 공간을 제공하기도 한다. 데이터 게시물이 시기별로 계속 쌓이다 보면 개인의 관심사나 전문 분야 등을 노출하기 편리하다. 이는 퍼스널 브랜드를 장기적으로 만들어가기에 유리한 인터페이스이다. 프로필 입력 영역인 About You에는 자신의 브랜드를 홍보할 수 있는 바이오그래피를 넣을 수 있고, 자신의 아이덴티티와 퍼스널 브랜드의 약력을 한눈에 파악할 수도 있다.

비즈니스용으로 페이스북 페이지를 만들면 방문자가 클릭해 추가 정보를 볼 수 있도록 페이지 위쪽의 탭을 사용자가 정의할 수 있고, 페이스북 페이지에 사용자 정의 배경과 탭을 만들어 사이트에서 더욱 강력한 퍼스널 브랜드를 구축할 수도 있다.

## 퍼스널 브랜드를 위한 핀터레스트

핀터레스트는 미국에서만 47.1백만 명의 사용자가 이용하고 있고, 1인당 평균 14.2분을 이 사이트에서 소비한다고 한다. 핀터레스트 사용자 중 45%는 미국 이외 지역에 거주하며, 이 웹 사이트 사용자는 25~54세 사이의 여성이 85%를 차지한다고 한다. 이 모든 것이 의미하는 바는 무엇일까? 인구 통계학에 완벽한 비즈니스, 책 또는 제품이 있다면 핀터레스트가 좋은 홍보 수단이라는 뜻이다. 핀터레스트는 물건을 벽에 고정할 때 사용하는 핀[Pin]과 관심사, 흥미, 호기심 등 취미를 뜻하는 인터레스트[Interest]를 합성해 만들어졌다. 관심을 갖고 있거나 흥미 있는 이미지를 핀으로 찍어 포스팅하고 트위터, 페이스북 등 다양한 소셜 네트워크 사이트와 연계해 이미지를 다른 사람과 공유할 수 있는 소셜 미디어 서비스이다. 핀터레스트에서는 이미지를 공유하는 행위를 '소셜 큐레이션'이라고 표현한다.

핀터레스트 사용법은 기존에 페이스북, 트위터 등 SNS를 이용하는 사용자라면 쉽게 알 수 있다. 이와 같은 방식으로 핀터레스트 계정을 만든 후 페이지 위쪽의 [ADD+] 탭을 누르면 [Add a Pin], [Upload Pin], [Create a Board] 메뉴가 나타나는데 [Add a Pin]은 이미지, 동영상 URL을 입력해 추가할 때 사용하는 기능, [Upload Pin]은 이미지, 동영상 파일을 직접 올리는 기능, [Create a Board]는 판게시판을 생성할 수 있는 기능이다. 또 핀터레스트는 자신과 관심사가 비슷한 사람들을 찾아 팔로우할 수 있다. 기존 SNS는 팔로우만 하면 그 사람이 올리는 이미지나 동영상을 모두 확인할 수 있지만, 핀터레스트는 핀 보드에서만 팔로우할 수 있으므로 다른 사람이 올린 게시물을 모두 보지는 못한다. 또 본인이 찾은 사진을 지인들과 공유하고 싶다면 이미지를 따로 저장하거나 캡처해 전송할 필요 없이 이메일 또는 연결된 페이스북 계정을 활용해 간편하게 보낼 수 있다.

[메뉴] 버튼을 누른 후 '인기 핀'을 방문하면 최신 인테리어, 패션, 메이크업, 웨딩드레스 룩, 영화 등 다양한 분야의 트렌드를 살펴볼 수 있다. 핀터레스트는 가이드 검색 기능을 영문 서비스로 제공하고 있다. 가이드 검색 기능이란, 사용자가 찾고자 하는 내용이 명확하지 않을 때도 쉽게 검색할 수 있도록 고안된 서비스이다. 사용자는 넓은 범위에서 하나의 단어를 입력하는 것에서 시작해 가이드 검색이 검색 창 하단에 제시하는 다양한 제안을 따라가 원하는 핀Pin을 찾을 수 있다.

핀터레스트도 다른 소셜 미디어 사이트와 마찬가지로 프로필을 성격에 맞게 제작할 수 있다. 핀터레스트는 프로필 성명에 160자를 허용하므로 프로필을 보여주는 사람이 누구인지, 어떤 제공을 하는지 등을 한눈에 파악할 수 있도록 글자수에 맞게 정보를 정리해야 한다. 프로필 이미지로 넣기에 가장 적절한 화소는

160×165픽셀이다. 본인 소개나 무엇이 영감을 주는지를 쓰는 것도 핀터레스트를 사용하는 데 도움이 된다. 개인 웹 사이트나 사업체를 홍보하고 싶다면 비즈니스용 핀터레스트 계정에 등록하면 된다. 방문자들과 내용을 쉽게 공유할 수 있도록 [PenIt] 버튼을 웹 사이트에 설치할 수 있고, 핀터레스트가 제공하는 활동과 관련된 분석을 받아볼 수도 있다.

## 인스타그램과 해시태그

인스타그램이란 '인스턴트Instant'와 '텔레그램Telegram'의 합성어로, '세상의 순간들을 포착하고 공유한다Capturing and sharing the world's moments'라는 슬로건 아래 개발된 웹 사이트이다. 서비스 초반에는 연예인과 스포츠 선수 등 유명인들이 사진을 올리기 시작하면서 유명세를 탔고, 현재는 일반인 이용자들에게 급속도로 확산됐다. 2014년 사용자가 3억 명을 돌파했고 페이스북에 인수되긴 했지만, 독립적으로 운영되고 있다. 국내에서도 2017년 8월 기준 사용자가 1,000만 명이 넘는다. 인스타그램은 페이스북 계정 또는 이메일을 이용해 계정을 생성할 수 있기 때문에 2개의 계정을 갖고 있는 사용자라면 손쉽게 시작할 수 있다.

인스타그램의 대표적인 장점으로는 '필터' 효과와 '해시태그' 기능을 들 수 있다. 필터 효과를 이용하면 다양한 분위기의 사진을 업로드할 수 있고, 해시태그를 이용하면 같은 관심사를 지닌 사용자들과 활발하게 소통할 수 있다. 해시태그는 특정 단어 또는 문구 앞에 해시 '#'를 붙여 연관된 정보를 한데 묶을 때 사용하는 방식이다. 해시태그에 자신이 검색하고자 하는 단어를 더해 검색하면 원하는 사진과 정보를 쉽게 검색할 수 있고, 자신의 게시물을 쉽게 검색할 수 있도록 만들 수도 있다. 즉, 인스타그램은 이미지 기반의 작업과 홍보를 위한 이들에게 최적의 브랜드 마케팅 수단으로 활용될 수 있다.

## 오프라인 이미지

자기 생각이나 철학은 생각과 경험에서 만들어지는 것이고, 평상시에 생각하는 가치가 일상에 반영되어 나타난다. 억지로 꾸며 만든 이미지는 언젠가 진실이 드러나기 마련이다.

경험한 모든 일이 하나로 연결되어 시간이 흐르면 자신만의 아이덴티티로 거듭난다. 하고 싶은 일, 관심 있는 일, 호기심 생기는 일, 당장은 큰 가치나 이익이 생기지 않을 것 같은 일들도 시간이 흘러 어떤 부가 가치가 되어 되돌아올지 모를 일이다. 열정, 실패, 성공 등 삶 속에서 얻은 모든 경험은 결국 인생에 도움이 된다는 사실을 명심하기 바란다.

## 나를 알리는 소통의 미학 - 알리고 홍보하자

### 좋은 콘텐츠는 입소문을 타고

나는 미디어 아트 작업을 할 때, 고미술사를 모티브로 삼아 제작한다. 처음에는 동아시아인으로서의 자존감을 회복하고 우리 문화가 서구와 비교했을 때 더 가치가 있다는 것을 대중에게 널리 알리고 서구 문화와 더불어 창조의 기반이 되기를 바라는 마음에서 시작했다. 시각적으로 가장 쉽게 접근할 수 있는 고미술 중에서도 도자와 가구, 공예와 회화를 기반으로 뉴 미디어와 인터랙션을 접목해 작업하고 있다. 초기 작품부터 도자기 위에 프로젝션 매핑 기법을 활용해 작업한 영상이 구글에서 검색어 우선순위에 올라 있기 때문에 미술계에서는 '도자기에 매핑하는 작가'라고 퍼스널 브랜딩되어 있다.

기법적으로 모션 그래픽만 떼어놓고 봤을 때 모션을 전문으로 제작하는 스페셜리스트에 비하면 수준 높은 모션 그래픽 테크닉을 구사한다고 볼 수 없고, 도자

작품으로 재탄생한 조선 시대 모란도 아트워크

기나 가구를 손으로 직접 만들지 않았기 때문에 공예가라 말하기도 어렵다. 하지만 공예 분야에서는 미디어를 활용해 작업하는 작가가 없고, 미디어 아트 분야에서는 고미술을 모티브로 삼아 오브제 매핑과 인터랙티브 미디어를 오랜 기간 꾸준히 작업하는 사람이 없어 의도치 않게 공예와 미디어 아트 사이를 오가며 전시에 초대받는 이중 수혜를 누리고 있다.

첫 개인전으로 초대받은 일본의 오사카 한국문화원 전시에서는 전통문화와 미디어를 융합해 멈춰 있던 전통을 움직인다는 점에서 긍정적인 반응을 얻었다. 흰색으로 디지털화된 전통 문양은 과거 유물에 대한 아련한 향수와 아스라한 아름다움 그리고 빛으로 투사되었을 때 가장 휘도가 높아 분위기를 잘 나타냈다. 고대 산수화나 디자인된 형태를 구분하기 위해 흰색 셰이프에 그림자를 만들고, 그 이미지들을 모션 그래픽으로 제작해 오브제 위에 투사하는 작업이 일본인들의 취향에 맞아떨어졌다.

## 2015 경기 세계도자비엔날레

예상치 못한 행운을 얻는 일들이 종종 있다. 디자이너이자 작가의 삶을 막연하게 꿈꿨는데, 미술관의 초대로 전시 활동을 시작한 몇 년 동안 스스로 작가인지, 디자이너인지, 교사인지 혼란스러운 상태로 작가로서의 아이덴티티를 찾아가고 있었다.

작가로서 이제 막 미술관으로부터 전시 초대를 받기 시작하던 시기였다. 어느 날 이메일 계정으로 도착한 메일의 제목은 '2015 경기 세계도자비엔날레 공모전'이었다. 공모에서 수상하면 1등부터 20등까지 1,000만 원에서 200만 원의 상금이 전시 기회와 함께 주어진다는 것이 눈에 띄었다. 그때까지만 해도 '그저 국제 타이틀을 단 국내 공모전이겠거니….'라고 생각하다가 딱 20등만 해서

200만 원의 상금을 타야겠다는 욕심에 작품을 출품했다.

결과는 1차 합격이었다. 1차 합격은 100점의 작품을 선별하는데, 이 100점의 작품이 입선작이 되는 것이었다. 입선작은 도자비엔날레 공모전 전시에 초대되어 전시했다. 2차 평가는 실제 작품을 설치하고 블라인드 테스트로 1위에서 20위를 가리는 본선 경쟁이었다.

2차 평가 전시 세팅을 위해 경기도 광주에 있는 도자재단 전시관인 '세라피아'로 작품을 운송했다. 전시장 입구에 들어서자마자 깜짝 놀랐다. 넓은 전시장 안을 가득 채운 전시 박스에는 미국, 영국, 프랑스, 독일, 일본, 베트남 등 전 세계 각국에서 온 작품이 도착해 있었고, 작품의 퀄리티도 세계적인 수준이었다.

전시를 진행하는 큐레이터의 설명을 듣고 이 비엔날레가 세계에서 3위 안에 드는 큰 도자 비엔날레라는 것을 알게 됐고, 함께 입선한 작가들의 작품과 프로필의 면면을 알고 나서는 상금은커녕 훌륭한 작가들과 함께 작품을 전시할 수 있다는 것만으로도 영광이라는 생각에 겸손해졌다. 국제적인 명성의 전시에 세계적인 작가들과 나란히 전시하게 된 것에 감격했고, 이는 작가로서의 자존감이 높아지는 계기가 됐다.

2차 경쟁 이후 공개된 심사위원 또한 영국의 공예와 디자인으로 유명한 빅토리아 앤 앨버트V&A 뮤지엄 수석 큐레이터 등 국외의 유명 미술관 학예사와 평론가로 이뤄져 있었다. 뜻하지 않은 행운과 더불어 수많은 미술 관계자가 작품을 관람하고 찬사를 보내는 국내 박물관의 큐레이터가 생겨나기까지 했다. 남들과 다른 가치를 갖고 있으면 예상치 못한 기회가 찾아온다. 이렇게 좋은 콘텐츠는 소 뒷걸음치다 쥐를 잡듯이 우연한 기회를 만들 수 있고, 그 기회는 또 다른 기회로 연결되는 계기가 되기도 한다.

2015 경기 세계도자비엔날레 입선작 미디어 와유(臥遊)

2015 경기 세계도자비엔날레
2차 경쟁 설치 전경

2015 경기 세계도자비엔날레 포스터

## 한국을 넘어 해외로(입소문은 꼬리에 꼬리를 물고)

### 마카오의 New Art Wave EXPO를 시작으로 홍콩, 2016 상하이 아트페어까지

평소 나의 작업을 지켜보던 한국계 미국인 대학원 교수님께서 "작품을 시그라프에 출품해 보지 그래?"라고 말씀하셨다. 시그라프<sup>SIGGRAPH, Special Interest Group on GRAPHics</sup> <sup>and Interactive Techniques</sup>는 컴퓨터 그래픽스 연구, 소프트웨어 개발, 예술, 과학적 비주얼라이제이션, 인터랙티브 기술, 게임 디자인, 비주얼 이펙트, 컴퓨터 공학, 교육, 엔지니어링, 그래픽 디자인, 영화/텔레비전과 같은 영상물 제작, 과학 연구 등 다양한 분야에 종사하는 사람들이 참여하는 세계 최대의 컴퓨터 그래픽스 관련 학회이다. 매년 미국 또는 캐나다에서 수만 명의 컴퓨터 그래픽스 전문가들, 뉴 미디어 아트 분야 전문가들이 참여해 전시와 논문을 발표하는 수준 높은 학회이기도 하다. 교수님의 격려에 고무돼 작품 3점을 제출했지만 결과는 탈락이었다.

그런데 3명의 심사위원 각각의 작품에 대한 평가를 담은 A4 용지 3장 분량의 심사 결과지가 도착했다. 뉴 미디어로 표현된 동양 미술의 아름다움에 감탄했다는 내용과 내가 쓰는 미디어 기법인 프로젝션 매핑은 몇 년 전 이미 시그라프에서 전시했기 때문에 안타깝지만 다음 기회에 다른 작품으로 다시 만나길 기대한다는 내용이었다. 비록 탈락했지만 북미 뉴 미디어 관련 전문가들의 꼼꼼한 비평과 감상에 대한 글은 해외 공모전의 무한한 가능성과 진입 장벽을 한층 낮게 느끼게 해 주었다.

'시작이 반'이라는 옛말은 틀린 말이 아니다. 처음 시작하기가 어렵지 무슨 일이든 한 번 시도하고 나면 두 번째부터는 아무것도 아닌 일이 된다. 어느 날 시그라프에 출품을 권유했던 교수님이 이메일로 웹 사이트 링크를 보내왔다. 살펴보니 1위부터 3위까지 적지 않은 상금이 걸려 있는 마카오에서 진행하는 국제 공모전이었다. 경기 세계도자비엔날레와 마찬가지로 100위 안에 들면 마카오 베네시안<sup>드라마 '올인'을 촬영한 마카오의 게임으로 유명한 호텔</sup>의 콘퍼런스 홀에서 무료로 개인 부스를 주고 전시 후에 순위를 매겨 3위까지 상금을 주는 공모전이었다.

일단 한번 도전해 봐야겠다는 생각이 들었다. 시그라프에서의 탈락 경험은 오히려 국제 공모전에 대한 자신감을 갖게 하는 아이러니한 상황을 만들었다. 그리고 '안 되면 될 때까지 해 보지 뭐.' 하는 뚝심도 생겨 두 번째 국제 공모전에 도전했다. New Art Wave EXPO 공모에 1차 합격했고, 전 세계 100위 안에 들어 그해 여름 마카오로 전시를 하러 갔다.

마카오 베네시안에서 열린 'New Art Wave EXPO' 오프닝

3위 안에 들진 못했지만 굉장히 고무적인 일은 홍콩, 마카오, 대만의 중국 미술계가 모두 연결되어 있다는 것을 알게 됐고, 홍콩과 대만의 유력 미술관 큐레이터들과 갤러리 디렉터들이 대거 방문해 200여 장 이상의 사진을 가져갔다는 것이다. 명함과 도록은 모두 소진되었고, 그중 홍콩의 유력 갤러리인 Cat Street Gallery를 포함한 여러 갤러리 디렉터의 러브콜을 받아 필자의 작품을 중화권에 알릴 수 있었다. 그리고 함께 전시한 전 세계 다양한 분야의 작가와 교류할 수 있었고, SNS 친구가 되어 친교를 나눌 수 있었다.

홍콩 신문에 실린 작품
Art of Nature Comtemporary
Gallery 초대전 포스터

비록 수상은 못했지만 동양 미술 위에 뉴 미디어로 표현된 작품이 그들에게도 특별하게 인지됐다. 전시가 끝난 후로도 New Art Wave EXPO의 대표가 종종 연락해 왔고, 다음 해 홍콩의 갤러리에서 특별전을 제안받았다.

홍콩의 Art of Nature Comtemporary Gallery에서 초대전이 열렸다. 함께 전시하는 사람은 홍콩 작가들이었고, 나는 유일한 외국인 작가로서 전시에서 좀 더 주목받을 수 있었다. 홍콩신문사의 문화부 기자는 동아시아인으로서 자존감을 위해 고미술에 관심을 갖고 많은 사람과 공유하고 싶어 뉴 미디어로 작품 활동을 하고 있다는 사실에 매우 흥미로워했다. 그래서인지 홍콩의 여러 언론에 작품과 인터뷰가 실렸고 홍콩 전시 또한 성황리에 끝났다.

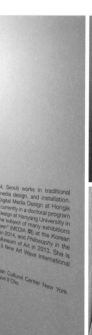

**1 2 3**
**4**

**1**
2016 상하이 아트페어에서 작품을 전시 중인
AON Gallery 부스

**2**
뉴욕 한국문화원 갤러리 사랑방 전시 전경

**3-4**
2016 상하이 아트페어에 전시 중인 작품을 촬
영하는 관람객들

또 이 전시에 홍콩의 유력한 컬렉터들이 다녀갔고, 그들이 작품에 관심을 갖고
있으며, 구매 의사를 밝혔다고 갤러리 측에서 이야기해 줬다. 마카오에서의 반
응으로 '작품이 중화권에서도 관심의 대상이 될 수 있구나.'라는 감을 잡았다면
홍콩에서의 전시는 '작품이 팔릴 수도 있겠구나.'라는 희망을 품게 해 줬다. 뉴
미디어 작품은 미디어의 특성상 개인이 소유하거나 설치하기가 쉽지 않은 관계
로 팔리는 작품이 많지 않은 현실을 고려할 때 정말 꿈같은 일이었다. 전시를
진행했던 Art of Nature Comtemporary Gallery 디렉터이자 오너인 닥터 씨
씨가 전속 계약을 한 후 겨울에 있을 '2016 상하이 아트페어'에 함께 나가자고
제안했다. 갤러리에서의 첫 전시가 끝나자마자 전속 계약이라니 현실에서 일어
날 수 없는 영화 같은 일들이 1년 사이에 줄줄이 일어나고 있었다. 그 자리에서

확답을 주기에는 홍콩과 중국 사정에 문외한이어서 한국에 돌아가서 생각해 본 후 다시 연락을 주겠다고 했다. 친분이 있는 큐레이터와 갤러리스트, 작가들의 조언을 구한 결과 나쁘지 않은 조건이라 생각되어 홍콩의 갤러리와 6개월 단발 계약을 조건으로 상하이 아트페어에 참가하기로 했다.

그해 겨울 2점의 작품을 갖고 홍콩 갤러리 소속 작가로서 2016 상하이 아트페어에 참가했다. 난생처음 참가하는 아트페어인 데다 그것도 국제 아트페어라니 기대 반 걱정 반으로 상하이 공항을 나왔다. 해외에 몇 번 나가 보니, 외국에서 작업하거나 작품을 판매하거나 전시하는 것이 한국과 크게 다르지 않으며, 오히려 한국에 있을 때보다 호의적인 대접을 받는 분위기였다. 상하이 아트페어에서도 많은 사람의 관심을 받으며 작가로서의 자신감을 얻을 수 있었다.

1년 사이에 마카오, 홍콩, 상하이의 중화권 미술 시장이 어떤지 알고 미술 관계자들과 교류할 수 있었으며, 외국 갤러리와 전속 계약을 맺고 수시로 홍콩을 드나들었다. 이 모두 우연한 기회에 참가한 공모전을 계기로 작품의 가치가 부각되어 입소문을 타고 전시 의뢰의 기회가 생겼기 때문이다.

### 뉴욕 한국문화원, 뉴욕주립대, 남플로리다대학의 초대

'경험에 영향을 미치는 것은 사람이고, 끝내 살아남는 것은 사람이다.'라는 말에 공감한다. 나는 사람에게 관심이 많고 지속적이며 끈끈한 인간관계 유지에 많은 신경을 쓴다. 이러한 관계를 통해 간접적인 영향을 받고 세상을 보는 시야를 넓히며 정체성이 만들어졌다고 믿는다. 그런 이유로 지난 10여 년간 뉴욕을 제2의 고향으로 생각하며 살고 있다. 우연한 기회에 알게 된 'Art Student League of New York' 미술 학교에서 그림을 통한 뉴요커들과의 인연으로, 1년에 한 달 이상씩 뉴욕에 체류하면서 그림을 그리고 있다. 그날도 뉴욕에서 미술사학을 강의하는 지인과 이야기를 나누던 중 뉴욕 한국문화원에서 1년에 한 번씩 작품 공모를 하는데 응모해 보면 어떻겠느냐는 이야기를 들었다.

전 세계 미술 시장을 좌지우지하는 곳이 뉴욕이기도 하고, 한국문화원은 맨해튼에서도 중심가에 위치하고 있으며, 뉴욕의 미술관과 갤러리 큐레이터, 디렉터들과 모두 연계돼 있었다. 뉴욕 한국문화원 작품 공모에서 수상하고 전시하는 것은 작가에게 큰 영광이라 입국하자마자 응모했지만 보기 좋게 불합격 메일을 받았다. 자존심이 몹시 상했지만 한 번 하기로 마음먹으면 끝을 봐야 하는 성격이라 이때도 역시 될 때까지 도전한다는 마음으로 다음 해에 다시 응모했고 두 번째 도전에는 합격했다. 나중에 알게 된 사실이지만 한국문화원 작품 공모 심사위원들은 뉴욕 아모리 미술관의 수석 큐레이터와 미술사학자 등 뉴욕 미술계에 영향력을 미치는 미술계의 유명인들이었다. 유명인들이 내 작품을 보고 좋아했다는 사실이 고무적이었다.

전시가 끝날 즈음 뉴욕 주립 대학 미술사학과 교수에게 연락이 왔다. 자신이 미술사학회에서 아시아 전통미술이 현대에 어떻게 표현되는지 발표할 예정인데, 작품 관련 자료를 보내 줄 수 있느냐는 내용이었다. 미국의 미술사학 관련자들에게 작품이 소개된다고 하니 '미국에서 전시하면 이런 기회도 오는구나.' 싶었다. 당연히 작품 자료를 보냈고, 얼마 후에 학회 발표가 매우 성공적이었고 열화와 같은 반응이 있어 이 주제를 발표로 끝낼 것이 아니라 전시로 이어가고 싶은데 작품을 출품해 줄 수 있느냐는 메일이 왔다. 한국문화원은 한국인들이 운영하는 곳이니 그렇다고 해도 뉴요커들에게 작품의 반응을 볼 수 있다니 놀라웠고, 전시에 참여하는 것은 매우 자랑스러운 일이었기에 곧바로 승낙했다.

주제가 주제인 만큼 동양 미술의 현대적인 표현을 모색 중인 미국계 중국, 일본, 한국, 북한 작가도 전시에 참여했다. 함께 전시에 참여한 엔리코 오야마, 장홍츄, 송신, 마종일, 박유아는 뉴욕에서 활동하는 유명한 중견 작가들이었다. 이러한 작가들과 함께 전시했다는 것이 개인적으로 영광스러웠고 작가로서의 위상을 높이고 뉴욕에서의 활동 범위를 넓히는 계기가 됐다.

뉴욕 주립 대학 미술관의 초대전도 성공적으로 끝났고, 이 전시를 계기로 남플로리다 대학의 미술관에서 전시 초대가 이어졌다. 이 역시 미국에서 활발히 활동하는 아시아계의 아티스트들을 위한 기획전이었는데, 미국에서 활동하는 동안 작품을 보관해 주기로 한 뉴욕 주립 대학 큐레이터와의 인연으로 남플로리다 대학의 초대전에 초대됐다. 입소문을 타고 미국 동부에서 중부로 활동 범위를 넓힌 드라마틱한 일이었다.

이어 동료 작가에게 '공예적인 느낌에서 벗어나야 미술계에서 더 활발하게 활동할 수 있을 것'이라는 이야기를 들었다. 하지만 동아시아 고미술에 관한 애정으로부터 생긴 작품 동기에서 벗어나고 싶지 않았기 때문에 묵묵히 하고 싶은 일을 해 나갔다. 해외에서는 이 점을 특별하게 인지하고 이와 유사한 기획이 있을 때마다 나를 초대했다.

주변 이야기에 일희일비할 것이 아니라 자신이 좋아하는 것에 집중하고 꾸준히 실행에 옮겨 결과물을 만들고 그렇게 고객이 될 상대방의 생각의 사다리 꼭대기에 올려놓으면 그것이 바로 퍼스널 브랜드로서의 성공이 아닐까? 이렇게 해외에서 전시 기회가 계속되는 이유는 그들의 니즈에 적합한 콘텐츠가 계속 존재하기 때문이다. 이 작업을 놓지 않고 꾸준히 해 나간다면 기회가 계속 생길 것이다.

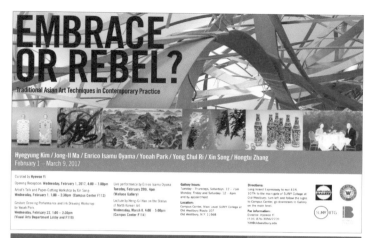

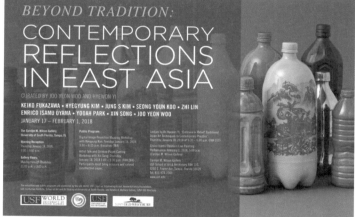

**1**
뉴욕 주립 대학 초대전 포스터

**2**
남플로리다 대학교 초대전

**34**
남플로리다 대학교 초대전 전시 전경

## 돈 벌며 홍보하기(국내외 공모전 수상으로 알리기)

### 공모전이 주는 홍보의 미학

2016 경기 세계도자비엔날레를 통해 미디어 아트뿐 아니라 전통 도예에 미디어 아트를 접목하는 작가로 언론에 소개됐고, 도자비엔날레 공모전의 초대전을 관람하러 온 한국 민속박물관의 큐레이터 소개로 한국 민속박물관과 이천 세계도자센터의 협업 전시인 '쉼, 숲길 걷다 전'에 초대됐다. 나는 이 전시의 콘셉트에 맞는 '아카르디아에 있다'라는 인터랙티브 미디어 신작을 발표했다. '아카르디아에 있다'는 실시간 인터랙티브 미디어 작품으로 적외선 카메라를 이용해 관람객의 움직임을 트래킹해 그들이 아카르디아, 곧 전통적인 천국의 길을 걷는 작업이다. 새로운 프로그래밍을 해야 했고, 5,000안시급 프로젝터 2대 이상을 한 달 넘게 돌려야 하므로 엄청난 제작 비용이 들어가는 작업이었다.

그런데 이 시점부터 작품 전시 의뢰를 받으면 작품 제작 지원비와 작가피를 받는 전시 작가가 됐고, 오히려 작가피와 함께 신작이 생기는 계기가 됐다. 처음에 재미 삼아 시작한 활동이 작품 수가 늘어나면서 자연스럽게 작가피와 제작비를 받으며 전시하는 직업 작가가 된 것이다.

그 후로 여러 공모전에서 수상했으며, 이 공모전의 상금으로 신작들을 꾸준히 만들 수 있었다. 2017년에는 유네스코, 미디어 아트 창의 도시인으로 선정한 광주문화재단 후원의 '미디어 338'이라는 전시관에서 기획 작가전 공모가 있었다. 나는 이 공모전에서는 광주에서 활동하는 작가 외에 타 지역에서는 유일하게 당선됐다. 전시 지원금을 받는 것은 좋았지만, 광주에는 지인이 단 한 명도 없었고 개인전을 위해 여러 작품을 그 먼 곳까지 갖고 가서 설치해야 하는 것에 대한 부담도 있었으며, 전시를 연다고 관람객들이 얼마나 올지도 걱정이었다. 그런데 광주의 지역 언론 여덟 곳에 홍보되어 전시장이 수많은 관람객들로 가득 찼고

쉼. 숲길 걷다 전시의 작품. '아카르디아에 있다'

지역 미술계 어르신의 격려도 받았다.

광주에서도 아시아 문화나 전통을 미디어로 해석하는 작가는 있었지만 오브제 위에 매핑이나 인터랙션 작업을 해 아이덴티티를 갖고 있는 작가는 흔치 않았다. 광주 미디어 338 공모전은 광주 미디어 아트를 세계에 알릴 계기가 됐고, 여러 기자와 문화재단 직원들, 지역 작가 등 새로운 인연들이 생겨났다. 이 덕분에 현재는 광주문화재단 미디어 아트 레지던시 7기 입주 작가로 활동하고 있다.

### 작업이 주는 상, RedDot Design Award Winner

전시 관련 공모를 넘어 디자인 공모전에도 관심을 가진 이유는 지금은 사라진 한국콘텐츠진흥원의 크리에이터 지원 프로그램 때문이었다. 한국콘텐츠진흥원의 후원으로 '미디어 다담'이라는 전통 차의 풍미를 가장 잘 느낄 수 있는, 차 우림 시간을 알려 주는 미디어 테이블 세트를 개발했다. 이는 작품이자 제품화를 목표로 만들어진 작업이었다. 전통 차와 뉴 미디어의 결합이 많은 사람에게 특별함을 느끼게 해 주는 프로젝트였으므로 공모전을 준비해 보기로 했다.

처음에는 세계적으로 유명한 레드닷디자인어워드 공모전 준비를 도와주는 회사에 작품을 의뢰해 공모를 위한 포스터 디자인과 이미지 촬영을 대행해 보기로 했지만, 어마어마한 대행료에 놀라 포기했다. 공모 제출 시간은 가까워졌고 시간은 부족했으며, 어떻게 준비해야 할지도 모르는 상황이었다. 일단 도서관으로 달려가 국제 디자인 공모전에 수상한 디자인을 모은 책을 한 권 대여했다. 공모전을 위해 3~5장의 포스터를 준비해야 한다는 것을 알게 됐다. 가장 먼저 디자인 장점과 작품의 기능을 설명하는 페이지를 디자인해야 했다.

레드닷디자인어워드를 위한 포스터 디자인이 화려할 필요는 없었다. 단지 포스터에 들어가는 작품의 상태는 한눈에 알아볼 만큼 멋지거나 다양하거나 특별해야 했다. 그리고 중요한 것은 작품의 '이름'이다. 처음에는 첫 번째 포스터의 타이틀을 작품 이름인 '미디어 다담'으로 디자인했는데 '차를 마시며 이야기하다.'라는 뜻의 '다담'은 한자권의 심사위원은 인지하기 쉽지만, 그 외 문화권의 심사위원들은 인지하기 어려웠다. 디자인 공모전에서 가장 중요한 것은 단순 명료한 제목이다. 그래서 다담이라는 제목을 'IoT Teapot & Table with Media art'라는 직관적인 단어로 변경했다. 이 프로젝트는 사물 인터넷을 통해 다기 안 뚜껑의 센서와 정전식 미디어 패널이 상호 작용해 차 마시는 가장 적당한 시간을 알려 주고, 차를 마시면서 이야기를 나누는 티테이블 세트이다.

미디어 아트와 사물 인터넷이 만나 작동하는 티테이블이라는 제목으로 어떤 작품인지 단번에 알 수 있도록 했다. 이렇게 제목을 직관적으로 달아야 하는 이유는 이 공모전에는 전 세계 수많은 사람이 수상을 노리고 응모할 뿐 아니라 심사위원 수가 정해진 상태에서 수많은 포스터를 벽에 붙여놓고 1차에서는 눈에 띄는 작품을 선별하고, 2차에서부터 디테일을 살펴 차근차근 심사하기 때문이다. 그래서 첫 번째 포스터의 페이지 디자인에 신경 써서 한눈에 들어오는 디자인과 제목으로 심사위원의 눈을 사로잡아야 한다. 그리고 두 번째 페이지부터는 작품의 세밀한 기능과 장점을 글과 이미지로 정리해야 한다.

'IoT Teapot & Table with Media art'는 레드닷디자인어워드 콘셉트 부문에서 레드닷을 수상하는 영광을 얻었고, 후원받은 한국콘텐츠진흥원에 실적을 안겨 줬다. 국제 공모전에 출품하는 것에 대한 망설임은 시그라프에 출품 후 실패한 경험 때문에 이미 오래전에 사라졌다. 처음에는 '이력서에 한 줄 정도 더 넣는 것'이라 생각했지만, 레드닷에서의 수상은 많은 사람에게 실력을 인정받는 계기가 됐고, 원하는 것을 재미있게 그리고 열정을 다해 만들면 세계 어디에서도 떳떳이 설 수 있다는 교훈을 얻었다.

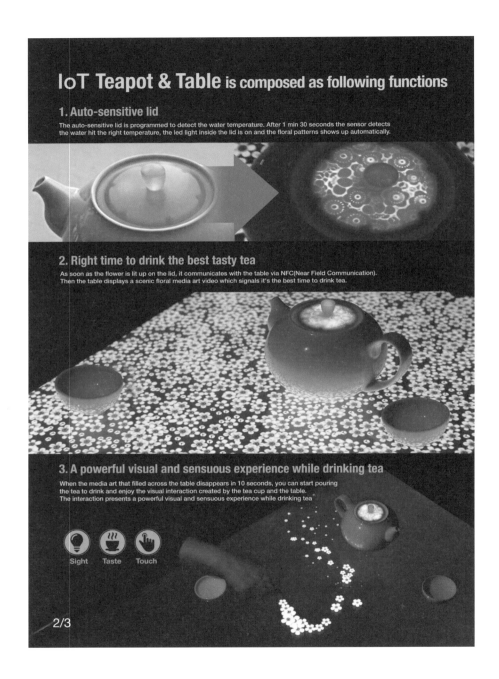

# IoT Teapot & Table is composed as following functions

## 1. Auto-sensitive lid

The auto-sensitive lid is programmed to detect the water temperature. After 1 min 30 seconds the sensor detects the water hit the right temperature, the led light inside the lid is on and the floral patterns shows up automatically.

## 2. Right time to drink the best tasty tea

As soon as the flower is lit up on the lid, it communicates with the table via NFC(Near Field Communication). Then the table displays a scenic floral media art video which signals it's the best time to drink tea.

## 3. A powerful visual and sensuous experience while drinking tea

When the media art that filled across the table disappears in 10 seconds, you can start pouring the tea to drink and enjoy the visual interaction created by the tea cup and the table. The interaction presents a powerful visual and sensuous experience while drinking tea

Sight    Taste    Touch

2/3

## How the table works

The lid communicates with the touch table via NFC(Near Field Communication) and measures the water temperature and time to steep the tea. Once it meets the right temperature and time, the LED lights to signal that it's the best time to drink the tea. When the tea cup and fingers touch the table, the floral pattern appears and interacts with the tea drinker's fingers. This experience lets the tea drinker employ the visual and sensuous impact while drinking the tea.

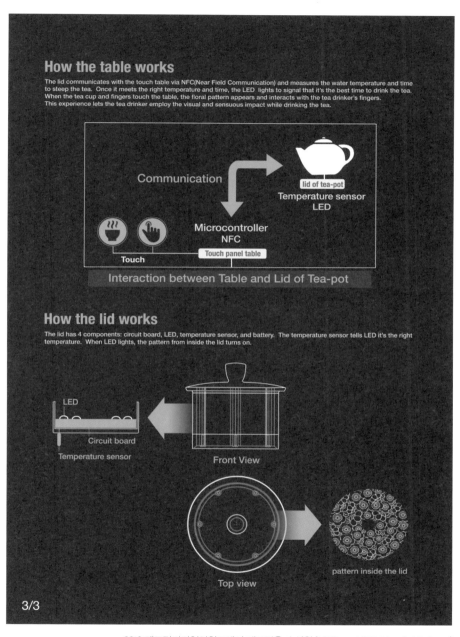

Interaction between Table and Lid of Tea-pot

## How the lid works

The lid has 4 components: circuit board, LED, temperature sensor, and battery. The temperature sensor tells LED it's the right temperature. When LED lights, the pattern from inside the lid turns on.

3/3

2016 레드닷디자인어워드에서 레드닷을 수상한 'IoT Teapot & Table with Media art'

국내든 국외든 좋은 콘텐츠라 생각되면 주저 없이 응모해 보길 추천한다. 실패해도 좋다. 될 때까지 하면 원하는 것은 언젠가는 꼭 이뤄진다.

### 호기심 마케팅 : 사람들과 교류하라

창조성의 발현 동기와 과정은 모두 다르다. 어떤 사람은 내면의 타고난 천재적인 영감에서 발현되고, 어떤 사람은 자기 세계의 희로애락에서 발현되며, 어떤 사람은 다른 사람과 교감으로 발현된다.

나는 '천재형 아티스트'가 아니라 '관계형 아티스트'이다. 단지 지금 만나는 사람들에게 충실하고, 그들과 이야기하면서 아이디어와 영감을 얻는, 공감형, 오픈형, 그리고 현재 진행형 아티스트이다. 창조적인 영감과 융합적인 시너지는 작은 희로애락과 만남에서 발현된다.

 21세기형 퍼스널 브랜드는 협업, 다른 사람과의 관계, 공감으로 미래에 영향을 미치는 사람이다. 이번에는 퍼스널 브랜드의 원천이 되는 사람들과의 교류 방법을 알아보자.

### 세미나, 워크숍, 강연, 전시로 다른 사람과 소통하기

2007년 디자인정글 아카데미라는 디자이너 전문 교육 기관에서 아트워크를 강의하며 아트워크 강사로서의 기반을 다졌다. 담당 매니저를 만나 강의에 대해 설명하고 커리큘럼을 만들어 온라인에 게시한 후 수강 신청을 거쳐 강의를 시작하는 시스템이었다. 그전까지는 실무에 쓰이는 선진Advanced 아트워크 강의가 많지 않았다. 제안을 바탕으로 커리큘럼을 만들어 웹 사이트에 올렸지만, 수강 신청 인원이 너무 적어 강의를 개설하기 어려울 정도였다.

그때까지만 해도 실무적인 고급 기능에 목말라할 디자이너가 많을 것이라던 예상은 여지없이 빗나갔고 약간의 좌절감을 맛보았다. 문제를 파악해 보니 커리큘럼이 텍스트에 치중되어 있었다. 즉, 시각적인 자극에 민감한 디자이너들의 성향을 고려하지 못한 것이다. 디자인의 기본 원리는 타깃의 호기심을 자극하는 것인데, 이것을 고려하지 않은 실수를 저지른 것이다. 그래서 수업 시간에 작업할 이미지들을 텍스트 밖으로 꺼내 텍스트 없이 이미지만으로도 어떤 수업인지 알 수 있도록 스크린샷을 만들었다.

예상대로 온라인 수강 신청이 봇물을 이뤘다. 워크숍은 한 달에 한 번 꼴로 이뤄졌고, 한 반에 20여 명씩 거의 1,000여 명에 가까운 디자이너들과 학생들이 수업을 들었다. 수강생과 강사로 시작된 관계는 수업이 끝나는 날부터 친구이자 동료가 되어 뜻을 함께하는 이들과 전시를 기획하고 스터디하는 관계로 발전해 나갔으며, 10여 년이 지난 지금까지도 이들과 교류하면서 지내고 있다. 나의 강의는 입소문을 타, 이후 3년여간 디자인정글 아카데미 우수 강의 Big3에 드는 인기 강사가 됐다. 입소문처럼 중요한 마케팅 요소가 또 어디 있을까? 강의에 대한 좋은 평가는 입소문을 타고 빠르게 퍼져 나갔고, 아트워크 책을 쓰는데 중요한 계기가 됐다.

아트워크 책이 출간되면서 홍보 영역이 전국적으로 늘어났다. 월간 CA의 콘퍼런스 강연 초대를 받기도 했다. 초기에 월간 CA 콘퍼런스는 아트워크의 니즈를 단시간에 충족시키는 도구의 역할을 했다. 한 달에 한 번씩 월 4회에 걸친 아트워크 콘퍼런스로 수백 명의 수강자들과 직접 마주할 수 있었고, 많은 사람이 아트워크와 컴포지션 작업에 목말라하고 있다는 것을 깨달았다.

출판의 힘은 대단해서 이후로도 여러 출판사의 출판 제안을 받았다. 글을 쓸 때는 힘들고 고통스럽지만 결과물을 통해 더 많은 사람과 소통하고 교류할 수 있

텍스트에서 이미지로 변경된 커리큘럼

었으며, 나 자신을 설명할 필요 없이 자연스럽게 자신을 노출시켜 교류를 지속할 수 있는 계기가 됐다.

워크숍과 콘퍼런스가 디자인 분야의 많은 사람과 교류해 스스로 자존감과 가치를 높이는 계기가 됐다면, 전시를 통해 관객과 소통하는 것은 또 다른 흥분과 가치를 갖게 했다.

2017년 겨울, 한국문화재재단에서 초대전 작가 공모가 있었다. 전통 공예를 모티브로 작업하는 작가들에게 전시장과 전시를 위한 모든 것을 지원하는 공모였다. 국내외 다양한 공모전에 지원한 경험은 공모전에 당선 여부를 예측할 수 있는 경지에 이르게 했다.

국내에는 공예를 미디어 아트와 함께 작업하는 이가 거의 없다. 고미술 자체에 관심과 애정을 기울이면서 미디어를 통해 고미술을 알리려는 작가는 없다고 생각한다. 그리고 국내 공예나 도자계는 아직 보수적인 성향을 띠고 있어서 손으로 만드는 작업을 우선시하는 경향이 있다. 따라서 뉴 미디어로 공예와 고미술을 표현하는 이는 아마도 내가 유일하지 않을까 조심스레 추측해 본다. 그래서 문화재재단의 공모는 어쩌면 당연히 내 차지일 것이라는 생각을 하게 됐다. 도자나 공예처럼 멈춰 있는 작업은 지난 수십 년간 반복되어 왔고 재단에서는 뭔가 새로운 시도를 찾을 거라는 예상이 들어맞아 심사위원 만장일치로 초대전 공모에 당선됐다.

2018년 미디어 '여민락'이라는 제목으로 한국문화재재단 전시홀 '결'에서 전시하게 됐다. 80평 규모의 큰 전시장에 그동안 작업해 왔던 작품과 신작 8점을 전시했고 관객들의 반응을 살필 수 있었다. 영상이나 사진 촬영으로는 그 진가를 파악할 수 없는 프로젝터를 이용한 매핑 작업이다 보니 작업을 실제로 본 사람들의

1 2
3 4

**1**
2018 한국문화재재단 초대전 '미디어 여민락'

**2~4**
2018 한국문화재재단 초대전 '미디어 여민락' 전시 전경

반응은 예상했던 대로 매우 긍정적이었다. 나는 디지털 작업도 감성적일 수 있고, 소유하고 싶은 욕망을 자극할 수 있다고 믿는다. 그래서 고전적인 도자나 가구 형태의 오브제와 경첩 등을 직접 디자인해 영상과 하나로 어우러지게 작업하고 있다. 촬영 영상으로는 3D적인 깊이감을 느낄 수 없지만, 실제로 보면 입체적인 느낌과 산들바람에 흔들리는 듯한 영상 속의 움직임들을 느낄 수 있다. 많은 관람객에게 아름답다는 찬사와 더불어 전통과 뉴 미디어의 융합이 새롭게 다가왔다는 이야기를 들으면서 '역시 작업하길 잘했구나.' 싶은 충족감과 함께 새로운 작업에 대한 열정이 생겼다. 그리고 그동안 해 왔던 작업이 스스로에 대한 만족을 넘어 다른 사람에게도 전통 공예와 고미술에 대한 관심을 불러일으키는 데 엄청난 가치와 역할을 하게 된다는 것을 다시 한번 깨닫는 계기가 됐다.

이 전시가 한국문화재재단의 후원을 받다 보니 문화재 관련자들과 도예 및 공예 관련자들이 많이 찾아왔다. 검색을 통해 알게 됐다는 월간 〈도예〉 기자는 2주간의 짧은 전시 기간을 매우 아쉽다고 하면서 인터뷰 매거진에 전시 리뷰를 싣기도 했다. 이 전시를 회사 동료 기자들에게 알렸는지 다음 날에는 다른 동료 기자가 찾아와 명함을 주면서 다음 달에는 작가 특집으로 개인 인터뷰를 하고 싶다고 요청해 왔다. 미디어 작가가 공예나 도예 쪽에 더 알려지는 상황은 어찌 보면 좀 아이러니하지만 어느 쪽이든 구별되지 않고 중간 어느 지점에 있는 상황도 나쁘지 않은 것 같아 흔쾌히 수락했다.

### 끊임없는 해외 체험, 경험에 투자하기

대학교 4학년 겨울, 영어 한마디 못하는 상태로 여행 책자 한 권만 들고 한 달간 유럽 여행을 떠났다. 영어학을 전공한 친구만 믿고 아무런 준비 없이 그렇게 12시간을 비행해 런던에 도착했다. 그런데 영문학을 전공한 친구의 소심한 성격이 문제가 됐다. 1997년 당시에는 인터넷이 활성화된 시기가 아니어서 전화로 숙

2018년 1월 남플로리다 대학교에서 진행된 프로젝션 매핑 워크숍

소를 예약해야 했고, 직접 창구로 가서 기차표나 대중 교통 티켓을 구매해야 했다. 이는 외국인과 두 눈을 마주 보고 말로 소통해야 한다는 것을 의미했다. 그 친구는 길을 물어 보지도 숙소 예약을 위한 전화조차 힘들어하는 상태였기 때문에 필자가 직접 단어를 나열해 길을 묻고 숙소를 예약해야 하는 절체절명의 상황이 이어졌다. 처음에는 무섭고 두렵던 이 시작은 여행의 끝날 무렵이 되자, 자연스럽게 입에 붙어 어디에 전화하든, 어떤 티켓을 예약하든 아무런 부담이 되지 않았다. 처음 시도가 힘들지 익숙해지면 아무것도 아니라는 교훈을 얻었다.

그 이후 외국인들과 마주보고 내 생각을 이야기를 하면서 그들과 친구가 되고 싶은 욕망을 갖게 됐다. 그때부터 해외에서 수많은 경험을 쌓았고, 올해 초 남 플로리다 대학교 미술관의 초대로 전시했을 당시 아티스트 토크와 함께 대학생, 대학원생들을 위한 프로젝션 매핑 워크숍도 진행했다. 이 경험을 바탕으로 한양대에서 진행한 'International Summer School 2018'에서 싱가포르와 미국에서 온 학생들에게 디지털 아트워크를 강의하면서 외국 학생들과 소통했다.

아트워크 책에 쓸 이미지들은 저작권에 민감하고 상업적인 용도로 쓰기 위한 이미지는 한 컷에 수십만 원에 달하기 때문에 한 점의 아트워크 제작을 위해 이미지를 구매하면 수백만 원의 로열티를 지불해야만 한다. 그렇게 수십 개의 작업을 하면 수천만 원이 드는 상황인지라 이미지를 구매한다는 것은 매우 어려운 일이었다. 대신 필요한 이미지를 구하고 외국 친구를 사귀어 경험을 넓히는 이중의 혜택을 얻기 위해 해외 여행을 했다.

두 번째 책에 들어갈 눈 쌓인 사막 이미지 리터칭 소스를 촬영하기 위해 사막 사진이 필요했고, 그랜드 캐니언을 촬영하기에는 비용이 너무 많이 들었기 때문에 중국 곤명으로 날아가 토림<sup>흙이 쌓여 만들어진 숲</sup>과 석림<sup>돌이 솟아 만들어진 숲</sup>을 촬영했다. 일본의 문화유산과 3000년 된 이기를 촬영하기 위해 교토로 날아갔으며, 아트워크에 쓰일 외국인 모델들을 촬영하기 위해 뉴욕과 시애틀의 친구들을 찾았다. 경험은 오히려 더 많은 부가 가치로 돌아왔다. 눈앞의 이익만을 생각한다면 정말 실속 없는 투자로 보일지 모르지만 이러한 경험들이 쌓여 미래에 어떤 가치로 되돌아 올지 모를 일이다.

### 호기심이 이끄는 대로, 스터디 그룹 결성하기

2D 아트워크를 강의하던 강사로서 남들과 다른 점이 있다면 호기심이 많다는 것이다. 이 호기심은 어떤 형식으로든 발현되게 하는 추진력이 있다고 생각한다. 어느 선배의 일러스트레이션 그룹전을 관람한 15년 전, 나도 언젠가는 전시를 해 보면 좋겠다고 생각했다. 그때부터 전시회를 가면 전시 서문과 기획 의도를 면밀히 살펴봤고, 디자인정글 아카데미에서 수강하던 다양한 직종의 디자이너와 교류하면서 끈끈한 유대를 맺었다.

당시 관심사는 '지구 온난화Global Warming'였다. '북극과 남극의 얼음이 녹아 내리는 심각한 상황을 어떻게 하면 조금이나마 줄일 수 있을까?', '디자이너들이 어떤 방식으로 메시지를 전달할 수 있을까?'를 고민했다. 수강생들과 함께 생각과 고민을 나누다가 지구 온난화에 관한 전시를 해 보자는 제안을 했다. 그들은 흔쾌히 승낙했고 모션그래퍼, 포토그래퍼, 일러스트레이터였던 수강생들, 뉴욕에서 파스텔 드로잉을 사사해 주셨던 선생님과 함께 6개월간의 기획 기간을 걸쳐 전시회를 열었다. 이 전시가 많은 사람의 호응을 받거나 크게 이슈가 되지는 않았지만 6개월 동안 전시를 준비하면서 일주일에 한 번씩 만나 지구 온난화의 폐해를 어떻게 하면 줄여 나갈 수 있을지에 대한 의견을 나눴고, 에너지를 효율적으로 아끼는 방법을 공부했다. 이 기간 동안 우리는 물을 받아 조금씩 나눠 쓰는 연습을 하기도 했다. 그렇게 공동의 관심사를 통해 서로를 더 많이 이해할 수

이혜미 한복 디자이너와 협업한 작품 미디어. '여민락'

있었고 더욱 끈끈한 유대를 맺게 됐다.

이런 관심과 호기심은 모션 그래픽 분야의 경향과 광고, 방송계의 속성을 알 수 있게 해 주었다. 아트워크를 움직이는 작업은 인터랙티브한 작업으로 이어졌고, 이는 아트센터 '나비'의 아두이노 교육으로 이끌었다. 워크숍을 통해 한국에서 활동하는 미디어 아티스트들과 교류할 수 있었다. 이곳에서 알게 된 미디어 아티스트들과 함께 '만인 예술가' 전시에 참여할 수 있었고, 이를 바탕으로 나의 작업을 주변의 미디어 아티스트에게 알릴 수 있었다.

나의 지속적인 작업은 큰 전시 기회로 연결됐다. 2015년 1년에 한 번 열리는 공예트렌드페어의 러브콜을 받은 것이다. 당시에는 공예계에 알려지지 않았고 단지 공예로 매핑하는 변방의 미디어 아티스트쯤이지 않았나 싶다. 공예트렌드페어의 큐레이터 전시 기획은 '손에 잡히는 미래'였고, 공예의 미래는 미디어를 통해 계승된다는 믿음이 있었다. 그래서 공예 작가와 미디어 작가를 동시에 섭외하던 중이었고 아트센터 나비에서 만나 협업을 진행했던 미디어 아트 작가에게 의뢰를 했는데, 그 친구가 콘셉트를 듣자마자 나를 추천한 것이다. 스터디를 통한 작품 소개가 큰 전시와 연결된 것이다.

평소의 호기심은 동양 미술사, 서양 철학, 인터랙티브 미디어, 사물 인터넷 등으로 확장됐고, 지인들과 함께 작품을 제작하거나 프로젝트를 진행하는 계기가 됐으며, 프로젝트와 작품은 세계 여러 나라의 전시 초대로 이어져 국제 공모전에서 수상하는 영광을 안았다.

꾸준히 콘텐츠를 만들고, 이 콘텐츠를 어떠한 방식으로든 주변에 노출시키다 보면 어느 순간 예상치 못한 기회들을 잡을 수 있다. 이런 일들은 작업을 시작한 시점부터 계속되고 있다.

## 인간 허브, 의기투합으로 공통의 새로움 만들기

올해 초 명동에 있는 숭의여자대학에서 강의 의뢰를 받았다. 처음으로 혼잡한 관광지에 위치하고 있는 학교를 가게 됐는데, 학교 뒷산이 남산이었고, 배경은 케이블카였다. 너무 재미있고 신기한 풍경에 사진을 찍어 SNS에 업로드했다. 얼마 되지 않아 한복 디자인을 하는 사임당한복 디자이너 선생님께서 댓글로 그 곳에 있는 이유를 물으셨다. 그때까지만 해도 우연히 전시 오프닝에서 한 번 뵌 적이 있던 낯선 분이었고, 관심을 가져 주는 것이 고마워 이곳에서 강의를 하게 됐다고 답했다. 그 선생님은 자신도 이 학교에서 강의를 한다고 하면서 즉석에서 만남을 제안했다. 그다음 주 학교 커피숍에서 선생님과 만나 마치 오랫동안 알고 지낸 사이처럼 솔직하고 스스럼없는 대화를 나눴다.

현실 작업의 어려움, 학생들의 수업 태도 등 사적인 이야기들이 오고가면서 마치 절친한 친구가 된 것 같은 느낌을 받았다. 그리고 서로의 작품을 처음 보았을 때의 감상을 이야기하며 훗날 함께 컬래버레이션을 해 보기로 했다. 선생님도 전통을 왜곡하지 않으면서 현재의 편안함을 반영하는 편안한 한복 디자인에 힘쓰고 계셨고, 필자 또한 그런 시도에 깊은 공감을 하고 있었다. 뜻이 통하니 엔도르핀이 용솟음치는 듯했다. 뭔가 또 재미난 일이 일어날 것이고 그것을 함께 즐길 수 있는 지인이 생긴 것이다.

선생님은 나의 작품 중에 숙명여대 박물관에 소장된 미디어 '보화'라는 작품을 너무 아름답게 봤고, 그 안에서 움직이는 봉황을 자신의 옷과 컬래버레이션하고 싶다고 말씀하셨다. 한국문화재재단 초대로 4개월 후에 개인전 계획도 있었기 때문에 이 전시에 선생님과 컬래버레이션을 진행하자고 제안했고, 나와 생각이 같은 선생님은 그 자리에서 승낙하셨다. 그렇게 해서 고운 명주 천을 여러 겹 겹친 고급스러운 한복에 아이디어가 더해져 멋진 프로젝션 매핑 작품인 미디어 '여민락'이 완성됐다.

미디어 '여민락'을 전시 메인 작품으로 내세우고, 이혜미 선생님과의 컬래버레이션임을 강조했다. 그 결과 한복문화재단과 패션디자인 관련자, 문화기획자들이 많이 방문했으며, 한복과 미디어의 융합 작업에 감탄했다. 언제나 그렇듯이 새로운 반응을 받으면 작업 열망이 솟아난다. 이제는 도자기와 고가구를 넘어 의상에도 관심을 기울이느냐며 응원해 주는 주변의 선생님들도 계셨고, 컬래버레이션에 흡족해하시는 이혜미 선생님과는 더욱 돈독한 지인이자 협업자가 됐다. 향후 한복에 대한 연구와 공부를 통해 더 다양한 한복과 미디어 아트의 컬래버레이션을 진행하기로 했다.

이혜미 선생님과 내가 비슷한 성향이라는 확신은 뉴욕에 계신 또 한 분의 작가를 떠올리게 했다.

뉴욕 맨해튼의 워터폴 맨션이라는 큰 갤러리에서 작가로 활동하는 키미 작가님이다. 이분 또한 단지 페이스북 친구였을 뿐이지만 지난 겨울 뉴욕을 방문했을 때 만난 도자 작가이다. 이분도 처음 만나자마자 뜻이 통한다는 것을 단번에 느꼈고 그렇게 만난 우리는 브런치 카페에서 한참을 이야기 나누고 귀국 후에도 문자를 주고받으며 좋은 관계를 유지하고 있었다. 일반적으로 낯선 사람이 가까워지기는 쉽지 않은 일인데 이 작가님들은 모두 솔직하고 꾸밈없는 성향의 사람들이라 가능했으리라 생각한다.

올해 여름 키미 작가님이 서울을 방문했고, 이때가 기회다 싶어 두 분을 소개해 드리고 싶었다. 그전부터 두 분에게 상대방에 대한 이야기와 칭찬을 많이 한 상태였고, 두 분 모두 오픈마인드의 성격을 갖고 계셨기 때문에 만남에 대한 기대가 컸다. 이혜미 선생님은 한복을 현대적으로 구현하시는 데 노력하시고, 키미 작가님은 도자를 현대적으로 표현하시는 분이며, 나는 전통과 고미술을 미디어로 작업하는 작가이다 보니 함께할 수 있는 부분이 많았다. 이혜미 선생님의 작업실이 있는 돈의문 박물관 한옥마을에서 만나 끊임없이 작품과 일상 이야기를 나눴고 서로 많은 호감을 갖게 됐으며, 올해가 가기 전에 한국과 뉴욕 오가며 셋이 컬래버레이션을 해 보기로 했다.

늘 열린 인간관계의 하나의 예로, 작년과 올해 뉴욕과 플로리다에서 함께 전시한 중국계 미국인 작가 송신<sup>Xin Song</sup>을 들 수 있다. 그녀는 중국 전통 페이퍼 커팅으로 뉴욕에서 활동하는 유명한 중견 페이퍼 커팅 아티스트이다. 대륙의 기를 타고나서 그런지 그녀는 항상 마음이 넓었고 이해심도 깊었다. 그녀 또한 나의 미디어 작업을 좋아했고, 나 또한 수년 전부터 페이퍼 커팅을 활용한 작업을 하고 싶었기 때문에 자연스럽게 협업을 약속했다. 이 협업의 결과는 뉴욕의 갤러리에서 전시될 예정이다.

뉴욕에서 활동 중인 페이퍼 커팅 작가 '송신'

이렇게 누군가의 장점과 특징을 잘 파악해 그룹을 만들고 공동의 호기심과 공통점을 발견하며 새로운 것을 만드는 것이 관계지향주의자로서 행복하게 사는 이유이자 끊임없이 발현되는 열정의 시작점이다.

## 좋은 평판을 위한 진정성 있는 소통(관리)

### 꾸준히 의견에 귀 기울여 반영하기

사람들과의 교류와 대화를 통해 얻는 다른 사람의 경험과 지식은 당장 물질적인 이익이 되지는 않지만 영혼을 풍족하게 하고 호기심을 만족시키며 또 다른 호기심을 만들어 낸다. 사람들은 대화를 통해 긍정적인 가치를 이야기하고 때로는 미래의 일을 만들어 내는 실마리를 제공한다. 때로는 예상치 못한 질문과 질타를 받는 경우도 있지만, 이 또한 약이 되고 살이 된다.

한국문화재재단에서 개인전을 열면서 어느 미술대학 교수님의 이야기를 경청한 일이 있다. 그분은 나의 작업에 매우 부정적이었으며, 기법은 초보적이고 창의성이 떨어지며 작은 사이즈의 작업은 소심함을 보여 준다고 악평했다. 마땅히 축하받아야 할 개인전이라 생각했고 작품에 대해서는 국내외를 포함해 어느 곳에서든 감동과 칭찬을 받는 것에 익숙했기 때문에 일부분은 동의하고 일부분은 그렇지 않다고 설명했지만 곤혹스러웠다.

작품 사이즈가 작은 이유는 편리한 이동을 위한 수단이었고, 매핑이라는 작업 자체는 워낙 많이 사용되어 그다지 창의적인 기법이라고 하기는 어렵지만, 고미술을 현대적으로 재현하는 도구로서 사용한 자체는 창의적이라고 말할 수 있다고 생각했다. 초보적인 모션 그래픽 기법을 갖고 원하는 분위기를 만들어 내 그 감성을 전문가들도 구현하기 쉽지 않은 노하우가 들어 있다고 생각했지만, 그분의 부정적인 생각에도 일리가 있고 아주 부정할 수만도 없다는 결론에 이르렀다. 아직 공부가 부족하고 깊이가 부족하다. 그래서 이번 전시로 작품의 시즌 1이 끝났으므로 이제 새로 시작될 시즌 2는 더 노력하고 연구해서 이런 이야기를 듣지 않도록 노력해야겠다고 다짐했다.

긍정적인 이야기도, 부정적인 이야기도 이 세상의 수많은 경험 중 하나이고 이 경험들은 단 한 가지도 버릴 게 없다. 부정적인 면도 긍정의 에너지로 재해석해 미래에 더 나은 가치로 만들면 된다.

### 오픈 마인드, 때로는 양보가 모두를 아우르는 힘

사람이 사는 곳에서는 좋은 말과 좋은 관계만 있지 않다는 것은 누구나 알고 있다. 가족 때로는 나조차도 내 마음에 들지 않을 때가 많은데, 모든 사람이 마음에 들 수는 없다. 그래서 항상 마음에 두는 말이 '역지사지'이다.

미술사 스터디를 하던 10여 년 전, 작은 체구로 무겁고 커다란 미술사 책을 보여 주려 노력하던 친구를 대신해 어떡하면 그 친구들을 도울 수 있을까를 생각했고, 그 자리에서 중국 회화사 파트를 모두 마스터해 발표하겠다고 이야기했다. 중국 회화사는 엄청난 분량의 책을 읽어야 했고 몇 개월간 그 내용을 요약해 프레젠테이션으로 만들어야 했다. 시간과 에너지를 어마어마하게 써야 하는 작업이었지만 그 친구의 노고를 조금이라도 덜어 주고 싶은 마음에 나의 시간과 에너지를 기꺼이 쓸 수 있다고 생각했다.

그렇게 한 파트를 맡아 정리하겠다고 하니 다른 스터디 멤버가 자신은 중국 도자기의 역사, 또 다른 친구는 일본 회화사, 또 다른 친구는 한국 회화와 도자기의 역사, 또 다른 친구는 건축사를 정리하겠다고 했다. 긍정의 에너지는 이런 상황에 봇물 터지듯 솟아난다. 그렇게 해서 우리들은 1년의 긴 시간 동안 즐겁고 재미있게 동아시아 고미술사를 마스터할 수 있었고, 그 결과 같이 공부한 친구들은 국립중앙박물관의 학예사로, 대림미술관의 큐레이터로, 터키와 한국에서 미술사학 박사학위를 가진 학자로, 나는 동아시아 미술사를 모티브로 작업하는 미디어 아티스트로 성장할 수 있었다.

그리고 앞에서 말한 바와 같이 나는 여러 스터디 그룹과 모임을 만들기를 즐겨했고 그 결과들로 레드닷디자인어워드 같은 국제적인 공모전에서 수상을 하고 국내의 지원 사업에 채택됐으며, 모임을 통한 가시적인 성과들을 만들어 냈다. 여기서 이야기하고 싶은 점은 나를 제외하고 모든 모임의 멤버들은 직장에 다니는 회사원들이었다는 것이다. 회사에 몸이 묶인 상태이다 보니 자유롭게 시간을 낼 수 없었고, 프리랜서인 나는 상대적으로 시간이 많아 모든 서류 작업과 제출 및 문서 작업, 각종 디자인과 디자인 작업물을 만들어 낼 업체들을 직접 발로 뛰며 찾아다녔다.

프로젝트들의 대부분은 나의 노동과 아이디어, 에너지를 통해 만들어졌다. 그렇지만 멤버들 간의 트러블은 없었다. 그만큼 멤버 간의 신뢰가 형성되어 있었기도 했지만 솔선수범하는 누군가가 있을 때 미안함과 고마움을 느끼고 자신의 일을 더욱 열심히 해내기 때문이다. 조금만 양보하고 배려하면 모두가 편안해지고 평화로울 수 있다. 그것이 그룹을 통한 집단 지성 발현의 원동력이 되고 또 다른 가치 창조를 위한 발걸음이 되기도 한다.

### 스스로에 대한 탐색과 자극으로 성장의 근육 만들기

'나는 어떤 사람인가?', '내가 사는 방식이 맞는 건가?'라는 의구심이 들 때가 종종 있다. 그리고 내 생각보다는 남의 생각에 휩쓸려 버릴 때도 있다.

광주문화재단 소속 미디어 아트 레지던시의 작가로 활동 중일 때, 다들 "광주까지 가서 도대체 뭐 하는 거야?"라고 물었다. 공모로 초대 개인전을 열었을 때 광주 시민들의 작품에 대한 관심과 열정에 탄복했고, 재단 관계자들의 성의에 감동

받았다. 그리고 광주에는 향교와 함께 고려 시대 유적들이 곳곳에 남아 있어 언젠가는 유적지를 돌아보고 싶다는 생각과 문화재단 사람들과 친해지고 싶다는 생각을 하던 차에 올봄 레지던시 작가를 뽑는다는 공고를 보고 공모 신청을 한 것이다. 어찌 보면 정말 무모한 시도일 수도 있다. 아무 생각 없이 단지 사람과 주변 환경에 끌려 즉흥적인 결정을 내렸으므로 납득이 되지 않을 수도 있다. 그만큼 나는 관계지향적이고 현재에 충실한, 어쩌면 조금 다른 인간형일지도 모른다.

일주일에 한 번씩 광주에 내려가는 것에 체력적인 한계를 느끼고 즉흥적인 결정을 내린 것에 대한 회의가 들기 시작할 즈음, 선배를 한 명 만나게 됐다. "광주에 내려갔으면 광주비엔날레에서 전시할 생각을 해야지 뭘 하느냐."라는 핀잔을 들었다. 그전까지는 광주비엔날레를 생각해 본 적이 없었다.

광주까지 갔는데 그 생각을 못하다니 어처구니가 없었지만, 선배의 말에 고무된 나머지 광주비엔날레에서 오랫동안 일하다가 광주문화재단으로 이직한 관계자와 식사를 하며 이야기 나누던 중 선배와의 대화를 이야기했고 기회가 된다면 광주비엔날레 큐레이터와 이야기해 보고 싶다고 부탁했다. 그러고 나서 자신을 돌아보니 아무리 생각해도 실수를 한 것 같았고, 마음이 너무 불편해 재단 담당자에게 메시지로 조금 전에 들은 이야기는 안 들은 것으로 해달라고 말했다. 나와 맞지 않은 방법으로 뭔가를 시도하려는 일이 얼마나 힘들고 부담스러우며 불편한 것인지를 깨닫는 계기였다.

천천히 그리고 지속적인 노력을 알아봐 주는 이가 나타나면 자신의 노력과 능력만으로도 충분히 원하는 바를 이룰 수 있다. 인간은 완벽한 존재가 아니므로 가끔 실수를 저지르고 그러한 실수와 여러 가지 경험을 통해 자신을 되돌아보는 계기를 만들다 보면 어느 순간 어제보다 성장한 자신을 발견할 것이다. 끊임없이 시도하고 만나고 교류하고 새로움으로 재탄생할 원천을 만들어 나가야 한다.

# PERSONAL
# BRANDIN

# 성공적인
# 퍼스널 브랜드를 위한 3요소

_김혜경

## 브랜드의 기본 : 차별성

### 화장품일까, 촬영 기기일까?

대부분 화장품 패키지 디자인을 생각해 보면 여성스럽다, 럭셔리하다, 귀엽다라는 형용사가 떠오른다. 여성성을 극대화하고 아름다움을 표현하기 위한 도구가 바로 화장품이기 때문이다. 그러나 2016년 필름, 카메라, 조명 등의 스튜디오 촬영에 사용될 만한 특이한 패키지와 콘셉트로 화제를 몰고 온 슈퍼페이스 SuperFace라는 화장품이 있다. 아름답거나 우아한 형용사가 어울릴 법한 화장품의 네이밍이 아니다. 슈퍼페이스는 홍콩과 중국 등 아시아권에서 활발히 활동하는 한국인 CF 감독 손정과 그녀의 남편 홍콩인 감독 래리 슈 Larry Shiu 가 런칭한 메이크업 브랜드이다. 이들은 장쯔이, 야오천, 슈치, 판빙빙, 리빙빙, 안젤라베이비 등을 포함한 홍콩과 중국의 슈퍼스타들과 많은 작업을 했다.

이들은 한 번 촬영할 때마다 메이크업을 수정하는 데 너무 오랜 시간이 걸리고 복잡한 과정을 거쳐야 한다는 점에 영감을 얻어 복잡하지 않고 단순하게, 꼭 필요한 컬러와 기능에만 초점을 맞춰 실용적인 화장품을 만들기로 한다. 모든 제품의 패키지는 이들이 직접 디자인했고, 코닥 필름의 상징인 노란색과 필름은

슈퍼페이스 화장품 패키지
(출처 : http://superfacestudio.com)

슈퍼페이스만의 상징이 됐다. 슈퍼페이스는 복잡하고 까다로운 메이크업보다는 꼭 필요한 색깔, 꼭 필요한 기능에 포커스를 맞췄고 한 가지 화장품에 여러 가지 기능을 넣어 메이크업 시간을 혁신적으로 단축시켰을 뿐 아니라 제품을 처음 만지는 촉감과 소리 등을 차별화했다. 아름다운 여배우들을 더욱 아름답게 해주는 CF 감독들이 런칭한 패키지 디자인은 제품에 대한 신뢰감을 주기에 충분하다. 제품 퀄리티에 비해 합리적인 가격의 화장품인 슈퍼페이스는 화장품의 전형적인 이미지와 상관없이 브랜드 아이덴티티 형성에 성공했고 입소문을 통해 자연스러운 마니아층을 형성하고 있다.

## 이상한 나라의 공간 속으로, 드 영 미술관

세계 유수의 박물관과 미술관 중 샌프란시스코를 방문했을 때 특히 인상 깊었던 미술관은 드 영 미술관<sup>De Young Museum</sup>이다. 이 미술관은 1895년 캘리포니아 국제박람회에서 이집트 양식의 전시 공간으로 처음 문을 열었다. '드 영'은 미술관 초기 발전에 많은 영향을 미쳤던 M. H. 드 영<sup>M. H. de Young</sup>의 이름에서 따왔다.

이 미술관은 초기부터 여러 번의 증축을 거쳐 2005년에 재개관했으며, 2001년 건축계의 노벨상이라 불리는 프리츠커상을 받은 스위스의 유명 건축가 헤르조그 앤 드 뫼롱<sup>Herzog & de Meuron</sup>의 작품이다. 그의 건축 방식은 역사도 이론도 형식도 없이 각각의 프로젝트 대지와 기능, 재료에 대해 탐구해 매번 다른 해답을 창조해 낸다는 의미에서 '케이스 바이 케이스'라고 불린다. 그의 대표적인 작품으로는 런던의 테이트모던 갤러리와 베이징 올림픽 주경기장을 들 수 있다. 헤르조그 앤 드 뫼롱<sup>Herzog & de Meuron</sup>의 미술관은 타공한 구리 소재

의 외피가 미술관 전체를 감싸고 있는 예술 작품으로 평가받는다. 전체 소장품은 2만 7,000여 점으로, 매우 큰 규모를 지니고 있다. 4층 전망대에 올라가면 세계 최대의 도심 공원인 골든게이트 파크Golden Gate Park와 샌프란시스코의 유명한 언덕들이 한눈에 들어온다.

반면, 실내 공간은 전체 크기를 가늠하기 어려울 만큼 복잡하게 구성되어 있고, 크고 작은 전시실과 복도가 사방으로 연결되어 각기 다른 전시실과 다른 시대의 다른 미술관으로 이동하는 듯한 느낌이 든다. 헤르조그 앤 드 뫼롱은 이러한 유기적인 구조를 활용해 공간을 디자인한다고 알려져 있다. 일반적으로 미술관은 시대 또는 주제나 장르별 작품을 수집해 전시한다.

이 미술관은 기원전부터 동시대 미술까지 온갖 작품을 전시하고 있다. 그런데 드 영 미술관은 컬렉션의 접근 방법부터 다르다. 기원전부터 현대까지, 미국에서 오세아니아, 아프리카 지역까지 컬렉션하고 있다. 한 전시실에서는 기원전 200년 아메리칸 인디언의 공예품을 볼 수 있고, 옆 전시실에서는 2000년대 미국 현대 유리 공예가의 작품을 볼 수 있다. 각기 다른 장르로 연결되는 느낌의 이 미술관은 전시 구성이 매우 특이하고 차별적이며 일목요연하다.

전망대에 올라갔을 때 특이한 전시실 구성이 샌프란시스코만의 독특한 역사와 문화적 특징을 담고 있다고 생각했다. 전망대 벽면에는 샌프란시스코를 촬영한 거대한 항공 사진이 있는데, 격자로 구획된 이 도시는 계획적이지만 서로 다른 성격과 문화로 만들어진 샌프란시스코만의 모습이 그 안에 담겨 있다는 것을 느끼게 한다. 이 계획된 공간 안에서 블록처럼 만들어진 공간과 공간을 지나 다른 세상이 나타나고 그렇게 모여 도시 전체를 하나로 완성해 주고 있는데, 드 영 미술관의 조금은 혼란한 듯하면서 시공을 초월한 전시 공간 디자인은 기존에 방문했던 미술관과 다른 드 영만의 고유한 아이덴티티를 기억하게 했다.

## 디지털 시대에 아날로그 감성으로, 오케이고

텔레비전 채널, SNS, 유튜브 채널에는 수많은 걸그룹, 보이그룹의 율동에 디지털 리터칭을 가미한 뮤직비디오들이 넘쳐나고 있다. 그런데 색 보정<sup>Color Correction</sup>과 분위기가 모두 비슷해 '한곳에서 촬영하고 보정한 게 아닌가?' 하는 느낌을 받을 때가 있다.

그런데 컴퓨터 그래픽을 전혀 사용하지 않고 역대급 비주얼을 만들어 내는 록밴드가 있다. 그들은 미국 얼터너티브 4인조 록밴드 '오케이고<sup>Ok go</sup>'다. 이들은 지난 2006년 '히어 잇 고우스 어게인<sup>Here IT Goes Again</sup>'이라는 뮤직비디오로 업로드한 지 단 6일 만에 유튜브 1,000만 뷰어를 달성할 만큼 엄청난 인기를 끌었고, 유튜브에서 선정한 2006년 가장 창조적인 동영상으로 뽑히는 영광을 얻었으며, 2007년 그래미상 최우수 뮤직비디오상을 받기도 했다.

'히어 잇 고우스 어게인<sup>Here IT Goes Again</sup>'은 4명의 멤버가 마주 보는 4대의 러닝머신에서 마치 거울을 보듯이 딱딱 맞는 군무를 추다가도 러닝머신을 이리저리 옮겨 다니며 익살스럽게 춤을 추는 일명 '러닝머신 댄스'를 담는 원테이크 촬영 방식으로 찍은 뮤직비디오이다. 오케이고가 다른 록밴드와 다른 점은 이 모든 안무를 멤버들이 직접 만들었다는 것이다.

그 후 10여 년이 지난 지금까지 그들이 만들어 낸 모든 뮤직비디오는 한결같이 원테이크를 지향하며, 재미있고 유머러스한 표현 방식 또한 해를 거듭할수록 진화돼 많은 팬을 음악에 빠져들게 하고 있다. 2017년 11월 567대의 프린터를 배경으로 색색의 A4 용지를 출력해 내며 그 앞에서 4명의 멤버가 음악에 맞춰 춤추는 뮤직비디오를 Frame by Frame 방식으로 제작해 낸 'Obsession' 또한 공개된 지 3주 만에 조회 수 1,000만 회를 넘었다.

**1**
**2**

**1**
OK Go – Here It Goes Again(출처 : https://www.youtube.com/watch?v=LgmxMuW6Fsc)
**2**
OK Go – Obsession(출처 : https://www.youtube.com/watch?v=dTAAsCNK7RA)

그들은 록밴드였지만 기존 록밴드의 포장된 세련됨이 싫다고 했고, 의도하지 않은 솔직함을 좋아한다고 했다. 가식 없는 음악적 표현 방식이 신선하고 재미있게 받아들여져 전 세계 수천만 명의 팬을 보유한 록그룹이 된 것이다.

### 기내 안전 방송의 혁명, 버진아메리카 에어라인

미국 전시 일정 때문에 샌프란시스코에서 플로리다로 여행할 때의 일이다. 미국 국내선 비행기는 여러 면에서 낙후되어 있기 때문에 아무런 기대 없이 탑승했다. 그런데 예상과 달리, 다른 미국 국내선 항공사에서 보기 힘든 전 좌석 PTV가 설치되어 있었고 객실 실내등은 일반 무드 램프가 아니라 관광버스에서나

버진아메리카의 기내 안전 방송
〈출처 : https://www.youtube.com/watch?v=DtyfiPtHsIg〉

볼 법한 화려한 색상의 램프를 사용해 색다른 느낌이 들었다. 더욱 놀라운 것은 이륙 전 승무원들의 기내 안전 방송이었다. 일반적으로 안전 교육은 형식적인 경향이 있다. 그런데 버진아메리카의 기내 안전 방송과 승무원들의 안전 교육은 무척 새로웠다. 기내 안전 방송은 의자 앞에 달린 PTV에서 방송되었고, 뮤지컬이나 한 편의 팝 뮤직비디오를 보는 느낌으로 발랄하고 유쾌했으며, 재미까지 있어 집중하지 않을 수 없었다.

더 재미있는 것은 그 뮤직비디오 같은 기내 안전 방송의 춤과 액션을 기내 승무원들도 함께 보여 준다는 것이다. 지루할 것 같은 시간을 재미있는 뮤직비디오를 관람하는 기분으로 전환해 준 버진아메리카만의 독특한 접근 방식에 놀라움을 금할 수 없었다. 버진아메리카라는 항공 브랜드가 각인되는 순간이었다.

그 후 버진아메리카에 대해 호기심이 생겨 찾아보니 이처럼 독특한 기내 방송을 위해 미국 내 유명 비보이와 랩퍼들을 대거 동원해 제작했고, 2014년 쇼티 어워즈 소셜 미디어 캠페인 부문을 수상했다고 한다. 버진아메리카는 차별화된 마케팅과 기내 안전 방송으로 여러모로 낙후된 미국 국내선 시장에서 좋은 항공사라는 평가를 받았고, 이 기내 방송이 알려진 이후 미국 내 국내선 항공사들도 다양한 콘셉트의 기내 안내 방송들을 제작해 방송하기에 이르렀다.

## 차별성이란 어디서 나오는가?

지금으로부터 18년 전 처음 포토샵 5.5 버전을 접했다. 기초 수준을 넘어서고 나니 조금 더 프로페셔널한 아트워크를 만들어 보고 싶어 서점을 찾았다. 버전만 높아졌을 뿐, 포토샵 관련 책들의 예제는 기초 수준을 넘지 못하고 있었다. 책을 집필하는 사람은 대부분 현직 디자이너기 때문에 자신들의 작업 노하우를 공개하기에는 많은 부담이 있었을 것이다. 포토샵에 심취해 혼자 이것저것 시도해 보고 강좌도 찾아봤지만 만족스럽지 않았다. 그러던 중 미국 여행을 위해 유학 비자를 얻어 1년 동안 체류하게 됐고 동네 대형 서점들을 주기적으로 찾아가 새로 나온 포토샵 관련 책과 잡지를 섭렵하기 시작했다. 미국도 그렇게 많은 종류의 책은 없었지만 한국에서보다는 훨씬 퀄리티가 좋은 소스들이 있었다. 그렇게 1년을 보내고 나니 아트워크를 만들기 위한 노하우가 자연스럽게 생겨났고, 주변의 많은 미국인 친구들이 아트워크의 중요한 모델 소스가 됐다. 리터칭과 합성을 위한 텍스처<sup>Texture</sup>는 드로잉과 컬러 앤 디자인 강의 시간에 만들 수 있었고, 그렇게 나만의 아트워크 작업이 시작됐다.

미국에서 1년의 시간을 보내고 한국에 돌아오자마자 지인의 대학 강의에 초대되어 아트워크 특강을 하게 됐다. 난생처음 대학 강단에 서게 되어 긴장을 했지만 결과는 너무 좋았다. 그동안 기초적인 작업을 해 오던 친구들에게 프로페셔널한 아트워크 제작 과정을 알려 준 상태였으므로 나쁘지 않았을 거란 생각이 들었다. 강의를 듣던 지인은 바로 책을 써 보라는 제안과 함께 출판사 기획자를 소개시켜 줬다. 아직 책을 쓰기에는 내공이 부족하다고 생각했지만 초급 수준을 넘고 싶은 사람들을 위한 실무 위주의 책을 써 보고 싶었다. 그렇게 해서 출간된 책이 《포토샵 아트워크 스타일북》<sup>제우미디어, 2009</sup>이다.

이 책에는 아트워크에 가장 중요한 요소인 레이어 블렌딩 모드와 마스크, 알파 채널과 레이어 스타일을 이용해 아름답고 퀄리티 좋은 아트워크를 제작하는 방법과 그 아트워크들의 기본 소스가 되는 텍스처들을 만드는 과정 및 활용 방법이 담겨 있다. 누군가는 한국 포토샵 책의 역사는 이 책이 출간되기 전과 출간된 후로 나뉜다고 했다. 이 책은 2009년부터 2016년까지 7년 동안 포토샵 부분 베스트셀러에 등극했고, 한국에서 10쇄, 대만에서 2쇄를 찍었다.

차별성은 어디서 나올까? 기존 사실에 불만이 생길 때 새로운 것, 다른 것이 나타나고 만들어진다. 우리 역사를 보더라도 쉽게 알 수 있다. 산업 혁명으로 인한 아름답지 않은 제품 형태에 반기를 들어 수공예의 곡선미를 살린 아르누보 스타일이 등장했고, 진부한 곡선에 대한 반감으로 기하학적인 형태의 아르데코가 나타났다. 엘리트주의 모더니즘에 반대한 인간미를 찾아보려는 포스트모던이 생겨난 것처럼 차별성은 기존의 진부함을 벗어나려는 시도이고, 이러한 시도는 새로운 것을 발견하고 만들어 내려는 인간 본성이기도 하다. 자신을 바라보길 바란다. 남들과 다른 사고, 취향, 관심사를 찾아내 표현해 보자. 브랜드는 남들과 다름이 장점으로 발현될 때 시작되는 것이다.

## 자신의 정체성 : 일관성

### 아무것도 할 수 없는 상황에서도 눈을 깜박여 글을 쓰다

장 도미니크 보비$^{Jean\ Dominique\ Bauby}$는 프랑스의 저널리스트이자 작가, 엘르 프랑스의 편집장이었다. 준수한 외모와 화술로 프랑스 사교계를 풍미하며 최고의 인생을 살던 그는 1995년 뇌졸중으로 쓰러졌고, 인체의 모든 기능이 자물쇠를 채운 것처럼 정지하는 자물쇠 증후군에 걸렸다. 소리는 들을 수 있고 왼쪽 눈을 움직일 수 있었던 그는 눈 깜빡임을 신호로 알파벳을 지정해 글을 썼다. 이런 방식으로 20만 번 이상 눈을 깜박여 15개월 만에 책 한 권을 쓰게 됐다. 그렇게 써 내려간 책이 1997년 출간된 《잠수종과 나비$^{Le\ Scaphandre\ et\ le\ Papillon}$》이다.

말을 할 수도, 몸을 움직일 수도 없는 무기력한 상태를 비관하지 않고 글로 살아온 자신의 삶을 담은 이 책은 출간 이후 영화로도 만들어졌고 칸영화제, 골든

글로브상, 영국 아카데미 영화상, 세자르상 등을 받았으며, 아카데미상에도 4개 부분에 올랐고 2000년대 최고의 작품 중 하나로 꼽히기도 했다.

## 실패를 점검하며 자기 자신을 변화시켰다

얼마 전 중국판 블랙프라이데이인 '광군절' 행사로 하루 매출액 254억 달러<sup>약 27조 원</sup> 를 갱신한 중국 최대 전자상거래업체 알리바바<sup>Alibaba</sup>의 뉴스가 화제가 됐다. 알리바바가 중국을 넘어 세계 최대 온라인 쇼핑몰로 거듭나게 된 배경에는 전직 영어 강사였던 창업자 마윈이 있다. 마윈은 무일푼으로 시작해 15년 만에 알리바바 그룹을 대략 160조 원의 가치로 키워 낸 인물이다. 그의 삶은 실패의 연속이었다고 한다.

초등학교 입시에 2번이나 실패했고, 중학교 입학은 3번, 대학도 3수를 해 겨우 들어갔다. 대학 졸업 후 취업을 위한 입사 지원은 30번 떨어졌고, 심지어 23명의 직원을 모집하는 KFC 직원 모집에서 24명의 입사 지원자 중 유일하게 떨어진 1명이기도 했다. 그의 인생은 끊임없는 거절의 연속이었고 거절은 일상이 됐다. 그러나 이러한 실패에도 좌절하지 않고 자신이 사랑하는 일을 믿었다. 그는 "자신이 원하는 일을 사랑하라. 다른 사람이 좋아하든 말든."이라고 말한다. 자기 일을 사랑하고 실패를 바탕으로 자기 자신을 점검하며 끊임없이 노력하는 그의 일관적인 인생철학이 지금의 알리바바가 있게 했을 것이다.

## 꼬리에 꼬리를 무는 호기심으로

나는 그래픽 서적의 저자, 대학에서 디자인과 미디어 아트를 가르치는 교수, 미디어 아티스트라는 세 가지 타이틀을 갖고 있는데, 어찌 보면 여러 가지 일을 하는 것 같지만 일은 모두 연결되어 있고, 모든 일이 아이덴티티가 됐다. 아마도 시간이 더 흐른 후에는 또 다른 직업이 명함 위에 새겨질 것이라고 생각한다. 이렇게 여러 가지 일을 하게 된 이유는 호기심이 많기 때문이다. 호기심이 많다 보니 다양한 분야의 사람을 만났고, 그들과 교류하면서 새로운 일을 끊임없이 만들수 있었다.

포토샵을 이용해 아트워크를 시작했고, 아트워크를 책으로 쓰게 됐으며, 이 내용을 강의하게 됐고, 강의를 하다 보니 2D 그래픽을 움직이고 싶어졌다. 그래서 애프터이펙트라는 영상 제작 프로그램을 알게 됐고, 2D 아트워크는 모션 그래픽으로 진화하게 됐으며, 강의의 폭도 2D 그래픽에서 영상과 모션 그래픽으로 확장됐다. 광고와 애니메이션 분야의 선후배가 생겨났으며, 그러다 보니 움직이는 영상에 인터랙션을 가미하고 싶어졌다. 그래서 프로그래밍과 피지컬 컴퓨팅을 공부했고 인터랙티브 미디어 아트를 작업할 수 있었다.

작업을 하다 보니 국내 미디어 아트계의 수많은 작가와 큐레이터들을 알게 됐고, 작품의 주제가 되는 고미술사를 도자기와 가구 위에 표현하기에 이르렀다. 또 우리나라 공예와 도자박물관 비엔날레, 각종 페어에 초대되어 수많은 공예작가와 디렉터, 학예사들과 교류하게 됐고, 미디어를 통해 미디어 아티스트이면서 공예가라는 보도를 접하게 됐다.

미디어 작업을 해외에 출품했고 해외의 유명한 엑스포와 아트페어 디자인어워드에서 상을 받게 되어 해외에 많은 지인과 큐레이터 아티스트 친구들이 생겨났다. 꼬리에 꼬리를 무는 이러한 행보가 가능했던 것은 새로운 것에 대한 호기심과 사람들을 만나 교류하는 것을 즐겼기 때문이라 생각한다. 끊임없는 만남으로 책에서는 얻을 수 없는 지식과 다른 사람의 경험을 수혈받을 수 있었고 더 많은 영역으로 확장해 나갈 수 있었다. 이러한 시도는 아마도 평생 멈추지 않을 것이다.

알리바바의 마윈이 말했듯이 본인이 원하는 일, 좋아하는 일, 놓을 수 없는 일을 멈추지 말고 시도하기를 권하고 싶다. 남들이 뭐라 하든, 어떻게 바라보든 말이다.

## 퍼스널 브랜드의 가장 중요한 요소 : 진정성

### 감성뿐 아니라 영혼에 도달하기

마케팅계의 거장 필립 코틀러<sup>Philip Kotler</sup>는 "마케팅 과잉 시대에 기업이 생존하려면 소비자의 감성뿐 아니라 영혼에 도달해야 한다."라고 주장했다. 사람의 영혼에 도달하려면 진심으로 소통해야 한다. 현대 사회를 사는 많은 사람이 조직 생활을 하면서 잃어 가는 것이 바로 진심, 즉, 진정성이 아닌가 싶다. 자유 경제 체제하의 경쟁 사회에서 살아남기 위해 고군분투하는 사회인들, 하고 싶지 않은 말을 해야 하고, 원하지 않는 일을 해야 할 때가 많으므로 인간관계에서 가장 자연스럽고 순수한 감정인 진정성이 설 자리가 좁아진다. 진정성이 마케팅을 위한 중요 요소가 된 사회가 된 것이 아이러니하다.

### 커피보다 사람

블루보틀 커피<sup>Blue Bottle Coffee</sup>는 '최고의 맛, 지속 가능성 그리고 고객을 따뜻하게 대하는 환대<sup>hospitality</sup> 문화'라는 확고한 커피 철학을 통해 커피 시장에 반향을 일으키고 있다. 클라리넷 연주자였던 창업자 제임스 프리맨<sup>James Freeman</sup>은 엄청난 커피 애호가로, 프랜차이즈나 인스턴트커피 대신 갓 볶은 신선한 커피를 마시고 싶었다.

자신의 집에서 원두 로스팅 실험을 시도해 커피의 독창적인 맛과 향을 찾아 낸

블루보틀 커피 로고와 커피를 내리는 바리스타

(출처 : https://bluebottlecoffee.com/frequency/blue–bottle–san–francisco–citroen)

(출처 : https://bluebottlecoffee.com/frequency/brewing–with–a–swan–neck–kettle)

그는 커피의 진정한 맛을 원하는 사람들과 함께 2002년 미국 캘리포니아 주 오클랜드의 친구 집 창고에서 창업을 했다. 최고의 커피 한 잔을 위해 작은 디테일 하나도 절대 양보하지 않고 광적인 열정을 발휘하는 것이 스티브 잡스와 비슷해 그를 '커피계의 스티브 잡스'라 부르기도 한다. 프리맨은 철저히 유기농 원두만 고집하고 수익의 대부분을 더 좋은 커피를 만들기 위한 R&D에 투자하였으며, 바리스타와 직원 교육에 엄격하기로도 유명하다.

블루보틀의 철학은 '가장 완벽한 커피란, 맛있는 커피를 고객이 즐겁게 마시도록 특별한 경험을 주는 것'이다. 에어로 프레스, 사이펀, 프렌치프레스 등 다양한 커피 추출 기구를 사용해 볼거리와 차 한 잔을 직접 내리는 정성 어린 장인정신이 고객에게 특별하게 다가간다. 블루보틀은 로스팅된 지 48시간 이내의 신선한 원두를 사용하고 사람을 중요하게 여기며 친절하게 소통하면서 따뜻하게 '환대'하는 맞춤형 서비스를 중요한 가치로 내세운다.

빠른 시간에 커피가 나오길 바라는 사람들은 스타벅스를 가지만, 즐거운 경험을 원하며 양질의 커피를 마시고 싶어 하는 사람은 시간이 좀 더 걸리더라도 블루보틀에 간다. 이것이 블루보틀이 명성을 얻는 이유이다. 실제로 블루보틀은 매장에서 바리스타가 커피 내리는 과정을 모두 공개한다.

빠르게 움직이는 현대 사회에서 최고의 커피를 고객과 소통을 통해 제공하는 철학과 이 철학을 10년 넘게 지켜 나가는 브랜드의 진정성이 다른 커피 브랜드와 차별화된 그들만의 특별한 브랜드이며, '커피계의 페라리', '쿠튀르 커피'라고 극찬받는 이유이다.

자신을 발견하려 노력하고, 아끼고 사랑하다 보면 남들과 다른 자기만의 차별화된 장점을 자연스럽게 알게 된다. 남다른 자기다움은 자기만의 스토리가 될 것이고, 그 스토리를 꾸준히 발전시키기 위해 오랜 시간 진정성 있게 행하면 쌓이고 단단해져 나만의 브랜드가 된다.

가끔 시련과 좌절을 맛보기도 하겠지만 이 또한 좋은 브랜드가 되기 위한 공부이자 브랜드의 든든한 자양분이 될 것이다. 앨런 머스크는 "스스로 생각하는 법을 익히지 못하면 통념이 인생을 조정하게 된다. 자신의 강한 사고 스킬이 고유한 인생의 진로와 혁신의 길을 만들 수 있다."라고 말한다. 실패하지 않는 발전은 존재하지 않는다. 남의 시선에서 벗어나 자기를 믿고 자존감을 찾아 내면에 존재하는 남다른 장점과 아름다움을 적극적으로 이끌어 내 보자.

기존의 휴먼 브랜드가 브랜드 1.0, 즉 전략적 브랜드이었다면 다가오는 브랜드 2.0은 사람의 진정성이 중심이 되는 덕후의 브랜드 시대가 되리라 본다. 브랜드는 물질 중심의 세계에서 자아 발견을 통해 다른 사람과 소통하고 협업할 수 있는 브랜드, 진정성 있는 브랜드, 남들이 원하는 삶이 아니라 내가 원하는 삶, 내 욕망에 충실한 삶을 바탕으로 만들어진다.

—

# 글로벌 일러스트레이터

아트디렉터
사키루

———

사키루는 미대를 나오지 않았고 미술 학원조차 다닌 적이 없으며, 그 흔한 자격증도 없다. 하지만 그는 국제 콘퍼런스에 초청받고, 세계적인 광고제에서 그랑프리를 수상했으며, 어도비, 워너브라더스 등의 글로벌 기업과도 작업했다. 세이클럽, 싸이월드 작업에 참여했으며, SK컴즈 퇴사 후 10여 년이 채 안 되는 시간에 7만여 명의 글로벌 팔로워를 확보했고, 워너브라더스, 어도비, 페이스북, 조니워커 등 세계적인 클라이언트들과 작업해 왔다. 《깨는 사키루》의 저자이자 중국 런칭을 앞둔 게임 개발 회사의 아트 디렉터로 활동하고 있다.

### 일상적인 질문이지만 어떤 일을 하나요?

'어떤 일'이라…. 굳이 일(業)이라고 하면 현재는 게임을 만들고 있습니다. 정확히는 아트디렉팅을 하고 있죠.

### 현재 일을 하게 된 특별한 동기가 있나요?

6여 년 전부터 글로벌 활동을 지향했습니다. 다양한 사람과 교류하며 작업해 왔는데 정작 가까운 중국과는 몇 권의 책 출판 외에는 이렇다 할 작업을 하지 못했습니다. 중국은 이미 세계화로 진입하고 있고 많은 분야에서 한국을 앞지르고 있습니다. 이에 가까운 이웃인 중국을 활동 무대로 삼지 못한다면 제가 지향하는 '동서고금을 관통하는 한 가지'를 이루기는 어렵다고 생각했습니다.

다른 하나는 15년 가까이 해 왔던 작업들은 짧게는 하루에서 길어야 6개월 이하의 프로젝트들입니다. 몇 년간을 하나의 작품을 위해 수많은 사람이 노력해 만들어 내는 것. 각각의 재능을 가진 사람들이 모여 이 세상에 보여 주고자 하는 한 가지를 위해 많은 시간 고민하고 예술과 기술을 접목시키는 그 무엇이 게임과 애니메이션이라고 생각했습니다. 긴 호흡으로 제 작품 세계관을 들여다보고 싶었고 게임을 만들고 싶었습니다.

마침 중국 게임 출시를 목표로 한 개발사의 스카우트 요청이 있었고, 현재까지 함께 작업하고 있습니다.

### 남다른 '자기다움'은 무엇이라고 생각하나요?

스스로에게 뭔가를 규정하지 않으려고 (부단히) 노력합니다. 정의를 내리는 순간 그 안에 갇혀 버리기 때문이죠. 나다움에 관해 굳이 이야기한다면 '기존의 나를 계속해서 깨는 것'이라고 말하고 싶네요. 누군가에게 예측 가능한 사람이 되고 싶지 않습니다. 그러려면 저도 절 예측할 수 없어야 하겠죠.

### 평범한 것을 다르게 보며 가치를 만들어가는 시각을 갖고 계시는데요. 이런 심미안을 갖게 된 특별한 이유가 있나요?

누군가에게 다르게 보이려고 생각한 적은 없었어요. 인풋(Input) 없이 아웃풋(Output)은 없습니다. 즉, 평범한 삶을 사는 사람에게서 특별한 뭔가를 기대하기란 어렵다는 것이죠. 디자이너들이 창작의 고통을 느끼는 가장 큰 이유가 여기에 있다고 생각합니다. 삶은 평범한데 매 순간 특별한 뭔가를 억지로 끄집어 내려고 하기 때문이죠. 그러니 다른 사람의 창작물을 참고삼아 마치 자신이 한 것 같은 마술을 부리곤 하죠. 일반적으로 남들의 삶과 다른 삶을 경험하면 다르게 생각하고 다르게 표현하지 않나 싶습니다.

### 다양한 관심사를 가진 당신의 미래는 예측하기 쉽지 않습니다. 당신의 삶과 세상에 대한 태도는 어떤지 이야기해 줄 수 있나요?

'질문하라 그리고 상상하라'입니다.

### 인생에서 마주하는 여러 가지 문제들을 해결하는 데 특별한 노하우가 있나요?

문제를 반대로 생각하는 듯합니다.

'질문(또는 문제점)을 마주하는 어떤 것이 아닌, 내가 세상에 던져야 할 그 어떤 것. 질문이나 문제는 수동적으로 외부에서 다가오는 것이 아니라 나로부터 발현돼야 하는 것'

그 질문의 답을 찾아가는 여정이 제가 가는 길이겠죠. 해결이라는 답보다는 그 길을 걷는 과정이 제 본질이라고 생각합니다. 질문의 시작점에 제가 있고 그 과정에 제가 있으면 그 자체로 의미 있는 순간(지식, 경험)이 되더라고요.

**퍼스널 브랜드의 성공 사례라고 생각되는 분들의 이야기를 듣고 있다 보면 스스로의 약점을 강점으로 승화해 내는 경우를 많이 접하게 됩니다. 누구나 부끄러운 과거를 갖고 있을 것이라 생각되는데요. 이를 긍정적으로 극복한 사례가 있나요?**

가진 것이 없는 저 같은 사람에게는 모든 것이 열등감으로 다가오곤 하죠. 시간이 지난 후에야 '극복한 건가?'라고 되물을 수 있을지 모르지만 매 순간 열등감이라는 거대한 벽을 만납니다. '산 넘어 산'이라고도 하죠. 글쎄요. 극복했는지는 모르겠네요. 그저 삶의 일부분으로 받아들일 뿐….

최근에는 '내가 품은 독은 결국 독이 되어 돌아온다.'라는 생각을 많이 합니다.

**《공감의 시대》의 저자 미래학자 제레미 러프킨은 "경쟁과 적자생존의 문명이 끝나고 협력과 평등을 바탕으로 하는 공감의 시대가 왔다."라고 말합니다. 퍼스널 브랜드는 자신의 가치가 사람들에게 인정을 받았을 때 진정한 브랜드가 완성될 수 있다고 생각합니다. 사키루 님의 공감에 대한 생각을 이야기해 주세요.**

협력과 평등, 집단지성이 미래를 바꿀지도 모릅니다.

이 질문에는 평범하지 않은 특별한 시각에 대한 이야기가 있습니다. 아무도 공감이라는 개념을 적용하지 않는다면 전 그것을 할 것입니다. 이와 반대로 모두가 공감을 키워드로 한다면 전 하지 않을 것입니다. 제가 하지 않아도 무수히 넘쳐나는 것을 굳이 하진 않을 것 같습니다. 그래서 오히려 특별해 보일 수 있겠네요. 2000년도 당시 미디어는 절 '엽기 디자이너'라고 부른 것처럼 말이죠(당시 엽기는 마시마로의 인기로 대중적인 키워드(세상을 바라보는 눈)였다).

지금까지 제 작업들은 별로 공감을 사지 못하고 있어 보입니다. 굳이 공감을 사고 있는 부분을 유추해 본다면 익숙하지 않음, 사소한 것들, 비호감인 부분들을 특이하다고 봐 주시는 듯합니다. 그 어떤 공감을 얻기 위해 노력하지는 않습니다. 제가 공감을 얻어 뭔가를 이루려고 했다면 예쁜 여자와 멋진 남자를 그리거나 그들의 아름다운 사랑 이야기를 표현하고 있었겠죠.

**끝으로, 스스로에게 하고 싶은 질문이 있으면 질문하고 답해 주세요.**

다가올 40대, 세상에 어떤 질문을 던질 것인가? 이에 답은 없습니다. 그저 답을 찾아가는 과정만 있을 뿐이죠. 20대의 삶과 30대의 삶은 다르고 40대의 삶은 20, 30대의 삶과 또 다른 삶을 살고 싶습니다. 그 출발점에 저의 질문이 있습니다.

# 영혼의 조각가

퍼포밍아티스트

이융

홍익대 조소과를 졸업한 이 대표는 '이윰'이란 예명으로 활동하는 조각가이자 퍼포먼스 아티스트다. 과거 국립현대미술관이 선정한 '한국 100인의 미술가' 가운데 한 명이었던 그녀는 2000년에 삶의 전환기를 맞이했다. 뭔가를 조각하던 삶에서 스스로 조각이 되는 퍼포먼스 아티스트의 길을 걷던 그녀가 다른 사람의 영혼을 조각하는 사람으로 변신한 것이다.

### 어떤 일을 하나요?

대학 때 조각을 전공하고 20대 때는 내 안에 살아 있는 수많은 자화상을 표현하는 퍼포밍 아티스트로 원하는 만큼의 성공을 이뤘습니다. 그런데 그게 다가 아니라는 사실을 깨닫고 문화 예술 공동체를 시작했습니다. 다른 사람의 내면을 발견하는 일을 해 오다 보니 내 안의 정체성이 내가 아닌 우리라는 개념으로 확장되고 나, 너, 우리라는 개념이 다시 제가 됐어요. 생각해 보면 저는 끊임없이 변화하는 복잡한 사람입니다.

퍼포먼스 아티스트기 때문에 몸으로 하는 작업을 했는데 '우리'라는 개념이 곧 저의 몸이자 작업의 바탕이 됐습니다. 이전 작업은 저 자신만 바라보는 개인적이고 이기적이고 절대 일반 사람과 섞이지 않는 독특하고 자기만의 별에 사는 특별한 사람들, 나와 같은 별에 사는 외계인끼리만 어울리면서 작가로서 할 수 있는 모든 실험을 다 했다고 생각합니다. 그리고 그때는 엄청나게 많은 일을 하며 살았습니다. 그러나 30대 이후 예술가 공동체를 통해 남을 바라보는 눈과 귀가 열려 영혼의 조각가로서 인생의 터닝포인트를 맞이했습니다.

사람과 사람의 관계 속에서 어떻게 마음과 마음이 융합되고 새로운 창작과 창조적 영토가 생성되는 것을 발견하면서 다른 사람에 대한 이해와 관심이 생기다 보니 이제는 내가 가진 재능과 영향력을 사회에 환원해야겠다는 생각이 들었습니다. 그래서 이윰 액츠를 시작하게 됐습니다. 이런 작업을 하다 보니 사회 소외 계층이라고 불리는 분들에서 세상에 알려진 유명한 CEO들까지 다양한 직업과 계층의 수많은 사람을 만났습니다. 이런 만남을 바탕으로 다양한 사회적 자원을 엮어 사회적 문제를 해결하는 예술가의 사회적 미션을 고민하게 되면서 사회적 기업을 시작하게 됐습니다.

중요한 것은 동기라고 생각했습니다. 20대 때는 저 자신이 너무 부서져 있어 치유를 위해 작업을 시작했는데 다른 사람을 공감하다 보니, 제가 조각가라서 그 사람 안에 숨겨진 오리지널 형상을 발견할 때가 가장 아름답고 상대방에 대한 사랑을 느끼는 순간이라는 것을 알게 됐습니다. 마주 보고 있는 사람에게 최선을 다하고 마음에 녹아 들어가야 할 수 있는 마음의 예술을 했다고 생각합니다.

현재는 상대방에게 있는 근본적인 형상에서 사랑을 느끼고 그때부터 창조적인 힘이 생겨 나의 꿈도 중요하지만 상대방의 꿈도 존중하며 같이 만들어 갈 수 있는 길은 무엇일까 생각하면서 사람에게 영감을 주는 사회적 예술가이자 영혼의 조각가, 사회적 기업가로 살고 있습니다.

### 현재 일을 하게 된 특별한 동기가 있나요?

20대 때 저는 엄청난 프라이드를 갖고 있었어요. 지금 돌아보면 그렇게 대단한 작업은 아니었던 것 같은데, 자존감 하나는 대단했어요. 그 자존감은 나에 대한 정직함인데, 그것 하나 만큼은 자신이 있었거든요. 엄청나게 승승장구하며 살았습니다. 20대 후반에 뉴욕의 유명 레지던시인 PS1에 가고 싶었습니다. 그때 서울시립미술관 관장이기도 했던 김홍희 선생님 앞에서 프레젠테이션을 하는 순간이었어요. 저는 제가 멋지고 당당하다고 생각하며 살았는데 이 생각이 얼마나 공허한지 깨닫게 됐습니다. 내 지향점은 뉴욕이었는데 그게 아니란 것을 깨달았고, 내 작업은 순전히 물질주의 사회의 소산이라고 생각했습니다. 내가 소멸되는 것을 하고 있었다고 깨닫는 순간, 당당함에 대한 근원이 사라지면서 그것을 추구할 수 없게 됐습니다. 이후 2000년대에 받았던 수많은 제안이 한순간에 멈췄습니다. 2000년 이후의 삶은 저와의 전쟁이었습니다.

그때 공동체의 삶이 시작됐습니다. 30대에 '라이프 트리'라는 창작 학교를 세워 창작수업과 교육 콘텐츠 기획, 발표 등을 통해 많은 문화인의 멘토가 됐습니다. 몇 년 전부터 각 분야를 연결하는 융합이나 컨버전스가 이슈가 되는데, 저는 10년 전부터 그 융합을 실천해 오고 있습니다.

세상은 너무 아카데미 같아서 1등만이 최고라는 가치 속에서 살아온 사람들이 모여 공동 창작도 하고 자신의 삶을 되돌아보는 작업을 하기도 합니다. 외국 유명 대학이나 대학원을 나온 친구들이 자존감이 너무 낮고 여전히 자기가 누구인지 모른다는 것에 놀랐습니다. 예를 들면, 청소년기를 힘들고 고통스럽게 보낸 사람은 청소년기에 대한 연민이 있어요. 저는 예술과 교육적인 방법론을 이용해 청소년을 위한 콘텐츠를 만들어 냈습니다. 또 창작 학교에는 예술가인 사람과 문화 기획자인 사람들, 비즈니스인 등 다양한 분야의 사람이 모여 있었는데 여기서 저와의 수업을 통해 자신의 오리지널 디자인을 발견하는 자기 인생의 소명을 다시 생각해 누구는 예술 창작, 새로운 비즈니스, 누구는 대안 학교 교사가 되는 등 자기만의 고유 문화 콘텐츠를 만들다 보니 사회적인 마인드가 생겨났고 기독교에서 이야기하는 '네 이웃을 사랑하라.'라는 메시지를 실천하면서 우리끼리의 이야기로 끝나지 않고 소셜 벤처 대회에 나가 1등도 하면서 사회 전반에 영향을 미치고 있었어요. 2007년부터 2012년 남들보다 빨리 소셜 벤처 쪽에 자리잡았고, 5년 과정의 학교를 마친 후 지금의 이윰 액츠를 설립하게 됐습니다. 이윰 액츠는 사회의 모든 계층을 포괄하는 사회를 위한 창조적 치유를 목표로 하는 사회적 기업입니다.

### 남다른 '자기다움'은 무엇이라고 생각하나요?

제 원래 이름은 '이유미'입니다. 윰은 시기에 따라 다르게 해석되는데 처음에는 세상에서 당당하게 서 있는 저였다면, 지금은 차원을 넘어선 영토에 서 있는 듯한 느낌으로 살고 있습니다. 간략하게 저를 설명하면 'N차원에 있는 아티스트'라고 설명할 수 있을 것 같아요. 제가 생각하기엔 현실의 프레임으로는 제가 정의되지 않는다고 생각해요. N차원은 영혼의 조각가와 여러 꿈을 발견해 주는 사람의 관계 속에서 마음이 통하는 지점이 생길 때 공동의 꿈이 생기는데, 이 지점을 제가 추구하는 미지의 영토인 N차원이라고 정의합니다. 아무도 가 보지 않은 미지의 영역에 들어가 월드 메이킹을 하는 작가로서 스토리를 쓰고 그 스토리를 이용해 퍼포먼스를 하는 작가였는데, 이제는 예술과 사회적 기업을 통해 사람의 삶에 녹아들어가고 사람들 관계에 들어가니까 마음과 마음이 만나는 지점이 있는데 그 지점에 N차원이 생기고, 이 지점이 제가 추구하는 예술의 영토입니다.

서로의 사회적 자원이 만나면 새로운 가치를 만들어 낼 수 있다고 생각합니다. 제가 말하는 N차원은 SF적인 이야기가 아니라 사람들의 삶 속에서 마음과 마음이 융합될 때 생겨나는 제3의 가치와 비전을 함께 꿈꾸는 것입니다. 워낙 여러 가지 스펙트럼을 가진 삶을 살다 보니 처음에는 나 자신에 집중했다면 내가 우리가 되고 우리가 사회가 되고 지금은 과거와 미래에 대한 관심으로 넓어져 저의 무대는 갤러리나 그런 곳이 아니라 시간이라는 역사 안에서 과거 현재 미래에 공존하는 사고방식을 갖고 있어 누구를 만나든 그들에게 영감을 주고 사회적 문제를 해결해 나가고 있습니다.

사람들은 저에게 생각이 많다고 이야기하지만 저는 제 생각이 미래에 도움이 될 것이고, 미래를 창조해 낼 수 있을 거라 생각합니다. 예술가적인 영감을 통해 미래의 모습을 제안하고 싶습니다.

### 평범한 것을 다르게 보며 가치를 만들어 나가는 시각이 있으신데요. 이런 심미안을 소유하게 된 특별한 이유가 있나요?

저는 스토리를 쓰는 사람입니다. 나보다 먼저 경험한 사람을 존중하고 스토리를 연결하면 히스토리가 된다고 생각합니다.

우리는 히스토리 메이커로서 정체성을 유지하며 살아갑니다. 저는 사람들의 존재 자체를 존중합니다. 이를 바탕으로 제가 완성된다고 생각합니다. 그래서 저는 누구와 함께 있느냐가 인생에서 중요하다고 생각합니다. 사람을 만날 때마다 그들과 다른 차원을 만들고 다른 면을 갖고 있는 그들과 저의 내면의 만남을 통해 긍정적인 스토리를 만들어 내려고 노력합니다.

### 인생에서 마주하는 여러 가지 문제를 해결하는 데 특별한 노하우가 있나요?

이해하려고 노력합니다. 모든 사람의 환경은 다르기 때문에 어떤 이야기를 들어도 그 사람의 입장에서 생각해 보려고 노력합니다. 이것이 가능하게 된 이유는 오랫동안 트레이닝을 했기 때문입니다. 사람에 대해 화가 나면 '시간이 지나면 저들도 깨닫겠지.', '언젠가는 내 진심을 알겠지.'라고 생각하고 그 사람을 보이는 모습만으로 단정 짓지 않으려 노력합니다.

### 인생을 살면서 겪는 사람과의 관계를 이야기해 주세요.

이해심, 배려심입니다. 다른 사람의 장점과 나의 장점이 만나 시너지를 준다고 믿습니다. 마음은 노력으로 다듬어지는 것이라고 생각합니다.

### 다른 사람과의 소통을 중요하게 생각한다면, 진정한 소통 방식은 무엇일까요?

어떤 사람이 나에게 좋지 않은 말을 했다고 가정하면 '저 사람은 안 좋은 사람이야.'라고 생각하지 않고 그 사람의 숨어 있는 모습을 찾기 위해 노력합니다. 그것이 저의 소통 방법입니다.

# 한복으로 세계를 껴안은

사임당한복 디자이너

이혜미

### 어떤 일을 하나요?

사임당한복의 디자이너 이혜미입니다. 사임당한복은 시어머니가 만드신 브랜드입니다. 시어머니는 원래 양장 디자이너셨습니다. 그러던 중 집에서 작업하시다가 돗자리가 말려 있는 것을 보시고 '저 돗자리를 말아 보관하지 말고 개서 보관하면 보관하기도 쉽고 보기도 좋을 거 같은데….'라고 생각하셨다고 해요. 그래서 돗자리를 잘라 보관하기 쉽게 만드셨는데, 이것이 요즘의 접는 돗자리가 됐습니다. 접는 돗자리의 특허자이신 거죠. 사임당한복 초기에도 워낙 손으로 작업하는 것을 좋아하시다 보니 초충도를 도식화해 수를 놓으시곤 했다고 합니다. 이런 작업들이 입에서 입으로 전해져 결혼하는 딸을 가진 분들이 한 분씩 한복을 주문하면서 사임당한복의 근원이 됐습니다. 어머니는 살아계시는 동안 항상 공장과 매장을 함께 소유하고 계셨습니다. 매장에 손님이 없으면 늘 공장에서 실밥을 묻혀 가면서 작업하셨고 저는 그런 어머니를 보면서 '쟁이'가 아니라 돈을 버는 '꾼'이 돼야지 생각했는데, 돌이켜 보면 저도 어쩔 수 없이 돈에 연연하는 '꾼'이 아니라 '쟁이'라고 생각합니다. 소비자가 원하는 것을 만들기보다는 제가 원하는 옷을 만들면 소비자가 와서 그것을 찾는 그런 '쟁이'말입니다.

### 현재의 일을 하게 된 특별한 동기가 있나요?

결혼 전부터 시어머니의 사임당한복에 스카우트되어 직접 한복 디자인을 배우고 인간문화재인 침선장님에게 사사하며 미국에서 패션디자인을 전공하고 돌아와 시어머니의 가업을 물려받아 사임당한복을 이어가고 있습니다.

### 여러 개의 직함을 갖고 계시는데요. 궁극적으로 추구하는, 즉 불리고 싶은 명칭은 무엇인가요?

대표님, 디자이너님, 교수님이라고 부르시는 분도 있습니다. 제가 호칭을 붙였을 때 듣기 좋은 호칭은 '선생님'입니다. 저는 초등학교 교사가 꿈이었어요. 숙명여대 출신 선생님이 인생의 멘토였는데, 그분은 지금으로 이야기하면 얼리어답터셨습니다. 항상 새로운 일을 하시는 그분을 닮고 싶어 그분이 나오신 숙명여대를 졸업했고 그분과 같은 길을 가고자 노력했습니다.

### 남다른 '자기다움'은 무엇이라고 생각하나요?

제 옷을 좋아하시는 분들은 군더더기가 없고 왜곡됨이 없다며 "딱 이혜미같다"라고 말씀하세요. 이 말 속에는 정직하다는 의미가 들어 있다고 생각합니다. 제가 생각하는 '나다움'은 정직이 아닐까 싶어요. 저 또한 다른 분의 옷을 보면 그분의 성향이 보입니다. 저는 제 성향을 감사하게 생각합니다. 또 한복 디자인 전통이 변형되지 않아야 한다고 생각합니다. 역사와 전통성을 잇는 방법은 감각적인 옷을 만드는 것이고, 그래서 더욱 정직함과 꾸밈없음은 현재에도 통한다고 생각합니다.

**평범한 것을 다르게 보며 가치를 만들어가는 시각이 있으신데요. 이런 심미안을 소유하게 된 특별한 이유가 있나요?**

제 창의적인 능력을 믿지 않는 것입니다. 즉, 저는 창의적인 사람이라고 생각하지 않는다는 것입니다. 단지 저의 차별성은 과거에서 귀한 보물을 찾아내 리서치하는 능력이 탁월하다는 데 있습니다.

저는 잡지나 미디어의 인터뷰를 즐깁니다. 여러 가지 질문을 받으면 저의 삶을 되돌아보게 되기 때문입니다.

**다양한 관심사를 가진 당신의 미래는 예측하기 어렵습니다. 삶과 세상에 대한 태도가 궁금합니다.**

저는 저 자신을 믿습니다. 난관에 부딪히면 좌절하기보다는 자신을 믿고 있습니다. 내가 할 수 있는 만큼은 해 낼 것이다. '이것을 해 낼 수 없다면 내 영역이 아니다.'라고 생각합니다. 능력을 믿는 것과는 다릅니다. 그냥 제 자신을 믿습니다.

**누구나 열등감으로 인한 부끄러운 과거를 갖고 있을 거라 생각되는데요. 이를 긍정적으로 극복한 사례가 있나요?**

저는 노력형 인간입니다. 공부를 좋아진 않았지만 모범생이긴 했습니다. 모든 일에 끝은 없다는 사고를 갖고 있습니다. 학문은 마침표를 찍는 게 아니라 의문에서 시작하잖아요? 그래서 열등감은 끊임없는 시도와 노력으로 극복합니다. 예전에 무모한 시도가 하나 있었습니다. 어학에 대한 열등감을 갖고 있었는데 이를 극복하고 싶어 40이 넘은 나이에 아이들을 데리고 유학길에 올랐습니다. 영어 연습을 위해 여러 상점에 방문해 상품을 구매하는 일을 수십 번 반복하면서 언어에 대한 공포를 이겨 냈습니다.

**성공적인 인생을 위해서는 인간적이며 가치 있는 인간관계를 유지해야 한다고 생각합니다. 이혜미님이 생각하는 사람과의 관계에 대해 이야기해 주세요.**

'정직함'과 '솔직함'입니다. 저다움을 포장하려고 하지 않습니다. 이혜미 그대로를 솔직하게 보여 줍니다. 남편이 즐겨하는 농담이 있어요. "어디 가서 웃지 마라. 웃으면 당신이 갖고 있던 이미지가 없어진다." 남들이 보는 제 이미지는 지적이고 당차고 도도하다고 하더라고요. 그런데 호탕하게 웃으면 표정이 너무 순박해 보이나 봐요. 웃지 않고 말을 하거나 프레젠테이션할 때 목소리 자체에 신뢰성이 있기 때문에 정부 기관이나 공공기업 프로젝트를 수주할 때 많은 도움이 되고 있긴 합니다. 그렇지만 순박하고 솔직한 저를 보여 주면 공감대를 유지하는 데 도움이 된다고 생각합니다.

**공감에 대한 개인적인 생각을 이야기해 주세요.**

예술을 하는 사람들은 자기만의 세계가 강할 거라고 생각할 텐데, 저는 문화는 공감이라고 생각합니다. 문화라는 단어는 공감되지 않으면 사용할 수 없다고 생각해요. 문화는 생활이고요. 특별한 무엇을 창출하려고 노력하는 것보다는 현재 제가 느끼고 뭔가 활동하는 것들, 즉 옷을 만들고 그것을 좋아하고 입어 주는 사람들과 공감하고 있다고 생각합니다.

### 다른 사람과의 소통을 중요하게 생각한다면, 진정한 소통 방식은 무엇일까요?

남들과 다름을 인정하는 것이라고 생각합니다. 제일 힘들고 스트레스를 받는 일은 사람과의 관계입니다. 인간의 목표는 행복일 텐데요. 사랑도 행복하려고 하는 거고요. 그 가치를 추구하는 방법은 사람마다 다르지만 본질은 하나입니다. 저는 다름을 인정한다는 말보다는 "너도 나와 같은 사람이고, 나도 너와 같은 사람이다."라는 말을 좋아합니다. 인정한다는 것은 제가 상대방에게 갑이 되는 거예요. 동일시는 이미 동화되어 있고 평등한 관계에 있는 상태죠. 그래서 저는 사람들과 동화되려고 노력합니다.

# 전통미와 현대미의 조화

매듭 공예가

강선형

### 어떤 일을 하나요?

런던 세인트 마틴에서 그래픽 디자인을 전공하고 그래픽 디자이너로 활동했지만, 전통 매듭 공예의 매력에 빠져 매듭 공예가로 제2의 인생을 살고 있는 매듭 공예가 강선형입니다.

### 현재의 일을 하게 된 특별한 동기가 있나요?

대학 졸업 후 그래픽 디자이너로 일하면서 상업적인 작업을 하다 보니 뭔가 더 창의적인 활동이 필요하다고 느꼈어요. 컴퓨터 앞, 같은 툴, 프로그램 앞에서 아이디어 고갈을 경험하고 평소 취미 삼아 하던 수작업을 다시 시작했습니다. 대학을 다니면서 공간과 재료의 제약이 적은 전통 매듭을 취미로 시작했는데 현대 디자이너의 감각으로 전통을 현대적으로 표현하고 싶어 여러 가지 시도를 하면서 자연스럽게 판매 활동까지 이어졌습니다. 그리고 그전까지는 전통 공예 분야에 현대적인 감각을 접목한 작품들이 많지 않았기 때문에 그에 대한 필요를 더욱 느꼈고, 전통을 현대화하는 작업에 욕심이 생겨 본격적인 매듭 공예의 길에 접어들었습니다.

### 여러 개의 직함을 갖고 계시는데요. 궁극적으로 추구하는, 즉 불리고 싶은 명칭은 무엇인가요?

대표, 작가, 선생님 현재 이 3개의 직함으로 불리며 3개를 모두 아우를 수 있는 직함은 '작가'가 아닐까 생각합니다. 저는 공예 분야를 사업적으로만 표현하고 싶지 않습니다. 예술의 실생활 적용이라는 콘셉트를 제대로 표현할 수 있기를 바라고, 그에 적합한 직함은 작가라고 생각합니다.

### 남다른 '자기다움'은 무엇이라고 생각하나요?

초기 작업을 시작할 당시에는 저 또한 다른 작품의 콘셉트와 다른 사람의 아이디어에서 영감을 얻거나 그들이 원할 만한 작업을 생각했습니다. 그렇지만 시간이 흐르고 경험이 쌓이다 보니 이제는 저 자신만의 아이디어와 생각이 더 중요해졌고, 그것들을 작품에 적용하다 보니 이제는 남들이 제 작업을 보고 오히려 영감을 얻는다는 이야기를 많이 듣습니다.

저의 '자기다움'은 소비 계층에 대한 인식보다는 현재 제가 즐기고 좋아하는 것을 표현하는 것입니다.

### 평범한 것을 다르게 보며 가치를 만들어가는 시각이 있으신데요. 이런 심미안을 유지하게 된 특별한 이유가 있나요?

어릴 적부터 내 맘대로, 좋아하는 대로 작업했습니다. 다방면에 관심사가 많고 극과 극의 콘셉트를 즐기는 성향이 현재의 작업에 나타납니다.

평소 즐기던 음악, 영화 등으로부터 저도 모르게 저만의 감성을 완성했고, 박물관, 미술관, 해외를 다니며 시각적인 경험을 한 것이 현재 저의 브랜드가 됐다고 생각합니다.

### 누구나 열등감으로 인한 부끄러운 과거를 갖고 있을 거라 생각되는데요. 이를 긍정적으로 극복한 사례가 있나요?

저는 이름도 생소한 시골에서 자랐습니다. 시골에서의 생활이 현재의 작업에 많은 영향을 미쳤다고 생각합니다. 이러한 경험이 스토리가 되어 브랜드의 독특함을 형성하는 요소가 됐습니다.

### 공감에 대한 개인적인 생각을 이야기해 주세요.

저의 작업물과 제품으로 사람들이 저의 가치를 공감하고 그 공감을 그들만의 감성으로 이해하는 부분까지가 중요하다고 생각합니다. 일반적으로 모든 사람이 같은 느낌으로 저의 가치를 느끼기보다는 본인들이 각자 다르게 이해해 다양함을 표현한다면 브랜드의 가치가 향상될 수 있다고 생각합니다.

# 교류와 공감을 통한 사회공헌

삼성전자 UX디자이너

윤지윤

## 어떤 일을 하나요?

삼성전자에서 GUI 디자이너로 일합니다. 주로 스마트홈, 삼성커넥트 등 IoT 제품이 연결되는 모바일 앱과 패밀리허브와 같은 스마트 가전 UX를 디자인하고, 해외 연구소와의 협업으로 다양한 선행 디자인을 함께 진행하고 있습니다. 9년간의 실무 기간 동안 인덕션이나 전자레인지와 같은 제품 컨트롤 패널 인쇄 그래픽에서부터 오븐이나 세탁기 LCD에들어가는 GUI 디자인까지 다양한 경험을 했습니다. VX(Visual Experience) 디자이너로서 사용자 경험을 기반으로 한아이콘, 레이아웃 등의 심미적 요소는 물론 인터랙션과 같은 감각적 경험들을 디자인하고 있습니다.

저에게 '디자인'이란 세상을 좀 더 가치 있게 만들 수 있는 '배려'라는 도구입니다. 그러므로 디자인은 모든 사람에게 똑같이 유익한 가치를 주고 세상이 발전하는 데 도움이 돼야 한다고 생각합니다. 신적인 존재로 이것저것 다 해결하고 새로 만드는 전지전능의 위치가 아닌, 작은 것 하나라도 세상을 바꿔 보고자 노력하는 디자이너들이 많아졌으면 합니다.

이런 가치관을 실천해 보고자 꾸준히 움직이고 있습니다. 대학원 때는 뜻이 맞는 몇몇 친구들과 'HeroD'라는 모임을 만들어 사회적 디자인을 진행해 보기도 했고, 현재는 사내에 있는 삼성전자 사회공헌단과 협업해 디자인을 이용한 재능 기부에 힘쓰고 있습니다.

특히 '모든 이가 선천적인 차별을 받지 않는 세상 구현'이라는 저의 철학을 실천할 수 있었던, 2014년 아프리카 말라위 프로젝트가 가장 기억에 남습니다. 교육 환경이 열악한 아프리카의 중·고등학교에서 아프리카 학생들, 선생님들과 함께 워크숍을 진행하면서 그들의 문제점을 함께 고민하고 해결책도 만들어 본 프로젝트였습니다.

한 교실에 200명이 넘고 어두워 멀리 있는 칠판 글씨는 볼 수도 없었고 교과서 한 권을 7명이 같이 봐야 하는 열악한 환경에서 현지에서도 쉽게 만들 수 있는 나무로 만든 OHP 필름 프로젝터는 혁신이었습니다. 생물 시간에 심장 그림을 프로젝터로 처음 봤을 때의 아이들과 선생님들의 탄성은 아직도 생각이 납니다. 그리고 아이들이 감사의 뜻을 담아 깜짝 선물로 준비한 연극은 제 삶에 확신을 갖게 해 줬습니다.

현재 저는 사내 임직원 대표로 사회공헌 주제로 키노트 스피치를 하고, 사회공헌을 전파하는 사내 강사로 활동하고 있습니다. 회사에 다니면서 틈틈이 프로젝트를 진행해 원하는 목표 단계에 단기간에 도달하는 것은 어렵겠지만, 언젠가는 이러한 디자인의 사회공헌이 체계화된 시스템을 갖춘 단체를 만들어 보고 싶습니다.

### 현재의 일을 하게 된 특별한 동기가 있나요?

저는 원래 고등학교 때 자연 계열이었고, 학부도 공대였습니다. 수학이나 과학처럼 정답이 있는 작업을 좋아했지만, 공부하는데 뭔가 허전함을 느꼈고 대학교 3학년 때까지 방황을 했죠. 우연히 동갑내기 사촌이 '네가 정말 좋아하는 게 뭔데?'라고 질문하자, '내가 정말 원하는 것은 미술이고, 창의적인 작업'임을 깨닫고 뒤늦게 디자인 복수 전공을 시작했습니다. 그동안 이것저것 핑계만 대느라 정말 좋아하던 것을 볼 수 없었던 거죠. 그리고 대학원에 진학하면서 좋아하는 분야를 좀 더 세부적으로 고민해 봤고, 창의적이지만 좀 더 실용적인 결과물을 낼 수 있는 UX 디자인 분야로 진로를 결정했습니다.

디자인의 사회공헌에 관심을 갖게 된 데에는 부모님의 역할이 크지 않았나 생각합니다. 제 이름의 한자 뜻풀이는 복지 '지', 빛날 '윤'으로, '빛나는 사람이 돼 세상에 복을 나눠 줄 수 있는 사람이 되라.'입니다. 어렸을 때부터 어머니께서 항상 이 이야기를 하시다 보니, 저도 모르게 제 마음 한구석에 자리한 제 인생의 미션이 돼 버렸습니다.

디자인으로 분야를 바꾸고 특히 UX를 하다 보니 저의 재능이 가치관을 구현하는 데 정말 딱 들어맞더라고요. 아이덴티티는 하루아침에 생기는 것이 아니라, 내 마음이 향하는 곳으로 나의 수많은 경험이 연결돼 어느새 확고해지는 것 같습니다.

### 남다른 '자기다움'은 무엇이라고 생각하나요?

예전에 참여한 유니타스 휴먼브랜드 워크숍에서 본인이 중요한 가치로 꼽는 키워드를 적어 보라고 했던 적이 있었어요. 그때 포스트잇에 적었던 키워드들을 제 보물 상자에 소중히 넣어 뒀는데 이 인터뷰를 하면서 다시 꺼내 봤습니다.

대의(Missionary), 정의로움, 의리(책임감), 진정성, 솔직함, 투명함(진실함), 본질에 집중, 계속된 자기 성장(열정), 지치지 않는 도전(끈기), 체계적 실천, 시너지(Win-Win), 다양성이 저의 가치관이자 정체성입니다.

너무 거창해 보여 오글거리지만 '모든 이가 선천적인 차별을 받지 않는 정의로운 세상 구현을 위해 다양성을 인정하는 열린 마음으로 꾸준히 본질을 찾는 프로젝트들을 실천하며 포기하지 않고 도전하는 삶'이 저의 '자기다움'인 것 같습니다.

### '다름'은 중요한 브랜드 요소이고, 브랜드는 명확한 자신의 아이덴티티로 사람들과 소통하는 것이라고 정의되고 있습니다. 평범한 것을 다르게 보며 가치를 만들어 나가는 시각이 있으신데요. 이런 심미안을 소유하게 된 특별한 이유가 있나요?

저는 여행하는 것을 좋아합니다. 지금까지 다녀온 곳만 국내를 제외하고 37개국, 101개 도시나 되네요. 특히 혼자 여행하는 것을 좋아하는데요. 혼자 여행하면 현지 문화에 흠뻑 빠져 친구들을 사귀기도 하고 현지 사람들과 소통하며 그들의 삶과 생각을 듣고 그들의 관점에서 생각하는 새로운 아이디어 해결법을 얻기도 합니다. 여행한 도시가 많다 보니 사람들은 어느 여행지가 가장 좋았는지 많이 물어 보는데요. 저는 뉴욕이 가장 좋았습니다. 대부분의 사람은 '그렇게 많은 도시를 다녔는데 겨우 뉴욕이야?'라고 실망하는데요. 가장 좋은 도시는 나에게 즐거운 경험을 하게 해 준 곳이라고 생각합니다.

저는 뉴욕 여행 중 우연히 뉴욕 퀸즈에 사는 기자를 사귀었고, 그 기자는 2주간 머물던 뉴욕에서 잊을 수 없는 다양한 로컬 체험을 할 수 있게 해 줬습니다. 프레스 티켓으로 현지인들에게 인기 있는 로컬 공연들도 많이 보았고, 특히 지미 팰런 쇼(Jimmy Fallon Show) 방청권을 구해 줘 미국 방송 무대에 올라가 보는 체험도 할 수 있었어요.

또 친구들과 캄보디아 여행을 갔을 때 저와 친구들은 좀 더 현지 체험을 해 보고 싶어 현지 전통 춤인 압사라 댄스 아카데미를 찾아 수강하기도 했어요. 그때 마침 저희와 함께 다닌 기사 아저씨가 학교 선생님과 겸직한다고 하더라고요 (캄보디아의 교사 월급이 너무 낮아 투잡을 하지 않으면 생활이 안 되는 현실도 공감했습니다). 이 기회를 놓칠세라 저희는 노트와 축구공을 사 들고 기사님의 학교를 방문했어요. 그리고 캄보디아 중학교 학생 100여 명과 꿈에 대한 대화를 나누고 전날 배웠던 압살라 댄스도 함께 췄답니다.

이런 특별한 체험과 소통은 저에게 정말 많은 인사이트를 주고 생각의 폭을 확장해 주는 것 같습니다.

**다양한 관심사를 가진 당신의 미래는 예측하기 어렵습니다. 당신의 삶과 세상에 대한 태도가 궁금합니다.**

예전에 어디서 본 이야기 중에 "할까 말까 할 때는 일단 해 보라."는 말이 있습니다. 제 삶의 태도가 그런 것 같습니다. 다시 재기하지 못할 만큼의 리스크가 있지 않는 이상, 무엇이든 일단 해 보는 것 같습니다. 해서 후회하는 것보다 안 했을 때가 더 후회스럽더라고요.

이런 것들이 쌓여 지금의 저를 만들었습니다. 지금까지 도전해서 실패한 것들이 훨씬 많은데, 그보다 훨씬 많은 시도를 했기에 굵직한 전환점이 만들어진 것 같아요.

사실 공대에서 디자인으로 전환한 후 자리잡는 과정이 쉽지 않았습니다. 디자인을 시작했을 때는 뭐부터 해야 할지 모를 정도로 너무도 막막했습니다. 그때부터 그냥 기회가 있으면 실패를 미리 두려워하지 않고 일단 해 본 것 같습니다. 그렇게 대학원, 교환학생, 디자인 멤버십, 입사까지 다양한 기회가 연결되어 디자이너로서 자리잡을 수 있는 계기가 됐습니다.

**인생에서 마주하는 여러 가지 문제들을 해결하는 데 당신만의 특별한 노하우가 있나요?**

대학교 때 전공을 선택해야 하는데 원래 전공하려고 한 컴퓨터 공학이 적성에 맞지 않아 진로를 결정하지 못하고 방황하던 때가 있었어요. 너무 막막했지만 당장 결정하고 싶은 것이 떠오르지 않았기 때문에 일단 생각나는 것들은 다 경험해 보기로 했어요. 전자과 수업과 광통신 공학 수업도 들어 보고, 생명 공학과 기초 전공 수업을 듣기도 했어요. 결국 디자인 진로를 찾았을 때, 원래 전공이었던 전파 통신 분야, 복수 전공이었던 제품 디자인, 대학원 때 수업을 들은 디자인 경영, 교환 학생 때 배운 서비스 디자인, 현업에서 하는 UX 디자인까지 정말 다양한 분야의 지식들이 어우러져 융합적·복합적 사고를 하는 데 도움이 됐습니다.

디자인을 업으로 하면서 가장 좋은 점은 좋은 경험이든 나쁜 경험이든 모두 일과 연결된다는 점입니다.

**누구나 열등감으로 인한 부끄러운 과거를 갖고 있을 거라 생각되는데요. 이를 긍정적으로 극복한 사례가 있나요?**

저는 뒤늦게 디자인 세계에 들어와 디자인 대학원을 나오고 디자인 멤버십도 했지만 디자이너로서 시각화하는 것에 열등감이 있었습니다. 디자인 멤버십도 UX 디자이너로 합격했고, 회사도 UI(구조 설계) 디자이너로 합격했다는 이야기를 들었습니다. 그러나 부서 배치를 받은 후 때마침 부서에 GUI(시각) 디자이너가 많이 부족해 디자인을 전공한 저에게 선택할 기회가 주어졌습니다.

사실 당시 GUI는 일이 많았던 터라 UI 디자인이 인기가 더 많았는데 저는 제 콤플렉스를 극복할 수 있는 절호의 찬스라 생각하고 GUI 디자이너로 시작했습니다. 처음에는 어려움이 많았지만 GUI 실무 디자이너로서 9년간 일하며 시각화에 대한 콤플렉스를 극복할 수 있었고, 논리적 사고는 단순한 디자인 스타일만이 아닌 UI 단계의 이해도 및 전체적인 흐름에 대한 맥락을 파악해 UI와 GUI를 함께할 수 있는 디자이너로 자리잡을 수 있게 해 줬습니다. 또한 사회적 디자인에서도 더 넓은 영역의 디자인을 소화할 기회를 제공해 줬습니다.

**성공적인 인생을 위해 진정성을 담은 인간적이며 가치 있는 인간관계를 가져야 한다고 생각합니다. 삶을 살면서 생각하는 사람과의 관계에 대해 이야기해 주세요.**

처음 만나는 사람을 고정관념으로 판단하지 않으려 노력합니다. 사람들과 관계를 맺는 것을 힘들어하는 친구들이 종종 있는데요. 저는 그 사람의 의도가 나쁘지 않고 다른 사람에게 피해를 주지 않는다면 누군가의 행동이 독특하더라도 사람 그 자체를 인정하려고 합니다. 그런 친구들의 내면적 매력은 저에게 영감을 주기도 하고 유연한 사고를 하는 데 도움을 주기도 합니다.

또 나의 솔직한 이야기를 먼저 들려 주고 다른 사람의 이야기를 듣고자 하는 태도와 어떤 관계든 진심을 담아 대화하려는 노력은 다양한 분야의 인간관계를 만들 수 있게 해 줬습니다.

예전 회사에서 사내 외국인 직원과 한국인 직원들을 연결해 친구를 만들어 주는 프로그램이 있었는데, 그때 만난 친구와 여행도 가고, 그 친구의 고향인 모로코에 방문해 함께 시간을 보내기도 하는 등 정말 소중한 인연이 됐습니다.

**퍼스널 브랜드는 자신의 가치가 사람들에게 인정을 받았을 때 진정한 브랜드가 될 수 있다고 생각합니다. 공감에 대한 개인적인 생각을 이야기해 주세요.**

본인의 재능을 사회에 환원하는 것이 필요하다는 메시지를 전달하고 싶습니다.

얼마 전 저의 전문 분야인 앱 제작으로 사회에 공헌할 기회가 있었습니다. 삼성전자 사회공헌사무국의 투모로우 솔루션 프로그램 중 대학생 팀의 멘토가 되어 함께 프로젝트를 진행하는 것이었는데요. 학대를 당하는 아이들을 주저하지 않고 쉽고 빠르게 신고할 수 있는 아동학대 방지 앱 '아이지킴콜 112' 서비스를 만드는 것이었습니다. 사람들이 신고하지 않는 장애물이 무엇인지부터 분석하고 최종 결과물과 실제 아동보호협회에 사용하기 위한 양산 개발 협업까지 전체 과정을 함께 고민하고 디자인도 직접 진행했던 프로젝트였습니다.

제작 후 다운로드 건수가 4만 건 이상을 돌파하고 사내 기사뿐 아니라 인터넷 기사, 주요 경제 매거진, 심지어 JTBC 뉴스에까지 소개되는 것을 보며 희열을 느꼈습니다.

# 하이힐 신은 남자

거리의 퍼포머

아리스 김

아리스 킴은 대한민국 탱고댄스 세계 챔피언이자 카운트 테너이며 색소폰 연주자이자 미디어 아트와 퍼포먼스를 융합한 공연 기획과 공연으로 남다른 길을 걷고 있는 융합형 퍼포머이다.

### 어떤 일을 하나요?

카운트 테너이자 탱고 댄서이며 색소폰 연주자이고 공연 기획자이기도 합니다. 저는 칭찬의 힘으로 여기까지 온 것 같습니다. 원래 저는 색소폰 연주자로 공연을 하고 있었고, 어느 날 공연 후 노래를 흥얼거리고 있었는데 함께 공연한 성악가가 저를 부르더니 카운트 테너를 하면 성공하겠다고 했습니다. 처음 듣는 칭찬이었고, 이 말에 자극을 받았습니다. 그 후로 카운트 테너에 관해 인터넷과 각종 자료를 찾아보고 스스로 유튜브를 보면서 이것이 저의 재능임을 발견하게 됐습니다.

이후로 미디어 아트에 호기심을 가졌고 비디오 아트와 융합한 공연을 시작했습니다. 저는 시스템에 익숙해지는 것을 좋아하지 않습니다. 다양한 경험을 하기로 결정한 후 호기심이 이끄는 대로, 생각이 이끄는 대로, 행동에 옮기며 살아가고 있습니다.

기본 축은 예술가입니다. 관객들을 대신해 그들이 욕망하는 것을 공연으로 보여 주고 있습니다. 공연할 때는 살짝 나사가 풀려야 한다고 생각합니다. 왜냐하면 일반인들의 생각대로가 아니라 제 마음 가는 대로 행동하며 산다는 것은 일반인들의 눈으로 보았을 때 나사가 풀려 보일 수도 있을 것이기 때문입니다. 남의 눈치 보느라 바쁜 일상의 삶을 사는 이들에게 희망과 당당함이라는 메시지를 주고 싶었습니다. 항상 어떻게 하면 사람들이 자유와 해방을 느끼게 할 것인지를 고민합니다.

### 현재의 일을 하게 된 특별한 동기가 있나요?

어떤 계획이 아니라 그저 열정이 움직이는 대로 정말 열심히 살다 보니 이 길 위에 서 있었습니다. 저는 마음이 먼저 간 후에 실행하고 그 후에 생각이 정리됩니다. 결과에 관계없이 원하는 것을 계속 시도했습니다. 다양한 일을 하면서 여러 가지 경험이 쌓였고 이런 모습이 나를 사랑하는 방식이었다는 것을 깨닫게 됐습니다.

### 여러 개의 직함을 갖고 계시는데요. 궁극적으로 추구하는, 즉 불리고 싶은 명칭은 무엇인가요?

예술가라는 명칭은 폭이 너무 넓습니다. 저는 사회적 예술가로 불리고 싶고, 내가 가진 재능으로 사회적 모순을 해결하고 싶습니다. 저의 색다른 퍼포먼스를 보고 많은 이가 스스로에게 당당함을 가졌으면 좋겠습니다. 익숙한 것에 안주하지 않고, 해 보지도 않고 안 될까봐 고민하기보다 도전해 보기를 바랍니다.

### 남다른 '자기다움'은 무엇이라고 생각하나요?

당당함입니다. 저는 굉장히 당당한 사람입니다. 다재다능하다는 말을 많이 듣고 끊임없이 노력해 자산을 늘려 나가고 있습니다.

### 평범한 것을 다르게 보며 가치를 만들어가는 시각이 있으신데요. 이런 심미안을 소유하게 된 특별한 이유가 있나요?

좋아하는 것에 대한 무조건적인 관심입니다. 저는 길을 가다 물건을 잘 줍습니다. 주운 물건으로 스튜디오를 꾸미고 공연 자재를 만들기도 합니다. 어렸을 때부터 고물상을 했더라면 세계적인 부호가 되지 않을까 생각합니다. 무엇보다 필요한 것들이 잘 보입니다. 그리고 무조건적인 관심이 다른 것을 보는 계기를 만들었습니다. 신기하게도 무의식 속에서 여러 군데서 본 것들을 잘 조합합니다. 뭔가 두 가지 이상이 있으면 어떻게 연결해 새로운 것을 만들지를 생각하고 정말 그렇게 만들어 냅니다. 저는 끊임없이 움직이고 생각하고 움직이기 때문에 주위 사람들을 피곤하게도 하지만 그것이 남들과 다른 시각을 갖는 원동력이 됐다고 생각합니다.

**다양한 관심사를 가진 당신의 미래는 예측하기 어렵습니다. 당신의 삶과 세상에 대한 태도가 궁금합니다.**

'노력하면 운도 따른다.'라는 말이 있듯이, 노력과 운이 중요합니다. 노력하면 반드시 결과물이 생기고 100개 중 하나는 유용하게 쓰입니다.

**《공감의 시대》의 저자 미래학자 제레미 러프킨은 "경쟁과 적자생존의 문명이 끝나고 협력과 평등을 바탕으로 하는 공감의 시대가 왔다"라고 말합니다. 퍼스널 브랜드는 자신의 가치가 사람들에게 인정받았을 때 진정한 브랜드로 완성될 수 있다고 생각합니다. 공감에 대한 개인적인 생각을 이야기해 주세요.**

아직은 많은 사람이 저에게 익숙하지 않습니다. 그렇지만 화려한 색의 의상을 입다 보니 어떤 사람은 "핑크는 너에게 어울리지 않는다.", "당신 게이냐?", "너의 그런 모습을 보면 남자로서 부끄럽다."는 이야기를 들었습니다. 그 후로 2년이 지난 지금, 그들은 2년 동안 저의 그런 모습을 봐 왔고 익숙하지 않았던 그때의 모습이 자연스러워져 더 화려함을 요구하기도 합니다. 주변을 익숙하게 만들어 주위 사람들이 변화하는 모습을 바라보며 이러한 작은 시도가 계속되면 세계도 사람의 인식도 변하지 않을까 생각해 봅니다.

**다른 사람과의 소통을 중요하게 생각한다면, 진정한 소통 방식은 무엇이라 생각하나요?**

내가 하는 예술, 제 작업으로 소통하고 있습니다. 처음에는 다른 사람과의 소통이 별로 중요하지 않다고 생각했습니다. 그러나 지금은 '내 안에 다양한 자아를 어떻게 다른 사람과 소통할 수 있을까'를 생각합니다. 이것을 사회적인 소통으로 어떻게 연결해야 하는지를 고민합니다. 사회적 예술가로서 소통이 무엇보다 중요하다고 생각하기 때문입니다. 자신감과 당당함이 상대방과 소통하는 데 매우 중요한 요소입니다. 당당함과 뻔뻔함이 없다면 다른 사람을 설득할 수 없기 때문입니다.

**끝으로 스스로에게 해 보고 싶은 질문이 있으면 질문하고 답해 주세요.**

'남자는 하이힐을 신으면 안 되나요?' 고정관념을 탈피해 좀 더 창의적인 마음으로 세상을 바라보길 바라는 마음으로 이런 시도를 하고 있습니다. 그리고 여러분에게 말하고 싶습니다. 시도하십시오. 마음만 먹으면 무엇이든, 뭐든 이룰 수 있습니다.

**참 고  문 헌**

권민, 《Unitas Brand = 유니타스 브랜드 A》, 권민 편집, ST Unitas(2016)
유니타스 브랜드, 《브랜드 명언 : 확고히 말하다》, 유니타스브랜드 편집부편, Moravianunitas(2014)
Unitas Brand, 《Unitas Brand = 유니타스 브랜드 season 2, vol. 22》/Unitas Brand편, Moravianunitas(2012)
손혜원, 《브랜드와 디자인의 힘 : 브랜드 마이다스 손해원의 브랜드 만들기》, 디자인하우스(2012)
Unitas Brand, 《Unitas Brand = 유니타스 브랜드, vol. 4》, Unitas Brand편, Moravianunitas(2008)
김어준, 《건투를 빈다》, 푸른숲(2008)

**도 판  목 록**

| | |
|---|---|
| 14p | https://www.samsung.com |
| | https://www.apple.com/kr |
| | https://www.kurly.com |
| | https://www.coupang.com/ |
| 17p | https://www.seoul.go.kr/seoul/seoul.do |
| 19p | https://www.unesco.or.kr |
| | https://www.redcross.or.kr |
| 20p | https://ibighit.com/ |
| | https://www.jype.com/ |
| | https://www.smtown.com/ |
| 21p | https://hearsaysystems.com/2018/04/why-every-financial-services-professional-needs-a-personal-online-brand/ |
| 21p | https://kkwbeauty.com/ |
| | https://skims.com/ |
| 31p | https://thedieline.com/blog/2011/11/7/hatziyiannakis-dragee.html |
| 35p | https://images.app.goo.gl/yS6EM1DtUAZkg7kX6 |
| 45p | https://blogs.mcgill.ca/caps/2015/05/28/advice-about-grad-school/ |
| 50p | http://www.oprah.com/ |
| 52p | https://mindsparklemag.com/design/target-photography-branding/ |
| 54p | https://mhamzaeker.blogspot.com/ |
| 57p | https://www.tophelpline.com/contact-gmail-support-by-phone |
| 60p | https://iecetech.org/Technical-Committees/2019-02/In-the-beginning-there-was-terminology |
| 61p | https://www.orangeboyinc.com/newsandinsights//how-the-marriage-of-vision-and-value-with-a-few-simple-measures-speaks-volumes |
| 62p | https://ko.dict.naver.com/ |
| 65p | https://www.pinterest.com/kekeresume/ |
| 69p | https://www.stylerug.net/tech-news/how-to-master-digital-marketing-skills/attachment/tf-segmentation-470x358/ |
| 74p | https://www.banglatutorials.com/course/web-content-article-writing/ |
| 75p | http://e993.com/forex/Ernest-Hemingway-1961/ |
| | https://www.pinterest.co.kr/ |
| 77p | https://www.pinterest.com/pin/287597126182123302/?lp=true |
| 80p | https://hbrascend.org/topics/a-dozen-punctuation-rules-you-absolutely-need-to-know/ |

84p    https://aah—magazine.co.uk/2019/chanel—releases—boy—de—chanel—makeup—line—
       for—men/

86p    https://www.youtube.com/user/Americanvogue/featured

88p    http://i.imgur.com/279YaPO.jpg

90p    https://www.instagram.com/p/BOu0utqAgh1/

94p    https://www.youtube.com/

98p    www.pinterest.com

99p    https://www.facebook.com

100p   https://www.instagram.com
       https://steemkr.com/kr/@soorinote4/what—is—this—hashtag

101p   https://twitter.com

104p   https://www.reddit.com/r/OldSchoolCool/comments/6n1v9v/andy_warhol_selfportrait_
       with_skull_1977/

106p   https://www.icollector.com/Michael—Halsband—Andy—Warhol—and—Jean—Michel—
       Basquiat—Photograph_i19758154

109p   https://www.toms.com/

110p   https://www.toms.com/

114p   https://engineerbabu.com/blog/elements—of—brand—identity—design/

117p   http://www.jsmbeauty.com/
       https://www.31philliplim.com

118p   https://www.dolcegabbana.com/
       https://tadatada.com/

121p   https://www.pinterest.es/pin/AX7SQsOHKS9fiYzLSdHEkQEq9nCT1nf3f8AA0akBaJwJvP
       K7Zdhn70k/
       https://en.parisinfo.com/shopping—paris/106542/Other—Stories
       https://www.wework.com
       http://ihatemonday.co.kr/

122p   http://www.bing.co.kr/
       http://rider.vroong.com/

125~126p   http://www.kipris.or.kr/

134p   https://www.flickr.com/photos/27845211@N02/2662264721/

135p   https://www.behance.net/gallery/2243752/Glitched—Helvetica

136p   https://creativemarket.com/blog/the—12—best—and—worst—logo—redesigns—of—2015

137p   https://images.app.goo.gl/Y2GrFdk64VvGdJg78

139p   https://www.graphicpear.com/blog/famous—brands—uses—helvetica/

140p   https://edwardruttsblog.wordpress.com/

142p   https://www.greateststorycreative.com/biz/why—you—need—logo—variations

143p   https://www.behance.net/gallery/7748755/Seamed—Brand—Identity https://about.van.
       fedex.com/our—story/company—structure/

145p   https://99designs.com/blog/tips/types—of—logos/

146p   http://logosvg.com/starbucks—logo/

147p  https://nr1—logo—design—inspiration.tumblr.com/image/176981283278

149p  https://inkbotdesign.com/apple—logo—design/

151p  https://www.creativebloq.com/branding/choose—colour—logo—design—8133973

152p  http://www.cinqpartners.com/perception—problem—part—2—logoidentity/color—emotion—guide_512d42458efc1_w1500/

154p  https://www.instagram.com/p/BaFksArhV2z/?taken—by=bluebottle

155p  https://www.aliexpress.com/item/32785477402.html

157p  https://nike.com
      https://www.business2community.com/branding/localizing—slogans—language—translation—gets—tricky—2—0998446

158p  https://www.3m.com/
      https://www.olympus—global.com/
      https://www.ebay.com/

159p  https://www.adidas—group.com/en/group/history/

161p  https://www.facebook.com/zuck

162p  https://www.pinterest.ru/pin/486670303478880342/

164p  https://www.videoschoolonline.com/

167p  https://images.app.goo.gl/pE3kT9WQVVg3pMCM6

170p  https://www.loud.kr/

172p  https://www.behance.net/gallery/40768637/Brand—Manual

179p  https://greatbuffalotradingpost.tumblr.com/post/111558548786/if—i—were—king—of—the—forest—the—wizard—of—oz

180p  https://www.clipart.email/clipart/social—relationship—clipart—44044.html

184p  https://www.freepik.com/free—vector/movie—making—group—set_4300301.htm#page=1&query=producer&position=3

186p  https://stevenjeffes.wordpress.com/2015/01/02/the—importance—of—the—brand—value—chain—bvc—to—attaining—market—leadership/

197p  https://www.instagram.com/elonmusk/
      https://www.tesla.com/ko_KR/modelx

205p  http://sakiroo.com

207p  http://www.isseymiyake.com

289p  http://superfacestudio.com

294p  https://www.youtube.com/watch?v=LgmxMuW6Fsc
      https://www.youtube.com/watch?v=dTAAsCNK7RA

295p  https://www.youtube.com/watch?v=DtyfiPlHslg

302p  https://bluebottlecoffee.com/frequency/blue—bottle—san—francisco—citroen
      https://bluebottlecoffee.com/frequency/brewing—with—a—swan—neck—kettle

# 찾 아 보 기

Foreign Copyright:
Joonwon Lee
Address: 3F, 127, Yanghwa-ro, Mapo-gu, Seoul, Republic of Korea
3rd Floor
Telephone: 82-2-3142-4151
E-mail: jwlee@cyber.co.kr

# 끌리는 퍼스널 브랜딩의 비밀

2020. 6. 10. 1판 1쇄 인쇄
**2020. 6. 17. 1판 1쇄 발행**

저자와의
협의하에
검인생략

지은이 | 김혜경, 최영인
펴낸이 | 이종춘
펴낸곳 | BM (주)도서출판 성안당

주소 | 04032 서울시 마포구 양화로 127 첨단빌딩 3층(출판기획 R&D 센터)
10881 경기도 파주시 문발로 112 출판문화정보산업단지(제작 및 물류)
전화 | 02) 3142-0036
031) 950-6300
팩스 | 031) 955-0510
등록 | 1973. 2. 1. 제406-2005-000046호
출판사 홈페이지 | www.cyber.co.kr
ISBN | 978-89-315-8896-5 (03320)
정가 | 24,000원

**이 책을 만든 사람들**
책임 | 최옥현
진행 | 오영미
기획 · 진행 | 앤미디어
교정 · 교열 | 앤미디어
본문 · 표지 디자인 | 앤미디어
홍보 | 김계향, 유미나
국제부 | 이선민, 조혜란, 김혜숙
마케팅 | 구본철, 차정욱, 나진호, 이동후, 강호묵
제작 | 김유석

■ **도서 A/S 안내**

성안당에서 발행하는 모든 도서는 저자와 출판사, 그리고 독자가 함께 만들어 나갑니다.
좋은 책을 펴내기 위해 많은 노력을 기울이고 있습니다. 혹시라도 내용상의 오류나 오탈자 등이 발견되면 **"좋은 책은 나라의 보배"**로서 우리 모두가 함께 만들어 간다는 마음으로 연락주시기 바랍니다. 수정 보완하여 더 나은 책이 되도록 최선을 다하겠습니다.
성안당은 늘 독자 여러분들의 소중한 의견을 기다리고 있습니다. 좋은 의견을 보내주시는 분께는 성안당 쇼핑몰의 포인트(3,000포인트)를 적립해 드립니다.

잘못 만들어진 책이나 부록 등이 파손된 경우에는 교환해 드립니다.